·当代语言学丛书·

中日言语行为对比研究：冲突与交融

文钟莲◎著

中国国际广播出版社

图书在版编目（CIP）数据

中日言语行为对比研究：冲突与交融 / 文钟莲著.
—北京：中国国际广播出版社，2017.11
　ISBN 978-7-5078-4111-4

Ⅰ.①中… Ⅱ.①文… Ⅲ.①言语行为—对比研究—中国、日本 Ⅳ.①H0

中国版本图书馆 CIP 数据核字（2017）第 264400 号

中日言语行为对比研究：冲突与交融

著　　者	文钟莲
责任编辑	张娟平
装帧设计	人文在线
责任校对	有　森

出版发行	中国国际广播出版社〔010-83139469 010-83139489（传真）〕
社　　址	北京市西城区天宁寺前街 2 号北院 A 座一层
	邮编：100055
网　　址	www.chirp.com.cn
经　　销	新华书店
印　　刷	廊坊市海涛印刷有限公司

开　本	710×1000　1/16
字　数	288 千字
印　张	22.25
版　次	2018 年 1 月　北京第 1 版
印　次	2018 年 1 月　第 1 次印刷
定　价	66.00 元

版权所有
盗版必究

基金项目：

本专著由教育部第 44 批"留学回国人员科研启动基金"（12JYB01）、上海市教育委员会重点课程建设项目、日本住友财团科研立项、上海电力学院科研启动基金赞助出版。

前 言

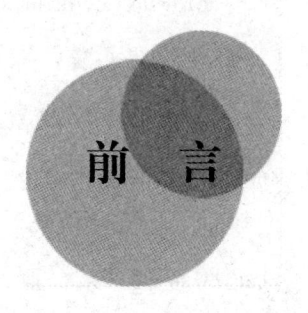

外语研究在全世界得到普遍重视。在我国，外语研究不仅是"一带一路"等改革开放既定国策发展的需要，也是提高国民人文素养的需要，更是提升国家国际竞争力的重要手段。这种社会主流向外语研究质量提出了更高的要求。近20年来，中国的语言学教育研究取得了长足的发展。语言与文化、语言与认知相结合的文化语言学、认知语言学的发展尤其令人瞩目。语言学与其他学科相结合的研究不断深入，研究范围不断扩大，深度不断加深，题目越来越新。

Austin的言语行为理论开创了语用学研究的先河，发源于美国实用主义（American pragmatism）和英国日常语言哲学（English ordinary language philosophy）两大主流思想流派。经过几十年的发展，语用学已经发展成独立的学科，从单一微观研究演变成宏观研究。会话含义、言语行为、会话结构是语用学研究的主要对象，语言使用与理解的语用探索再也不是单向的语用学研究，与之相关的交叉学科的研究成果日益凸显。

言语行为理论是当今语用学研究的重要组成部分，以20世纪60

年代 Austin（1962）的"逻辑与会话"理论和 Searle（1969）的言语行为理论作为标志。之后陆续产生出 Grice（1975）的"会话含义机制"、Brown&Levinson（1978/1987）的"面子"间接语用策略、Leech（1983）的"礼貌"策略等理论，对语言哲学、语用学、言语行为理论、系统功能语言学等进行全面、系统、深入的研究。围绕着言语行为表现，各国学者对"请求""道歉""恭维"等面子威胁言语行为进行了广泛探讨和深入研究，成为跨文化语用学研究的热点之一。20世纪80年代以来，西方语用学进入中国，围绕着西方语用学的各种理论研究取得了丰硕的成果。

国际间交往的日益频繁，全球化已经远远超出了语言概念范畴，异文化之间交往已成为普遍现象。当今社会，越来越注重个人的语言综合素质。语言交际能力、与人合作的能力、处理人际关系的能力及对压力与挫折的耐受能力，等等，都是人们语言素质的重要组成部分。随着信息时代与经济全球化时代的到来，单纯依靠对本族语言或所学目的语言结构的内省和语法知识的掌握越来越难以全面、系统、深入地与人进行成功的语言交际活动。语用学理论和语境、言语行为理论与语言研究的成果已经成为语言交际效果的成败基础。

本研究以拒绝表现为课题，对上下、亲疏等关系不同的人物以及负担、紧急度不同程度的场面进行研究与探讨，旨在从社会语用学的角度出发，为中日两国语言对比研究开辟一个新的途径，发现中日两国语言拒绝表现结构的共同点以及差异点，并指出具有礼貌的中日两国拒绝表现。

本研究以中日两国作为基地，使用话语补全（Discourse Completion Test）及角色扮演（role-play）研究法，对两国母语话者的大学生进行调查。从跨文化社会语言学角度出发，探索日语语言文化的特征，研究范围包括：1. 语义程序（Semantic Formulas）的平均值；2.

语义程序的频率；3. 语义程序的构造。研究力求整体上把握中日两国语言拒绝表现的体系，解决迄今为止悬而未决的部分疑难课题，指出中日两国语言的共同点以及差异点，并为提高学生的应用能力水平和实践技能提供明确的思路和根据。

  如若本书有疏漏、错误之处，还敬请各位专家、同行不吝赐教。

著 者
2017 年 9 月于上海电力学院

目 录

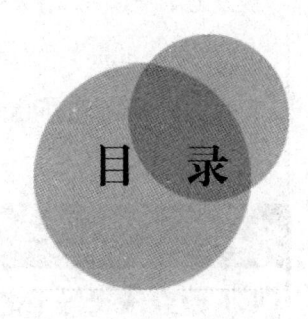

第一部
绪 论

第一章 研究背景及目的 …………………………………… 5
  1.1 研究背景 ……………………………………………………… 5
  1.2 研究目的 ……………………………………………………… 9
第二章 先行研究 ………………………………………………… 12
  2.1 言语行为理论（speech act theory）的先行研究 …………… 12
    2.1.1 对照语用学的研究 …………………………………… 14
    2.1.2 二语习得的语用学研究 ……………………………… 23
  2.2 言语行为理论的中心—礼貌（politeness）原则 …………… 31
    2.2.1 Lakoff（1973）的"语用论能力原则" ……………… 32
    2.2.2 Brown and Levinson（1987）的 FTA（Face Threatening Act）理论 …………………………………… 34

2.2.3　Leech（1983）的"礼貌原则"（Politeness Principle）………………………………………………………… 38

　　2.2.4　Grice（1989）的"合作原则"（Co-operative Principle）以及四条准则 ………………………… 39

2.3　先行研究的问题所在点 ……………………………………… 40

第二部
DCT 研究法视野下的中日拒绝表现对比研究

第一章　研究方法及调查概要 …………………………………… 47

1.1　构成拒绝言语行为的诸要素 ………………………………… 47

　　1.1.1　说话人（受试者）………………………………… 48

　　1.1.2　听者（拒绝的对象）……………………………… 49

　　1.1.3　进行拒绝言语行为的场面 ………………………… 50

1.2　社会地位及亲疏关系带来的心理负担 ……………………… 51

1.3　场面的利益、负担 …………………………………………… 52

　　1.3.1　拒绝对方的"请求"场面 ………………………… 53

　　1.3.2　对方的"邀请"场面 ……………………………… 54

　　1.3.3　拒绝对方的"建议"场面 ………………………… 54

1.4　研究方法 ……………………………………………………… 58

1.5　分析方法及调查结果 ………………………………………… 60

第二章　DCT 视阈下中日拒绝语义程序（Semantic Formulas）的使用频率 ……………………………………………………… 65

2.1　语义程序（Semantic Formulas）出现频率的抽样方法 …… 65

2.2　各调查项目中语义程序的出现频率 ………………………… 67

　　2.2.1　拒绝"请求"的场面 ……………………………… 67

2.2.1.1　拒绝指导教师"请求"时的语义程序的出现
　　　　　　频率 ··· 67
　　　2.2.1.2　拒绝好友"请求"时的语义程序的出现频率 ······ 70
　　　2.2.1.3　拒绝普通朋友"请求"时的语义程序的出现
　　　　　　频率 ··· 72
　　2.2.2　拒绝"邀请"的场面 ··· 73
　　　2.2.2.1　拒绝指导教师"邀请"时的语义程序的出现
　　　　　　频率 ··· 74
　　　2.2.2.2　拒绝好友"邀请"时的语义程序的出现频率 ······ 75
　　　2.2.2.3　拒绝普通朋友"邀请"时的语义程序的出现
　　　　　　频率 ··· 78
　　2.2.3　拒绝"建议"的场面 ··· 80
　　　2.2.3.1　拒绝指导教师"建议"时的语义程序的出现
　　　　　　频率 ··· 80
　　　2.2.3.2　拒绝好友"建议"时的语义程序的出现频率 ······ 81
　　　2.2.3.3　拒绝普通朋友"建议"时的语义程序的出现
　　　　　　频率 ··· 83
2.3　"委婉拒绝"表现的中日对比研究 ······································ 84
　　2.3.1　"委婉拒绝"表现的分析方法 ································· 85
　　　2.3.1.1　拒绝"请求"的场面 ··· 86
　　　2.3.1.2　拒绝"邀请"的场面 ··· 89
　　　2.3.1.3　拒绝"建议"的场面 ··· 90
2.4　总结及相关考察 ··· 92
　2.4.1　中日拒绝表现中的"高频率语义程序" ······················ 94
　2.4.2　中日拒绝表现中的"低频率语义程序" ······················ 94
　2.4.3　中日拒绝表现中"高频率语义程序"的异同点 ········· 95
　2.4.4　中日拒绝表现中"低频率语义程序"的异同点 ········· 98

第三章 拒绝表现中语义程序（话语量）的平均值 …… 99
3.1 拒绝表现中语义程序的平均值（话语量）的提取方法 …… 99
3.2 各调查项目的语义程序（话语量）的平均值 …… 101
3.2.1 拒绝"请求"时的语义程序（话语量）的平均值 … 102
3.2.1.1 拒绝指导教师的"请求"时的语义程序（话语量）的平均值 …… 102
3.2.1.2 拒绝好友"请求"时的语义程序（话语量）的平均值 …… 105
3.2.1.3 拒绝普通朋友"请求"时的语义程序（话语量）的平均值 …… 108
3.2.2 拒绝"邀请"时的语义程序（话语量）的平均值 …… 110
3.2.2.1 拒绝指导教师"邀请"时的语义程序（话语量）的平均值 …… 110
3.2.2.2 拒绝好友"邀请"时的语义程序（话语量）的平均值 …… 112
3.2.2.3 拒绝普通朋友"邀请"时的语义程序（话语量）的平均值 …… 115
3.2.3 拒绝"提案"时的语义程序"话语量"的平均值 … 117
3.2.3.1 拒绝指导教师"提案"时语义程序（话语量）的平均值 …… 118
3.2.3.2 拒绝亲友"提案"时的语义程序（话语量）的平均值 …… 121
3.2.3.3 拒绝普通朋友"提案"的语义程序（话语量）的平均值 …… 123
3.3 总结及相关考察 …… 125

第四章 拒绝表现中语义程序的构造（步骤） ……………… 129
4.1 语义程序的构造（步骤）的分析方法 ……………… 129
4.2 各调查项目的语义程序的构造（步骤） ……………… 130
4.2.1 拒绝"请求"的场面 ……………………………… 130
4.2.1.1 拒绝指导教师"请求"时语义程序的构造（步骤） ……………………………………… 130
4.2.1.2 拒绝亲友"请求"时语义程序的构造（步骤） ……………………………………… 132
4.2.1.3 拒绝普通朋友"请求"时语义程序的构造（步骤） ……………………………………… 133
4.2.2 拒绝"邀请"的场面 ……………………………… 134
4.2.2.1 拒绝指导教师"请求"时语义程序的构造（步骤） ……………………………………… 134
4.2.2.2 拒绝亲友"邀请"时语义程序的构造（步骤） ……………………………………… 135
4.2.2.3 拒绝普通朋友"请求"时语义程序的构造（步骤） ……………………………………… 136
4.2.3 拒绝"提案"的场面 ……………………………… 137
4.2.3.1 拒绝指导教师"提案"时语义程序的构造（步骤） ……………………………………… 137
4.2.3.2 拒绝亲友"提案"时语义程序的构造（步骤） ……………………………………… 139
4.2.3.3 拒绝普通朋友"提案"时语义程序的构造（步骤） ……………………………………… 140
4.3 本章总结及相关考察 ……………………………… 142

第三部

角色扮演（Roll-Play）研究法视野下的中日拒绝表现对比研究

第一章 调查内容及分析方法 ……………………………… 147

1.1 两种研究方法的意义 ………………………………………… 147

1.2 调查内容 ………………………………………………………… 148

  1.2.1 受试者的构成 …………………………………………… 148

  1.2.2 场景和人物设定 ………………………………………… 149

    1.2.2.1 "请求"对方帮助搬家的场合 ……………… 149

    1.2.2.2 "邀请"对方参加送别会的场合 …………… 152

    1.2.2.3 "建议"对方一起召开学习会的场合 ……… 154

  1.2.3 调查顺序 ………………………………………………… 156

  1.2.4 分析方法及调查结果 …………………………………… 157

第二章 拒绝表现中语义程序的出现频率 ……………… 162

2.1 语义程序出现频率的调查方法 ……………………………… 162

2.2 各调查项中语义程序的出现频率 …………………………… 162

  2.2.1 拒绝他人的"请求"场面 ……………………………… 163

    2.2.1.1 拒绝指导教师"请求"时的语义程序的出现频率 ………………………………………………… 163

    2.2.1.2 拒绝好友"请求"时的语义程序的出现频率 … 165

    2.2.1.3 拒绝普通朋友"请求"时的语义程序的出现频率 ………………………………………………… 166

  2.2.2 拒绝他人的"邀请"场面 ……………………………… 168

    2.2.2.1 拒绝指导教师"邀请"时的语义程序的出现频率 ………………………………………………… 168

    2.2.2.2 拒绝好友"邀请"时的语义程序的出现频率 … 169

  2.2.2.3 拒绝普通朋友"邀请"时的语义程序的出现
     频率……………………………………………… 171
 2.2.3 拒绝他人的"建议"场面 ………………………… 173
  2.2.3.1 拒绝指导教师"建议"时的语义程序的出现
     频率……………………………………………… 173
  2.2.3.2 拒绝好友"建议"时的语义程序的出现频率 … 175
  2.2.3.3 拒绝普通朋友"建议"时的语义程序的出现
     频率……………………………………………… 177
2.3 "委婉拒绝"表现的中日对比研究 ………………………… 178
 2.3.1 "委婉拒绝"表现的分析方法 …………………… 179
  2.3.1.1 拒绝"请求"的场面 ………………………… 179
  2.3.1.2 拒绝"邀请"的场面 ………………………… 180
  2.3.1.3 拒绝"建议"的场面 ………………………… 181
2.4 本章总结及相关考察 ……………………………………… 182
 2.4.1 拒绝表现中"高频率语义程序"的异同点 ……… 183
 2.4.2 拒绝表现中"低频率语义程序"的异同点 ……… 185

第三章 拒绝表现中语义程序（话语量）的平均值 ……… 188

3.1 拒绝表现中语义程序（话语量）平均值的计算方法 …… 188
3.2 各调查项目的语义程序（话语量）的平均值 …………… 188
 3.2.1 拒绝"请求"时的语义程序（话语量）的平均值 … 189
  3.2.1.1 拒绝指导教师"请求"时的语义程序（话语
     量）的平均值 ………………………………… 189
  3.2.1.2 拒绝亲友"请求"时的语义程序（话语量）
     的平均值 ……………………………………… 190
  3.2.1.3 拒绝普通朋友"请求"时的语义程序（话语
     量）的平均值 ………………………………… 191
 3.2.2 拒绝"邀请"时的语义程序（话语量）的平均值 … 192

3.2.2.1 拒绝指导教师"邀请"时的语义程序（话语量）的平均值 …… 192

3.2.2.2 拒绝亲友"邀请"时的语义程序（话语量）的平均值 …… 193

3.2.2.3 拒绝普通朋友"邀请"时语义程序（话语量）的平均值 …… 194

3.2.3 拒绝"提案"时的语义程序"话语量"的平均值 … 194

3.2.3.1 拒绝指导教师"提案"时的语义程序（话语量）的平均值 …… 195

3.2.3.2 拒绝亲友"提案"时的语义程序（话语量）的平均值 …… 195

3.2.3.3 拒绝普通朋友"提案"时的语义程序（话语量）的平均值 …… 196

3.3 本章总结及相关考察 …… 196

第四章 拒绝表现中语义程序的结构（步骤） …… 199

4.1 语义程序的结构（步骤）分析方法 …… 199

4.2 各调查项目的语义程序的结构 …… 200

4.2.1 拒绝"请求"的场面 …… 200

4.2.1.1 拒绝指导教师的"请求"时的语义程序的结构（步骤） …… 200

4.2.1.2 拒绝亲友"请求"时的语义程序的结构（步骤） …… 201

4.2.1.3 拒绝普通朋友"请求"时的语义程序的结构（步骤） …… 202

4.2.2 拒绝"邀请"的场面 …… 203

4.2.2.1 拒绝指导教师"邀请"时的语义程序的结构（步骤） …… 203

   4.2.2.2 拒绝亲友"邀请"时的语义程序的结构
（步骤） ……………………………………… 205
   4.2.2.3 拒绝普通朋友"邀请"时的语义程序的结构
（步骤） ……………………………………… 205
  4.2.3 拒绝"提案"的场面 ……………………………… 207
   4.2.3.1 拒绝指导教师"提案"时的语义程序的结构
（步骤） ……………………………………… 207
   4.2.3.2 拒绝亲友"提案"时的语义程序的结构
（步骤） ……………………………………… 208
   4.2.3.3 拒绝普通朋友"提案"时语义程序的结构
（步骤） ……………………………………… 208
 4.3 本章总结及相关考察 …………………………………… 209

第四部

结　论

1. 中日拒绝表现语义程序的使用频率 ……………………………… 215
 1.1 中日拒绝表现在语义程序使用频率上的共同点 ……… 216
 1.2 中日拒绝表现在语义程序使用频率上的不同点 ……… 218
2. 中日拒绝表现语义程序（话语量）的平均值 ……………… 220
 2.1 中日拒绝表现语义程序（话语量）平均值的共同点 …… 220
 2.2 中日拒绝表现语义程序（话语量）平均值的不同点 …… 221
3. 中日拒绝表现中语义程序的结构（步骤） …………………… 222
 3.1 中日拒绝表现在语义程序结构上的共同点 …………… 223
 3.2 中日拒绝表现在语义程序结构上的不同点 …………… 223
4. 今后的课题 ……………………………………………………… 224

4.1 实施中日拒绝表现的意识调查 ………………………………… 225

4.2 揭示拒绝表现中"说明理由"语义程序的策略 ………… 225

4.3 中日"称呼"的使用问题 ………………………………… 226

第五部
国际合作、商务文化及跨文化教育的冲突与交融

第一章 国际大科学研发协同中的文化冲突与合作模式创新研究 …………………………………………………………… 231

1.1 引言 ……………………………………………………… 231

1.2 文献综述 ………………………………………………… 232

1.3 国际大科学研发协同中的文化冲突与国际合作 ……… 233

   1.3.1 大科学研发的国际合作趋势 ……………………… 233

   1.3.2 国际大科学研发协同中的文化冲突与融合 ……… 233

      1.3.2.1 协同研发中的文化差异与文化融合 ………… 233

      1.3.2.2 国际协同中的信息沟通与成果交流 ………… 233

1.4 以文化冲突的国际大科学协同研发模式作为基础的分析 …… 234

   1.4.1 典型的大科学研发国际合作模式 ………………… 234

      1.4.1.1 互换型合作模式 ………………………………… 234

      1.4.1.2 互补型合作模式 ………………………………… 234

      1.4.1.3 分布式合作模式 ………………………………… 234

      1.4.1.4 矩阵式合作模式 ………………………………… 234

      1.4.1.5 虚拟合作模式 …………………………………… 234

   1.4.2 基于文化冲突的大科学研发国际合作模式创新分析 …… 235

      1.4.2.1 科学研发项目的差异将决定国际合作模式的多样性 ……………………………………………… 235

       1.4.2.2 国际合作的虚拟模式 …………………………… 235
    1.4.3 国际合作模式的有效性与选择 ……………………… 235
       1.4.3.1 国际合作模式的最终效应 …………………… 235
       1.4.3.2 国际合作模式的选择 ………………………… 236
  1.5 对策建议 ……………………………………………………… 237
    1.5.1 建立各国间的教育协同交流合作模式 ……………… 237
    1.5.2 完善国际科技合作管理体制 ………………………… 237
    1.5.3 建立民间外交促进科技文化交流的合作模式 ……… 237
第二章 非智力因素在跨文化交际中的作用 ……………………… 238
  2.1 跨文化是一个复杂的交际过程 ……………………………… 238
    2.1.1 具有复杂性 …………………………………………… 239
    2.1.2 文化差异 ……………………………………………… 239
    2.1.3 跨文化交际是人的高层次发展需要 ………………… 240
  2.2 非智力因素在跨文化交际中的具体作用 …………………… 240
    2.2.1 情感特质 ……………………………………………… 240
    2.2.2 交际动机 ……………………………………………… 241
    2.2.3 个人品质 ……………………………………………… 242
  2.3 基于跨文化交际需要应用能力培养中存在的问题 ………… 243
  2.4 影响应用语言跨文化交际能力培养的因素 ………………… 245
    2.4.1 培养模式定位不当，教师主观因素融入过多 ……… 245
    2.4.2 培养方法较为单一，理论与实际结合度不强 ……… 245
    2.4.3 培养创意意识不足，文化与语言的融入较少 ……… 246
  2.5 应用语言学跨文化交际培养模式的改革策略 ……………… 247
    2.5.1 应用语言学培养模式的再定位 ……………………… 247
    2.5.2 应用语言学渗透式培养方式的有效融入 …………… 248
    2.5.3 应用语言学跨文化交际渗透式培养模式的构建 …… 248
       2.5.3.1 渗透式培养模式的课堂改革 ………………… 248

2.5.3.2　渗透式培养模式的课堂外活动延展 ………………… 249
第三章　中日商务文化的思维模式差异研究 ………………… 250
　3.1　商务文化 ……………………………………………………… 250
　3.2　思维模式 ……………………………………………………… 251
　3.3　文化与思维模式的关系 ……………………………………… 251
　3.4　中日商务物质文化的差异 …………………………………… 251
　　3.4.1　建筑 ……………………………………………………… 252
　　3.4.2　商品 ……………………………………………………… 252
　　3.4.3　包装物及广告 …………………………………………… 253
　3.5　中日商务制度文化的差异 …………………………………… 253
　　3.5.1　中国 ……………………………………………………… 253
　　3.5.2　日本 ……………………………………………………… 254
　3.6　中日商务行为文化的差异 …………………………………… 255
　　3.6.1　问候 ……………………………………………………… 255
　　3.6.2　着装 ……………………………………………………… 256
　　3.6.3　加班 ……………………………………………………… 256
　　3.6.4　谈判 ……………………………………………………… 256
　3.7　中日商务精神文化的差异 …………………………………… 257
　　3.7.1　个人主义和集团主义 …………………………………… 257
　　3.7.2　等级观念 ………………………………………………… 258
　　3.7.3　"间"意识 ……………………………………………… 258
　3.8　中日思维模式差异分析 ……………………………………… 259
　　3.8.1　个人主义和集团主义 …………………………………… 259
　　3.8.2　等级意识 ………………………………………………… 259
　　3.8.3　内外意识 ………………………………………………… 261
　　3.8.4　整体主义与注重细节 …………………………………… 262
　3.9　结语 …………………………………………………………… 262

  3.9.1　培养跨文化商务意识 …………………………………… 263

  3.9.2　开展相关研究，并加以创新实践 ………………………… 263

  3.9.3　模拟环境 …………………………………………………… 263

  3.9.4　创造第三种文化 …………………………………………… 263

第四章　全球化经济视野下的商务日语人才培养模式探究 ……… 264

 4.1　研究背景 …………………………………………………………… 264

 4.2　商务日语新历程 …………………………………………………… 265

  4.2.1　改旧为新，创造学习新环境 ……………………………… 265

  4.2.2　充分利用外教资源，合理强化本地师资力量 …………… 266

  4.2.3　以多样化的形式获得学生青睐 …………………………… 267

 4.3　从战略眼光看商务日语 …………………………………………… 268

  4.3.1　重视语言文化的作用 ……………………………………… 268

  4.3.2　提高商务日语对外语言能力 ……………………………… 269

  4.3.3　明确商务日语的教学目标 ………………………………… 271

 4.4　结束语 ……………………………………………………………… 272

主要外文参考文献 ……………………………………………………… 274

主要中文参考文献 ……………………………………………………… 285

附　　录 ………………………………………………………………… 289

话语补全测试、角色扮演研究法中出现的语义程序的具体内容
（汉语）………………………………………………………………… 289

话语补全测试、角色扮演研究法中出现的语义程序的具体内容
（日语）………………………………………………………………… 299

话语补全测试、角色扮演研究法中出现的拒绝表现（汉语）…… 311

话语补全测试、角色扮演研究法中出现的拒绝表现（日语）…… 321

FIRST 1
第一部

绪　论

语言文化的起源与发展离不开多元性的理论视角，有其自身的和谐和秩序，包含着"人类－社会－语言"这一整体系统的发展与平衡。随着全球化的兴起与推进，全球一体化、多元社会文化相互制约、共同发展的"和而不同"的思想相互影响，成为时代发展的主题。外语研究在全世界得到普遍重视。在我国，外语研究不仅是提高国民素质的需要，也是进一步深化改革开放的需要，更是提升我国与其他国家之间国际竞争力的重要手段。这种社会主流向外语研究质量提出了更高的要求。

语言（language），是人类最重要的交际工具，是人们相互进行沟通、交流情感、思考事情的主要表达方式。人们借助语言保存和传递人类文明的成果。一般来说，语言是人们彼此之间交流思想的媒介，它必然会对政治、经济、社会、科技乃至文化本身产生影响。语言文化现象不断发展，其现今的空间使用分布也是过去发展的结果。根据其语言、语法和词汇等特征的共同之处与起源关系，把世界上的语言分成语系。每个语系包括有数量不等的语种，这些语系和语种在地域上都有一定的分布区，很多文化特征都与此有密切的关系。

之所以不同文化群体能够相互交流和沟通，是因为人类语言文化具有共性的基础，文化的融合则受到其民族性的影响，有时会成为产生文化冲突的根本原因。在全球化背景下，不同语言文化在冲突与融合的过程中不断地进行交流与重复，并在冲突与交融的过程中相互并存、继承、保持和发展各自不同文化的特点及民族性，实现世界文化的多样性和文化的总体发展。从宏观上讲，各民族、各个国家的文化都是由人类文明的有机组成部分，具有一定的普遍性。这种文化共性，为各民族、各国家之间进行跨文化传播、沟通提供了基础性的必要条件。从微观上讲，特殊的时空背景所造就的各民族、各国家的独特成

就，存在着自身的特殊性和个别性。这种文化个性将决定了跨文化沟通、交流的必要性。文化共性和个性所共同决定的文化互补性，是各民族国家跨文化传播、交流的先决条件。

语言是一种指令系统，是生物行为的进化，人类拥有完整体系的语言。语言与逻辑相关，人们通过语言来达到自己交流目的，说话人根据不同的场合、对象、事情等要素，要选用恰如其分的语言来表达，从而达到自己的交际或交流目的。但如果不寻求适合该场合的说话方式和策略就不能取得有效的结果。对于这种说话方式和策略，可以依据词汇和语法等知识进行选择，但更加重要的是对于特定的场合及特殊的交际对象采取有效的语言应用能力的使用方法。语言运用能力是语言行为取得成功的最重要的因素。

语言运用能力（the ability of language performance）指掌握语言能力，这种能力表现在人们能够说出或理解前所未有的、合乎语法的语句，能够辨析有歧义的语句、能够判别表面形式相同而实际语义不同，或表明形式不同而实际语义相似的语句的掌握以及听、说、读、写、译等语言技能的运用能力。正常人都具有运用语言的能力，但有高低之分。人们学习语文的目的就是为了不断提高这种语言能力。广义的语言能力是指抽象的思维能力和灵活地对事物进行正确的判断，并使用得体的语言处理事情的能力之有效结合体。狭义的语言能力指的是人类的大脑有别于动物，天生就具有语言装置、语言习得机制、语言器官。

第一章 研究背景及目的

1.1 研究背景

　　语用学研究由多种重要内容构成，言语行为理论就是其中的一个。这一理论在20世纪50年代末由哲学家提出，在此后的二三十年间，言语行为理论研究的合理性、理论意义及实际应用价值在语言学界产生了很大的影响，在语言研究中逐渐确立了它的地位。作为社会组成人员，人们每一天都要通过各种言语行为来经营社会活动。社会是一个以集体生活为主的区域性场所，每个人都不能单独地存在，因此常常会伴有各种社会行为，例如"请求""邀请""建议"等，或根据情况的不同必须拒绝对方的"请求""邀请""建议"等情形。支配这种说话行为（locutionary act）的就是语言。语言既是向他人传达自己的想法，也是与他人进行交流的手段、工具。在相互交流过程中，根据用词和表达方式的不同，给对方的感觉和留下的印象也会发生千差万别的效果。

　　森山（2003：137）指出，拒绝表现代表拒绝对方的请求或好意，也就是说打破对方的期望，会令对方产生不愉快的感觉，为了不让人际关系产生障碍，需要使用恰当的语言表现（断り行为は相手の要望

や好意が示されたのにも関わらず、それを拒否し、相手の意図を打ち砕くということになるので、不快感を与える行為になるため、対人関係上の障害が生じないように配慮しながら、言語行動を講ずることになる）。如果语言表现的运用存在欠妥现象，也有可能造成双方人际关系变得更加紧张，从而也会导致交流无法正常、顺畅地进行。因此，如何选用恰到好处的拒绝表现，是维系良好人际关系的重要因素。

不同社会、国家及不同的语言均存在着社会文化规范及价值观上的差异，因此相互进行沟通时避免不了会产生矛盾和偏颇。日常生活的言语行为中，尽管说话者从不伤害他人的角度出发，在礼貌、守秩序的原则框架内表达自己的意图，但由于语言文化不同而造成的内容的多面性和说话行为（locutionary act）的多样性，很容易引起听者的误会。

国外早期的言语理论研究首推20世纪50年代英国哲学家奥斯丁（J. L. Austin）提出的言语行为理论，此研究为后期的语言与文化、语言与认知相结合的文化语言学、认知语言学的发展奠定了坚固的研究基础。赛尔（J. R. Searle）补正、完善了 Austin（1962）提出的"逻辑与会话理论"，提出了"间接言语行为"（indirect speech acts）理论。之后，陆续产出了 Grice（1975）的"会话含义机制"、Brown&Levinson（1978/1987）的"面子"（face）策略、Leech（1883）的"礼貌"原则等理论，为阐释人类言语交际的诸多研究打下了令人瞩目的理论基础。随后，20世纪70年代开始，日本国内学术界也从不同的视角及研究方法进行了言语行为的理论及实证研究，揭示了日语语言文化的特征以及日语与其他语言之间的异同点。主要研究有井出祥子（1986）、任炫树（2002）、ポリー・ザトラウスキー（1994）、尾崎喜光（2006）、石田敏雄、高田诚（1995）、国立国语研究所（1984）等。以上研究成果显示日语注重社会关系的"距离的远近"、"内"与

"外"等因素，而汉语有注重"社会权力地位"、"亲"与"疏"等因素的倾向。

　　国内学者也从比较语言学的视角出发对中英等言语文化及言语行为模式进行了广泛的探讨，成为跨文化语用学研究的热点之一。其代表成果有冉永平（2006）、钱冠连（1997）、沈家煊（1996）、顾日国（1992）、胡壮麟（1980）、何自然（1997）等。国内日语学界虽较英语和汉语学界滞后，但是也取得了不少成果。赵刚与贾琪（2011）、李威（1999）、毋育新（1993）、吴爱莲、山内启介（1988）等通过实证性研究对中日两国言语行为进行了详细剖析，指出中日言语行为受到不同社会文化因素的影响较为严重、两者之间存在明显的差异，推动了语用学及二语习得研究在中国的发展。

　　围绕"如何使用语言达到交流目的"这一课题，诸多学者从语用学、言语行为学、谈话分析和会话分析等多方面的视角出发，对言语行为表现进行了各种各样的研究。例如，在20世纪60年代曾被提倡的语言能力和语言运用能力的区别，认为人们的语言运用能力，仅局限在语法上说出正确的词句已不能满足当代社会发展的交际需求，应该更加强调社会性语言能力的重要性，这种能力能够适应于各种目的、场合和各种社会因素的多种交际目的。

　　近年来，随着中日两国人民之间的交往与日俱增，交流的机会也随之增加，但若仔细观察两国人民日常生活中的一些言语行为，就会发现有很多互相无法理解，觉得不可思议的地方。

　　例如，日本人在很多场合常说"どうも"。与久未谋面的熟人见面时双方会互相说"どうも、どうも"，表达感谢和道歉时也会说"どうも"。不仅如此，在受人所托而感到为难的时候也会使用"これはどうも"，这种情况下可以理解为"这个有点……（为难）"。因此，根据不同情况与场面，"どうも"的特殊含义呈现出千差万别的状态，对于外国人来说，认为"どうも"是"万能"的词句，但是在什么样

的场合该如何区分使用仍然无法深刻理解。另外,"すみません"与"どうも"一样也有很多使用方法。外国人在学习日语时,老师经常说"すみません"是表达对他人歉意时使用,但在实际从他人得到恩惠时的言语行为中,从外国人的视角看来应该明确地说"谢谢"的场面,而日本人会说"すみません"。像这样的例子,对日本人来说是无意中惯用的表达方式,但对于外国人来说,却感到诧异或让人不解的语言现象还有很多。在外国人看来,表示感谢的心情时应该说"ありがとうございます",表示抱歉的时候就应该说"すみません"或"申し訳ありません"。

在中国人的言语行为中,也有很多日本人无法理解的语言表现形式。例如,日本人在表示感谢和道歉的心情时,用"ありがとうございます"或"すみません",但众多中国人却认为只要自己没有错,就不怎么会说"对不起"。另外,中国人认为亲朋好友之间如果频繁地说"谢谢",会加深彼此之间的距离感,所以亲朋好友之间不像日本人那样经常说感谢的话语。但这种现象从日本人的社会价值观而言是一件违背礼貌规则的行为,也许会认为中国人缺乏礼貌。

桥本(1992a:108)指出,在进行异文化交流时有各种原因会导致相互沟通的失败,其中主要原因有两点。一是因为不懂或不擅长对方国家的语言而产生障碍,通过熟练掌握目的语可以跨过这个障碍,另一个原因是,由于沟通规则的不同而产生误解,即便是熟练地掌握对方国家的语言也经常因明显的语言使用规则上的差异而导致异文化交流产生失败的事例(異文化コミュニケーションを行う時生じる互いの意思疎通の不都合をきたす原因は様々あるが、主な原因は2つあるとしている。1つは言葉の意味的側面の不理解によるものである。これは齟齬が原因であることが明確で、相手国の言語を習熟することによってその障害を乗り越えることができる。もう1つは、異文化コミュニケーション研究で、従来、あまり注意が払われなかったも

ので、コミュニケーション・ルールの相違による誤解がある。これはその最たるものが語用論的言語運用規則の違いである），这在语言学研究中一直没有引起足够的重视。

1.2 研究目的

高田（1993：14－15）认为，语言学存在两种研究，即语义学（句法学）和语用学。前者描述语言的概念性意义和构成句子的造句规则以及对语言世界本身的研究，它始终占据了语言学研究领域的中心。另一个是研究语言使用于各种场景时，对不同场景和语言之间的相关关系这一新型领域的内容（言語の研究には意味論（構文論）と語用論の2つの研究があり、前者は語の概念的意味や文を構成する構文の規則、または文の示す構文的意味といった言語の世界そのものを研究しようとする、長く言語研究の中心をなしてきた分野であり、後者は言語がそれぞれの場面で用いられる際の様々な状況と言語との関わりとを研究する比較的新しい分野である）。

"语用"或"语用学"的学术名称来自于英语 pragmatics 这一词的翻译。在当今的语言学研究领域中已极为常见有关语用学方面的论文、专著等研究成果。何兆熊（2016：1）指出，"从广义上说，pragmatics 指的是对人类有目的的行为所做的研究。如果做这种理解的话，或许该把 pragmatics 译为'行为学'更加恰当。人类有目的的行为涉及人的所信、目的、筹划和行为"。现代语言学的研究不断发展的结果，产生了语用学，成为语言学研究新型的分支学科，标志着语言学研究进入了新的阶段，掀起了语言学、社会学及心理学有效地融合在一起的新的学术研究热潮。以上几个学科通过不同的研究方法，基于不同的视角去观察语言使用的过程，社会对语言发展变化带来的影响，研究不同言语行为发生时的不同心理变化的特征，促进了社会语言学及

心理语言学等研究成果的发展。

传统的语义学，研究语言文字本身固有的内在的结构、内容、属性及其意思，不受语言所表达的时间、地点、人物、环境等外界因素的影响。语用学则不同。从广义上来说，语用学不仅研究其文字本身的结构、意思等属性，而且还要与语言使用者的属性联系起来进一步研究言语行为发生时的具体情况、要达到的目的及话语表现在特定的语境中产生的特有的交际价值。

对于语用意义，Leech（1981：320）归纳了三点：

（1）它涉及说话人要表达某种意义的愿望，这种意义可能在字面上表明，也可能不在字面上表明。

（2）从而，听话人对这种意义的理解和可能要依赖语境。

（3）在这个意义上说，意义是行为的结果，它不是存在于静态之中的；它涉及作用（即说话人对听话人产生的某种效果）和相互作用（即意义是说话人和听话人在共有知识的基础上进行磋商的结果）。

Leech（1981）还提出了四条标准，以判断对意义的讨论是否进入了语用学的范畴：

（1）是否涉及说话人或听话人；

（2）是否涉及说话人的意图或听话人的意图；

（3）是否涉及语境；

（4）是否涉及通过使用语言所施的行为。

本研究中拒绝表现的研究就是属于 Leech（1981）、何兆熊（2016）、高田（1993）等指出的语用学研究范围。

由于拒绝言语行为违背对方的期望，与其他的言语行为相比，会令对方感到不愉快。因此，要事先考虑到会在人际关系上产生"障碍"，选用礼貌的话语进行拒绝表现。如果拒绝言语行为不得当，双方的人际关系也可能危在旦夕。人们在不同的社会和文化当中，都有对其所在社会固有人际关系的对应方法和方式。日语有敬语体系的语

言组织形式，能够使说话者应对不同的对象和场所。正因为如此，即使面对不同的对象，自我意识的传达也会变得很方便。而在汉语中，由于没有像日语这样的敬语体系，围绕两种语言的拒绝表现，在言语行为上的礼貌特征以及标准也都发生不同的变化。

日本和中国是一衣带水的邻国，由于两国之间长时间的友好往来，在文化、语言、历史等方面有着诸多相似性。但是，由于两国不同的地理环境、独特的政治体制以及文化背景，两国分别产生了独特的语言文化。在中日两国语言中，既有相同的语言表现，也有很多不同的语言表现。为了能够顺利地进行交流，仅仅正确地使用词汇、语法等形式表达自己的意图已远远不能满足当代社会发展的语言文化发展趋势，要求每个人必须掌握好与人交流的谈话水平、语用论等语言知识体系。是否拥有语言运用能力、根据不同场合和不同人物能够选择适当的语言表现进行交流，是关系到双方能否顺利交际的重要因素。

在拒绝这一言语行为中，语言现象更是各式各样。本研究主要从汉日对照语用学的视角出发，对拒绝表现中的语义程序（Semantic Formulas）的出现频率、语义程序的平均值、以及语义程序的结构（步骤）等三部分进行考察分析，将礼貌得体性用语作为焦点，发现在不同场合及不同人物的情况下中日两国拒绝表现特征中的异同点。

第二章 先行研究

2.1 言语行为理论（speech act theory）的先行研究

在实际的言语行为中，每个人都会根据不同场合和不同人物分别选用不同的话语表现，这是一个较为复杂的心理活动，与个人所处的社会环境、价值观等各种要素紧密联系在一起，很难用简单的理论进行说明。从这样的视角出发，学者们对于语用论的语言表现究竟含有什么样的作用，以何种形式反映在人们的现实生活当中等领域作出了广泛的研究。言内行为（locutionary act）理论的提出者 Austin（1962）和 Searle（1969），对于以上问题进行了研究，为言语行为学的研究领域打开了新局面，诠释了人们使用语言完成交流的模式以及怎样才能理解到对方话语中的原意并作出适当回应等心理与话语结合在一起的言语行为过程，研究出说话意图和词句原意、语言形式和语言作用的关系。

英国哲学家 Austin 认为人们使用话语要实现一定的目的和作用，可以看作是在实施一种行为，于是提出了言语行为理论（speech act theory）。该理论认为说话人在说话时同时实施了三种行为：

(1) 言内行为（locutionary act，指说话行为本身）；

(2) 言外行为（illocutionary act，指表达出说话人的意图）；

(3) 言后行为（perlocutionary act，指说话带来的结果）。

言内行为（locutionary act）是说话者发出的言语行为，而言外行为（illocutionary act）是根据言内行为（locutionary act）产生的效果，其所正在进行的行为，包括邀约、命令、请求、陈述等行为。言后行为（perlocutionary act）是根据言外行为所带来的结果。在实际日常言语行为中容易引起误解的是第（2）的言外行为。

美国哲学语言学家Searle（1969）把言外行（illocutionary act）为分成五类：

(1) 阐述类（representatives或assertives，指说话人讲出某些认为是事实的事情）；

(2) 指令类（directives，指说话人试图让听话人做某事）；

(3) 承诺类（commissives，指说话人许诺将要做某事）；

(4) 表达类（expressives，指说话人表达对某事的情感和态度）；

(5) 宣告类（declarations，指说话人让某事物的状态发生变化）。

用陈述句讲述事实、用疑问句提问题、用祈使句提出要求都是直接言语行为（direct speech act），如果人们在实际话语里用陈述句或疑问句提出要求，那就是间接言语行为（indirect speech act）。很多时候，说话者尽管没有直接说，但是听话者也能明白说话者的意图，那是因为听话者理解了说话者的会话含义（conversational implicature）。

从异文化的视角出发进行的对比研究盛行于1970年代后期到1980年代，其对比研究主要分为两种研究内容。一种是对日语、英语、意大利语、韩语等不同语言之间的比较研究，被称为对照语用学研究，另一种是在日语学习过程中，发现日语学习者与日语母语话者（日本人）之间言语行为的异同点。随着日语学习者的不断增加，有关二语习得研究中的语用学研究也曾取得了很好的成果。

2.1.1 对照语用学的研究

近年来，在语用论研究领域中围绕各种言语行为出现了很多研究，其中"请求""道歉""拒绝""感谢"等研究成果尤为醒目。井出（1986）、马场·庐（1992）、ポリー·ザトラウスキー（1994）、谢（2001）、王（2005）等相关学者对"请求""劝导""命令"等言语行为作出了较高水平的研究，备受瞩目。

井出·荻野·川崎·生田（1986），对525名日本大学生和490名美国大学生进行了问卷调查，从"请求的礼貌性"出发对敬语行为进行了研究。调查的内容以"借笔"为故事背景，调查礼貌性的不同表现。主要从语言表达的礼貌程度、对于特定范畴人物的礼貌用语以及语言表达的区别使用进行分析。调查的结果是，无论是日本人还是美国人，根据不同人物范畴和场合都有相应的敬语行为，这与敬语行为的上下、亲疏关系都有深刻的联系。并且，日本人会根据与对方的关系，比较容易使用定型表现。与之相比，美国人也会根据不同人物选用不同的语言，但没有像日本人那样固定化的语言表现（調査の結果、日本人にもアメリカ人にも相手の人物カテゴリー、場面に応じた敬語行動があり、それらの敬語行動は上下・親疎関係と深く関わることがわかった。また、日本では相手との関係によって、ある決まった定型表現を用いる傾向があるのに対し、アメリカでは相手により表現の使い分けはあるが、日本ほど固定化していないことがわかった）。

马场·庐（1992：65），对日语和汉语的请求表现进行了相关的对照研究，发现日语中的请求表现在不同的阶段，会采用不同的形态和词汇来变化请求表现的形式。反之，汉语中的请求表现，则主要是通过词汇达成，很少会进行形式变化，认为在请求表现中汉语不像日语那样形式化（日本語の依頼表現は様々な段階に応じ、形態的、語

彙的手段によって、依頼表現形式を変えられるのに対し、中国語の依頼表現は、主に語彙的手段に限られており、依頼表現形式を変えるのが大変不得手であるため、日本語の依頼表現のように形式化ができる依頼表現の手段はない）。

　　ポリー・ザトラウスキー（1994：44-46）指出，"劝导"言语行为中包含"关照性话语"（気配り発話）和"劝导性话语"（誘導発話）等两种特殊性。"关照性话语"包含拒绝的理由、劝导的不利信息、以及否定性的评价。"诱导性话语"包含承诺的理由、劝导的有利信息、以及肯定的评价。日语中，被劝者在表示否定的态度时，劝导者的目的会从当初的"劝诱"变为"给对方提供容易拒绝的条件"。在这一点上可以看出日本人在劝说时也能顾及对方的心情。另一方面，美国人在劝说时，则持有一致的目的性和持续劝诱的倾向性。这就是日美不同文化差异所造成的社交方式差异（日本語と英語の勧誘の談話に各々特徴的に見られる発話として「気配り発話」と「誘導発話」があり、「気配り発話」には、断る理由や勧誘に不利な情報、否定的な評価が含まれる。「誘導発話」には、承諾する理由や勧誘の達成に有利な情報を表す肯定的な評価が含まれる。日本語の勧誘の談話では、被勧誘者が否定的な態度を示した時点で、勧誘者の目的が当初の「誘う」ということから「相手が断る場合に断りやすいような状況を作ってあげる」ことに変わるが、そこに、日本人の勧誘者の相手への配慮が観察できる。一方、アメリカ人の勧誘者の場合は、目的を変えず、誘いを続けるところに配慮が現れる。これは社交の仕方に関する期待が日米の文化で異なるためである）。

　　谢（2001：99），从谈话技巧这一出发点指出了中国人和日本人之间"请求"时的说话方式特征。通过研究发现日本人在会话中会考虑到听者的负面情绪，以"引起对方的注意⇒确认可能性⇒使用辅助

性的语言表现"的顺序进行。而中国人在会话中则会考虑到听者的积极方面，在引起对方的注意之后就马上进行请求言语行为（日本人の会話においては、聞き手のネガティブ・フェイスを補償する言語使用を念頭に置き、「注意喚起⇒見込みの確認⇒先行する補助使用」の順に発話が行われ、中国人の会話においては、聞き手のポジティブ・フェイスを満たす言語使用を念頭に置き、注意喚起の後にすぐ依頼発話を切り出していく）。

王（2005），从对照语用论研究的立场出发对汉日请求言语表现进行了研究，把汉语和日语中的命令、请求表现分为动词、形容词、副词等各种语法现象，立足于此，对命令和请求表现的结构及用法进行分析，得出以下结论。

（1）汉语和日语之间的表现手法、思维模式均有差异。在汉语中，动词的重叠形态主要用于命令和请求表现中，而在日语中则不怎么使用动词重叠形态，保留了语言本身的原有特征［中国語と日本語の間に表現法，発想法の違いがあり、動詞の重ね型は中国語では主に命令・依頼の表現に使われているが、日本語では逆に重ねられた動詞の形は命令・依頼の表現においては使われず、言葉そのもののイコン（アイコン）性が保たれている］。

（2）在汉语中不存在形容词的命令型。如，"请把洋葱切小一点儿"（玉葱を小さく切ってください）这样的句子中，要在形容词"小"的后面加上"一点儿"，表示比较的意思。在命令句上，汉语的"形容词＋一点儿"表示要求对方在现有的基础之上进一步改变当下的状态、方式或结果，表示与现状进行比较的意思。这种语言现象在日语中也同样存在（中国語には「形容詞の命令文」は存在しないが、「请把洋葱切小一点儿」（玉葱を小さく切ってください）のような形容詞「小」の後に「一点儿」（少し）をつけることによって、比較の意味を表し、命令文においては、相手に今の状態・方式ある

いは結果を基準にし、これからもう少しその状態・方式あるいは結果を変えようと要求する時の比較のマーカーだと述べており、このような使用現象は日本語でも同じことが言える）。

　　（3）说话人为了达成自己的目的，会根据自己的请求内容以及根据给对方造成的负担的大小，对形态副词进行区分使用。汉语中的"一定"（必ず、きっと、どうしても）、"千万"（ぜひとも、どんなことがあっても、くれぐれも、重ね重ね）是在对说话人和听话人均有利的情形下使用。因为"千万"比"一定"表示强调，在否定请求和劝导句式中使用较多。日语中的「何とか」和「どうか」容易使对方承受的负担较重，「何とか」只代表说话者的利益，「どうか」代表说话者和听者两方的利益。日语的副词「必ず」、「ぜひ」代表说话者的要求，希望的心情极其强烈时才能够使用。「くれぐれも」这种叠词形态，则表现说话者祈求不要发生事与愿违的事情时使用（話し手は自分の目的を達成させるために、自分の依頼内容、相手にかける負担の大きさによって、モダリティ副詞を使い分けている。中国語の「一定」（必ず、きっと、どうしても）、「千万」（ぜひとも、どんなことがあっても、くれぐれも、重ね重ね）は話し手の利益と聞き手の利益になる場合に使われる。「千万」は「一定」より強調度が高いため、否定依頼・勧め文に使われるのが普通であるのに対し、日本語の「何とか」と「どうか」は相手にかける負担が大きく、「何とか」は話し手だけの利益、「どうか」は話し手と聞き手の両方の利益のために使う。また「必ず」、「ぜひ」は話し手の要求・希望を強く表す副詞で、相手にかける負担が小さ

ければ、「相対的命令文」①と併用することができる。「くれぐれも」は重ねの形で、ある望ましくない事態が発生しないようにと相手に懇願するのが特徴である)。

三宅（1994a）、崔（2000）等人进行了"感谢"言语行为的对照用语论研究，开拓了此研究领域，并把研究内容提高到一定的层面。

三宅（1994a：10-18）以122名日本人和101名英国人为对象进行了问卷调查，在关于"感谢"和"道歉"的17个场景下，对不同场面与语言表现的关联性进行了对照研究。结果表明，日本人在面对指导教师或陌生人时，往往对对方的好意感到歉意，会通过道歉的表现形式表达出来内心的情感。而英国人在同样的场合中，则通常持着感谢的情感，并使用感谢的表现去表达。根据说话者的性别不同，日本人的语言表现也随之出现区别使用的现象，而英国人除了寒暄、打招呼等言语之外，其他话语表现几乎不受性别差异的影响（日本人は相手が指導教官や未知の人の場合、相手の好意に対し詫びを感じる傾向があり、詫び表現を持ってそれを表すが、イギリス人は同じ場面で感謝の気持ちを持ち、感謝表現でその気持ちを表す傾向があるとしている。また言語表現の使い分けについて、話し手の性差によって日本人とイギリス人との間に差が見られる。日本人の場合はセンテンス・レベルで異なる表現が好まれる傾向があり、一方、イギリス人の場合は副詞を用いたり、挨拶的な表現を用いるところに性差が現れるなどの結論が示されている)。

崔（2000：15-18），对中日韩三国的感谢表现方式，以及形成

---

① 王（2005）以功能性的"命令"内容为基准，把命令句分为"绝对命令句"和"相对命令句"的两种形式。例如"飞机马上就要起飞了，请大家（一定）系好安全带"等文句，说话人已充分肯定100%的听者会听从说话人的话语作为前提进行言语行为，这时没有必要使用"一定"这一词来特意强调说话人的心情，这样的命令句叫做"绝对命令句"，表达与其相反的叫作"相对命令句"。能与形态副词结合在一起使用的均为"相对命令句"。详细内容请参阅王（2005：175）。

这种表现方式的社会原因作出了研究。结果发现，中日韩三国对于感谢的表现方式以及使用时的心理状态各不相同。与中国人和韩国人相比，日本人在表达感谢时大多使用固定句式。与其相对，中国人和韩国人则较少使用固定句式，表现的方式比较丰富。在语言类型上，中国人和韩国人主要使用"感谢表现"，日本人则倾向使用"感谢表现"和"道歉表现"。中日韩三国最大的不同之处在于道歉表现上。总体来说，虽然日本人比中国人、韩国人更多使用道歉表现，但在使用时道歉的心理性态度却较低。除此之外，日语中的道歉表现，在所有场合和不同人物均可以使用，而中国人和韩国人则是在给对方造成较大的负担或伤害、麻烦时才会使用（日本人は感謝を表す際、中国人と韓国人に比べ、殆ど決まった形式の表現を使用しているのに対し、中国人と韓国人は決まった形式以外の他の表現も多く使用し、表現の仕方も豊富であると指摘している。言語パターンにおいて、中国人と韓国人は主に「感謝表現」パターンを使用しているが、日本人は主に「感謝表現」パターンと「詫び表現」の入った言語表現パターンを多く使用している。日中韓で最も違いが見られたのは詫び表現である。全体として、日本人は中国人と韓国人より顕著に詫び表現を多く使用するが、詫び表現使用時における詫びの心理的態度は中国人と韓国人に比べ低い。また日本語における詫び表現は、全ての相手と場面に使用されているが、中国語と韓国語における詫び表現は、相手にかける負担の大きい場面にだけ使用され、相手にかける負担の小さい場面においては殆ど使用されない）。

除以上论述的先行研究之外，还有以下研究。

村井（1997）对日本人和德国人的拒绝言语行为作了相关的对照研究。结果发现，在表达礼貌程度的策略上日本人会较多地使用"道歉"言语表现，并且会围绕着"道歉"进行多方位的语义程序的组合来完成拒绝言语行为。例如"道歉""说明理由""拒绝"等形式，

并经常使用"中途停顿"（言い差し）的表现手法。与此相对，德国人在进行拒绝行为时，则倾向在使用道歉表现的同时使用引起对方共鸣的语义程序（丁寧さを表す方略として、日本人は断り行為において詫び表現を多用し、意味公式の｛詫び｝、｛弁明｝、｛拒絶｝の組み合わせが多く、「言い差し」を多用する。これに対し、ドイツ人は断り行為において、詫び表現と共に相手と共通の認識を持とうとする｛共感｝の意味公式を多用する）。

马场、禹（1994：54）比较分析了不同利益关系、负担度对应的各种请求下的中日拒绝表现，得出了以下结论。双方关系较亲密时，中日两国语言主要以"愿望""说明理由""道歉""另寻方案"等形式来完成"拒绝"言语行为。日本学生倾向于察言观色，中国留学生则喜欢说出引起对方共鸣的话语而产生积极影响。在双方关系不太亲密的情况下，中日两国语言则相同地会较多使用"说明理由""道歉"表现，其次，也会使用"另寻方案"等策略。日本学生会较多注重说话的方式和礼貌表现，中国留学生则很少会注重这些，轻松地就能完成拒绝行为（親しい間柄の場合、依頼内容による多少の違いはあるが、日中両言語共に主に「願望」「理由」「謝罪」「代案提示」の表現が現れやすくなる。日本人学生の場合は、相手に察してもらおうとすることに重点が置かれる傾向があるのに対し、中国人留学生の場合は、相手に共感を示しつつ積極的に働きかけるという熱意を示すことに重点が置かれている。一方、親しくない場合、日中両言語は共に「理由」「謝罪」の表現が最も多く現れており、次いで「代案提示」も現れやすくなっている。日本人学生の場合は、言葉遣いに気を配り、丁寧表現を多く用いているのに対し、中国人留学生の場合は、そのような配慮は見られず、比較的気軽に断っている）。

李（1999：110）对中日韩三国人如何进行拒绝行为，进行拒绝表现时怎样使用不同的策略等问题进行了研究。研究得出中日韩三种

语言有以下共同点：

（1）"道歉""说明理由""拒绝"等表现成为三国语言中使用频率最高的语义程序（｛詫び｝、｛弁明｝、｛拒絶｝が共通して使用頻度の高い意味公式になる）。

（2）三国语言均采用改变语义程序的使用频率和使用顺序的策略来减轻给对方造成的不快感，以达成最终的拒绝目的（三か国共に意味公式の使用頻度や使用順序を変えることを方略として用い、相手に与えてしまった不快感を軽減し、最終目的となる断り行為を成立させる）。

（3）面对上级或长辈时，三国语言均增加平均话语量，并使用礼貌体使说话方式变得柔和起来（三か国共に目上の人に対しては平均発話数を多くしたり、文体を丁寧にしたり、和らげた表現をする）。

（4）进行拒绝行为时，三国语言均会受到上下、亲疏等人际关系的影响，对不同级别的人物发出不同结构的语言表现（日本人、中国人、韓国人ともに上下、親疎の変数の影響を受けている）。

除此之外，还指出了以下3个不同点：

（1）日本人主要采用"道歉""理由""拒绝"等3大语义程序，中国人则采用"道歉""理由""拒绝""另寻方案"等4大语义程序，韩国人采用的4大语义程序是"道歉""理由""拒绝""犹豫表现"（日本人の主に用いる3大意味公式は｛詫び｝、｛理由｝、｛拒絶｝であり、中国人のなくてはならない4大意味公式は｛詫び｝、｛理由｝、｛拒絶｝、｛代替案｝になり、韓国人の必要拒絶欠な4大意味公式は｛詫び｝、｛理由｝、｛拒絶｝、｛ためらい表出｝になる）。

（2）日本人经常使用"道歉"表现，并说明拒绝的理由时，不论任何对方都使用含糊不清、模棱两可的说法。与此相反，中国人与韩国人使用的语义程序则多种多样，根据对方的上下、亲疏等身份的变化，说明理由、理由的详尽程度也发生明显的变化（日本人は詫びを

かなり多用し、相手に拘わらず理由をかなり曖昧に述べているのに対し、中国人の使用している意味公式は多種多様であり、韓国人も多種多様の意味公式を用い、理由の説明を上下という変数によって、理由の詳しさを使い分けている）。

（3）不管在任何场合还是对任何对方，日本人都倾向于"道歉优先型"以及消极的策略模式。在进行拒绝行为时，中国人则倾向使用"拒绝优先型"，并且在语义程序的"优先型"方面没有明确的规律性，喜欢采用"另寻方案"等积极的策略模式。韩国人喜欢并用"道歉优先型"和"理由优先型"的积极策略和消极策略兼用的策略模式（日本人は相手、場面に拘わらず「詫び先行型」を圧倒的に多く使用し、消極的なストラテジーを好んで使用している。中国人の「拒絶先行型」は断り行為を行う際のなくてはならない表現パターンであり、意味公式における「先行型」の種類をよく変えたり、代替案を多用するという積極的なストラテジーを好んでいるが、韓国人は「詫び先行型」、「理由先行型」両方を多用し、積極的、消極的両方のストラテジーを兼用している）。

元（2002：34-35）指出，根据中心结构以及相关语义程序的排列顺序，可以把日、韩两国拒绝表现的结构分别分为5类和6类。两国语言在排列顺序上，中心结构的前后或中间能够选择什么样的语义程序进行言语表达，在这纵向排列关系上既有共同点也有不同点（日韓の断り表現の構造を、中心構造とその周りの意味公式の配列順序によって日本語は5つのタイプ、韓国語は6つのタイプに分類することができ、配列順序において中心構造の前後や間にどの意味公式が選択されて発話されるかという縦の連合関係には共通点及び相違点がある）。

另外，公立国语研究所（1984）和堀江（1993）等也进行了多项研究。

从以上提到的先行研究可以看出，不同的社会文化规范和价值观、社会地位及心理因素对其语言行为带来变化，不同语言之间的使用内容也有各种差异，可以说在"请求""感谢"等言语行为上的研究领域已经取得了丰硕的成果。虽然有关日语中拒绝表现的特征已有诸多学者做过先行研究，但与汉语之间进行的拒绝对比研究仍然少之又少。不仅如此，研究内容也仅集中在几个部分，汉日拒绝表现的整体特征还尚未明了，需要进行细致、深入、大范围的研究。

2.1.2 二语习得的语用学研究

近年来，从日语教育的视角出发，对日语学习者和日语母语话者（日本人）之间产生的"语言转移"（Language Transfer）研究出现在各个领域，取得了前所未有的成果，二语习得过程中的语用论研究就是其中之一。由于赴日留学的中国学生急剧增加，有关中国日语学习者和日语母语话者（日本人）之间言语行为差异的研究也越来越多，取得了不少成果。

森山（1990：66）将人际关系和交流方法之间的因果关系作为着手点，把拒绝言语行为作为焦点，对日本人的拒绝表现方式进行了分析，结果如下所示。

（1）双方关系较亲密：男性表达更坦率（直接拒绝型）

对方的地位较高：关系互换法（谎言型）

对方的地位低或同等地位：坦率表达（直接拒绝型）

（相手が親しい：男性はより率直表示（嫌型）が多い。

相手が上：関係置換の方略（嘘型）

相手が下・同等：率直表示（嫌型））

（2）双方关系较生疏：男性采用直接拒绝型，女性则较多使用谎言型

对方的地位较高：关系互换法（谎言型）或坦率表达（直接拒绝型）

对方的地位较低或同等地位：谎言型、直接拒绝型、延期型
（相手が親しくない：男は嫌型、女は嘘型が多い。

相手が上：関係置換の方略（嘘型）か率直表示（嫌型）

相手が下・同等：嘘型、嫌型、延期型）

生驹·志村（1993：41）为了研究美国日语学习者在进行拒绝言语行为时是否存在语用转移（Language Transfer）现象，分别把日语和英语母语话者以及美国高级日语学习者（以下分别简称 JJ，AE，AJ）作为受试者，每十人分为一组进行话语补全测试（Discourse Completion Test）。利用 Beebe 的语义程序进行了分析，并得出了以下结论。虽然同是拒绝他人的请求，AE 和 AJ 比 JJ 较多地选择"直接拒绝型"（JJ，6.74%；AE，15.05%；AJ，19.48%），AE、AJ 比 JJ 更多选择"另寻方案"（JJ，13.48%；AE，8.60%；AJ，5.19%）。对拒绝他人的邀请时，AE 和 AJ 倾向于直接拒绝说"不"，与此相对 JJ 则完全不会采用"直接拒绝型"（JJ，0.00%；AE，3.26%；AJ，2.35%）（要請に対する断りであるが、AEやAJはJJより多くの「直接的な断り」をしている（JJ，6.74%；AE，15.05%；AJ，19.48%）。また、AEやAJよりJJのほうが「代案」を多く提示した（JJ，13.48%；AE，8.60%；AJ，5.19%）。一方、招待に対する断りでは、「いいえ」という直接的な断り方をAEとAJがしているのに対し、JJは全くしていない（JJ，0.00%；AE，3.26%；AJ，2.35%）。また、JJが「約束」をしているのに比べ、AEやAJは全く「約束」をしない（JJ，2.33%；AE，0.00%；AJ，0.00%）。もう一つ、AEやAJはJJより多く招待に対しての「感謝の言葉」を述べている（JJ，4.65%；AE，8.70%；AJ，8.24%）。建議に対する断りにおいては、AEやAJのデータには「感謝の表現」がいくつか見られたが、JJには全く見られなかった（JJ，0.00%；AE，5.08%；AJ，5.36%））。

对于以上的结果，生驹·志村（1993）指出美国日语学习者的言

语行为中存在以下几种负面转移：

（1）拒绝对方的请求时，从不采用"另寻方案"（依頼に対する断りにおいて代案をあまり提示しないこと）；

（2）拒绝朋友推荐的食物时，过分地大量使用"結構です（够了）"（友達に勧められた食べ物を断る際に「結構です」を多用すること）；

（3）美国高级日语学习者不会因根据说话者的地位高低而改变中途停顿结构的使用频率，而是直接进行拒绝行为，容易给地位高的年长者带来不好的印象。（話し手の地位によって中途終了文の使用頻度をあまり変えることなく、直接的な断りを多用すること。）

熊井（1992：41）以"请求"言语行为作为研究主题，对日本学生以及留学生的请求表现进行了比较分析，得出了以下结论：

与日本人相比，留学生更容易在语言表达中出现语法、语言表现上的错误。除此之外，两类人群关于谈话的推进方式和语言结构方面也存在着质的不同。另外，为了有效地完成"请求"言语行为，最重要的就是要向对方传达自己"请求"的必要性，以此得到对方的理解。而为了达到这个目的，对方也必须提供必要的信息。日本学生在进行"请求"言语行为时，一般都是在观察对方反应的同时，根据谈话内容不断追加必要的信息，而留学生则不选择"提供信息"，而是直接采用"请求表现"，很容易使人感到唐突和勉强。"信息提供"是一种事先给对方构建"言语行为框架"的有效策略。在一些给对方造成负担的场合，例如"貸してほしいんですけど"，"お借りしたいんですけど"，"借りたいんですけど"等，日本学生虽会采用上文提到的"请求表现"，但相比之下，留学生则很少会为对方考虑各种难处，不顾及对方是否方便，往往直接使用"借りにきました""借りたい"等这种单方面说自己的期望，礼貌程度较低的表现方式。更严重的是，还有些留学生在面对老师时，竟然直接使用"貸してください"这种

表现。在进行"请求"表达时，不仅仅由于日语本身的错误或敬语错用、误用而造成失败，除此之外，有可能由于"信息提供"等请求行为的步骤本身发生错误，这种错误比日语表达自身发生错误更有危险性，也正是由于这种原因，会在不知不觉中给对方造成不快感（留学生はそれぞれの発話に文法、待遇上の誤りが見られるほか、談話の進め方や構造自体にも日本人学生との間に質的な違いがあることが分った。「依頼」という目的をより効果的に遂行するためには、その「依頼」の必然性を伝え、相手の理解を得ることが重要である。そのためには相手に対し、必要な情報を提供しなければいけない。日本人学生の「依頼」の談話には、相手の反応を確かめながら、談話の展開に応じて必要な情報を付け加えて行くのが普通であるが、留学生の談話では、「情報提供」なしに、すぐ要求表現を用いた例が観察され、唐突さや強引さを感じさせる危険性がある。「情報提供」を行うのは、相手に「構え」を作らせておく有効なストラテジーである。また、日本人学生は「貸してほしいんですけど」、「お借りしたいんですけど」、「借りたいんですけど」といった相手に負担をかける場合には、それに言及する丁寧な「要求表現」を使っているが、留学生は「借りにきました」、「借りたい」という相手の都合に頓着せず、自分の希望のみを述べたているような、丁寧度があまり高くない表現が見られた。さらに、相手の教師に対し「貸してください」という表現をした留学生も見られた。要求表現そのものの間違いや狭義の敬語の非用・誤用だけではなく、「情報提供」や相手の断りに対する対応など、依頼行動の進め方そのものの違いによる場合も少なくないが、このような誤りは、表現自体の誤りよりも深刻で、無意識のうちに相手に不快感を与える原因となる）。熊井还指出，文体上的错误也是一类问题。

关于在拒绝行为中使用的策略性的差异，熊井（1993：29－31）

利用角色扮演（Roll－play）的研究方法，对日本本土学生和留学生进行了调查，调查结果如下：

留学生在拒绝行为前会向对方要求一定的信息，并重复其内容，表达出积极的关态度。留学生则经常使用的"要求对方提供信息"和"重复请求内容的一部分"，是通过表达对对方的关心来建立共同的交流基础。留学生中有很多人能够做到在谈话中首先表达自己的热情和关心，利用积极交际的态度作为先导，然后开始进行拒绝行为。而日本本土的学生则较多地倾向直接开始拒绝表达。其实在听者看来，拒绝表现中的"要求对方提供信息"也好"另寻方案"也罢，看似是为对方着想，实则不过是为了拒绝对方而使用的语言手段，都会使人产生不快。如果这时拒绝表现中还使用了不恰当的词汇和语言表现，那结果就更糟糕。日本学生在进行拒绝时，明显的特征就是使用"中途停顿"（言い差し）表现，利用柔和的表达方式缓和因拒绝行为带来的紧张感（留学生は断る前に相手に情報を要求したり内容を繰り返したりして、積極的な関心を示しているが、留学生が多く用いられている「情報要求」や「依頼の一部の繰り返し」は相手に関心を示し、共通の基盤を作ろうとする積極的な働きの表現である。留学生はこのような方略を上手に利用して、熱意や関心を示しつつ、積極的な会話をリードして断り表現につながる者が多く、日本人学生はいきなり断り表現に行く場合が多いということが分かった。「情報要求」にせよ、「代案提示」にせよ、相手に配慮しているかのようにみえる行為が、実は断るためのストラテジーにすぎないと感じさせる場合の聞き手に対する不快感は大きく、それが不適切な語彙や表現によって行われる場合は、なおさらであると指摘している。日本人学生の特徴としては「言い差し」の方略を用いたり、ソフトな表現を使用したりすることで、断り行動の引き起こす緊張を緩和させようとする傾向がある）。

柏崎（1993：53）认为攀谈行为（話しかけ行動）是谈话的重要要领，她对攀谈、请求等事项的语言表现进行了相关的录音收集工作，并从日语母语话者（日本人）与日语学习者的谈话资料中探讨了其中的不同点，从而对语言结构进行了分析。得到的结果是，日语母语话者在进行言语表达时，几乎都会有一些前置语言，暗示着将要给对方带来某些负担和内容，把对方引入自己的话题后才开始进行述说自己的事项，叙述部分的表达方式具有多样性。其中，依靠合作是最具典型的表达方式。另外，在句子结尾不说完并希望对方能够体察到自己想说的内容，这也是日本人言语表现的特征。但日语学习者在表达时往往缺乏前置表现，也不会表明主题，也不像日语母语话者那样，能够在展开谈话的过程中始终顾及到给对方造成的负担。相比之下，日语学习者缺乏言语行为过程中需要的心理机能。柏崎（1993）指出，在今后的日语教育实际教学中进行包含前置表达的交流指导具有重要意义（日本語母語話者の発話にはほぼ必ず何らかの前置き表現があり、負担や内容を暗示したり、ポーズを置いたりして、相手を話の場に引き込む働きかけを行ってから用件内容に進んでいる。用件内容部分では、表現の多様性が確認され、協力を依頼する典型的表現だけでなく、発話末は言い切らず、聞き手に用件内容を察してもらう特徴が見られた。しかし、日本語学習者には前置き表現や主題提示を効果的に行うことが欠けており、日本語母語話者のように相手への負担に絶えず配慮する心的態度を機能させながら日本語の談話を展開していくことが見られなかった。今後、日本語教育の現場で前置きを含めた円滑なコミュニケーションの指導を行うのは重要な意義がある）。

猪崎（2000：79）在"请求"言语行为的会话中，对日本人和法国人由于文化差异造成的不符合规范的言语表现、脱离对方期待的语言表现偏差作了一系列考察。得出以下结果：日本人先是"请求预

告"，然后推进"请求"，根据不同情况会在两者之间加入"先行语言"（先行発話）。但法国人无论是在什么样的场合，都不倾向于说"预告"型的话语，而是直接进行"请求""回应对方"等形式展开"请求"的言语行为。而且，关于谈话中的内容是否被看成"请求"，日本人和法国人之间也存在着差异，因此也影响着说明理由言语结构以及后期会话的展开（日本人は「依頼の予告」、「依頼」へと進み、状況によってこの2つの間に「先行発話」を置く。しかし、接触場面でのフランス人は、待遇表現の有無に関わらず、「予告」を置かずに「依頼の先行発話」、「先行発話応答」、「依頼」の展開を好む。更に、ある発話の出来事を「依頼」とみなすか、みなさないかにも日本人とフランス人とでは相違があり、それが発話の解釈の枠組みや後の談話の展開に影響する）。

　　藤森（1995：77-88）提倡语言表达是社会性的相互行为，抓住这一点，将"说话者为明确向对方传达自己的说话意图，使用何种表达形式"作为考察内容，从应用语言学的视角出发对日语学习者进行了观察。日本人在言语行为上最为明显的特征就是"过分小心"（過剰配慮）。藤森（1995）举出日本人的拒绝表现的例子，在构成拒绝表达的日本人的语义程序中，使用频率最高的就是"说明理由"。藤森对比分析了日语母语话者与日语学习者在句末使用的表达方式，发现中、韩日语学习者比日本母语话者更多使用"说明理由"这一语义程序，甚至让人感觉到他们是在"狡辩"，很容易招来日本人的误解（発話行為として、日本人の表現心理の特徴であると言われる過剰配慮の現象が強く見られる断り行為を取り上げ、断り発話を構成する意味公式のうち、最も使用頻度の高い「弁明」の意味公式の節末及び文末に見られる表示マーカーの使用に関して、日本語母語話者と日本語学習者の比較を通し、問題点を明らかにした。その結果、中国人学習者と韓国人学習者に起こる「弁明」の多用現象は日本人

の誤解を招きやすい)。

　　藤森(1996：15－16)对日语母语话者、汉语母语话者、中国日语学习者在拒绝言语行为上的"说明理由"方略变化(variety)进行了考察。结果表明,总体上来看,相比中国的日语学习者以及汉语母语话者,日语母语话者经常使用"模糊"的"说明理由",尤其在面对上级或较生疏的对方时,更是典型地使用"模糊型说明理由"。另外,日语母语话者在拒绝语言表达中倾向使用"向他人转嫁责任"(他者への責任転嫁)的语言表现。与此相对,中国日语学习者则不会选择以上同样的表达方式。因此,中国日语学习者用日语进行拒绝表达时,有可能令对方感到不友好,成为造成误解的主要原因(日本語母語話者は全体的に中国語を母語とする中国人日本語学習者の日本語、及び中国語母語話者の中国語より「曖昧型」の「弁明」表現をよく使用し、特に目上の人や親しくない相手に対しては典型的に「曖昧型」の「弁明」表現が用いられている。また、日本語母語話者の発話には「他者への責任転嫁」の表現形式が多く見られたのに対し、中国人日本語学習者には日本語母語話者のような断り表現の形式が殆ど見られない。このような中国人日本語学習者の断り表現には充分な関係修復の言語表現が行われたとは感じられない恐れがあり、誤解の原因になる)。

　　从以上的先行研究可知,由于不同的社会文化规范和价值观,日语母语话者(日本人)和日语学习者在言语行为上存在着各种关于语言选择内容的相同点和不同点。尤其是在高速国际化进展的今天,不同的语言和社会中,对于礼貌的基准和判断方法均不相同,因此跨文化交流造成的误解和纠纷并不在少数。

　　语言具有固有的特殊性,这种特殊性在开展社会行为时通过其行为凸显语言的特性。不同的语言和不同国家拥有各自不同的特殊性不言而喻,即使是同一种语言,也会由于地域不同等原因,造成言语行

为各不相同。例如吃饭的时候，日本人会双手合十，并说"いただきます"这样的言语行为或一些非言语行为，但在汉语中则没有这样的言语行为。除此之外，吃完饭时，日本人会说「ごちそうさま」，而像这样的词语在汉语中也不存在，如果硬要说的话，无非最多也就是说一句"我吃饱了，我吃完了"。另外，在进行言语行为时，日本人的特点就是重视"不说"，在人际交往中以"少说为尊"的价值取向，显得比较消极。与之相对，虽然因人而异、并非绝对，中国人的言语行为喜欢把"说"作为重要的交流手段，提倡积极说的策略与态度。总体来看，中国人较多地采用主动的人际交往。

以上列出的日语学习者在言语行为上存在的问题点足以说明了学习者在与日本人交流时为何容易被误解的理由。在日语学习的过程中，引起这类问题的根本原因在哪里，想要说明理由这一问题很难，至今尚未解决。但可以说母语的转移很可能是其主要原因。

2.2 言语行为理论的中心——礼貌（politeness）原则

上文从对照语用学和二语习得语用学研究的两个视点出发，对不同领域的"请求""感谢""拒绝"等言语行为的有关先行研究进行了概括。在日常言语行为中，最重要的就是，在不同的情景、上下级、社会关系下要重视语言的礼貌性从而进行言语行为。

如果被问及礼貌（Politeness）究竟是什么，恐怕大多人首先想到的就是，为了不失礼而向对方表达敬意的一种态度或措辞。但在语用论和社会语言学中，关于"礼貌"的定义就像小泉（2001）论述的那样，在我们平常感知的"礼貌"背后，其实存在着某种更广泛、更深层次的原理。针对"礼貌"问题，小泉（2001：125－126）作出了如下表述："礼貌并不单单只是一种表达形式。使用表达敬意的一些言辞只是形式性的礼貌，礼貌还包含向对方表达亲密之情、表明'我们

是伙伴'、使对方感受到舒适感的各种策略。"（丁寧さとは単なる表現形式だけの問題ではないことである。敬意を表す言葉を使ったり、形式ばった言葉遣いをしたりする形式的な丁寧さだけを問題にするだけではなく、相手に対して親愛の情を表したり、仲間である気持を高めたり、それを確認するような、相手を「気持ちよく」感じさせる様々な方策を含んでいる。)

关于礼貌（Politeness），北尾（1988：51-52）指出，人与人之间在进行交流时，最重要的是具备有效的交流能力（即交流能力），而礼貌则是交流能力的重要要素，是使人际关系更顺畅、使交流更有效时不可欠缺的手段（人と人がコミュニケーションを行う時、最も重要なのは効果的なコミュニケーションを行う能力（コミュニケーション能力）を備えることだとしている。そのコミュニケーション能力の重要な要素としてポライトネスがあり、ポライトネスは互いの人間関係をより円滑にし、より効果的なコミュニケーションを行う際に欠かせない手段である)。

礼貌在言语行为中广泛使用，具体内容分为两种。一是积极礼貌（Positive Politeness），二是消极礼貌（Negative Politeness）。积极礼貌，强调与对方拥有共鸣和亲切感，满足听话人的积极面子（Positive Face）需求。消极礼貌，满足听话人的消极面子（Negative Face）需求，强调不对对方造成伤害。在进行言语行为时，积极礼貌是为调和、维持人际关系而采用的一种策略，具有重要作用。

2.2.1　Lakoff（1973）的"语用论能力原则"

Lakoff（1973：296）提出，"语用论能力原则"是言语行为的准则，包括以下两个内容：

（1）明确地表达（Be clear）；

（2）礼貌地表达（Be polite）。

Lakoff（1973）对以上两个原则的关系叙述如下。"当说话者把直接传达信息作为中心目的时，为了不造成误解，说话者会尤其重视明确地传达信息（話し手がメッセージを直接的に伝達することを主な目的とする場合、誤解が生じないように明確に伝達することが重視される）。"与此相对，"如果说话者把中心目的放在与他人之间的人际关系上，就会更加重视礼貌（話し手の主な目的が、会話の参加者同士の人間関係に重点を置くことであれば、明快に述べるよりポライトに述べることが重視される）"。换句话说，前者是把要说什么作为目标，后者是把怎样说作为目标。

Lakoff（1973：298）还提出，"礼貌原则"是"语用论能力原则"的下位原则。

"礼貌原则（Rules of Politeness）"分为如下：

（1）不强加于人（Don't impose）；

（2）给对方留有余地和空间（Give options）；

（3）增进双方的友情（Make a feel good be friendly）。

"礼貌性原则"中的"不强加于人"，即是指不妨碍他人，与他人保持一定距离。例如，在询问私人问题之前，要取得对方的谅解。"给对方留有余地和空间"，即是给予对方选择权。例如，要让对方自己做最终的决定。"增进双方的友情，"即是指为了使对方感到舒适，使用"y'know, I mean, lile 等"particles"表现形式。

Lakoff（1973）还指出，当"礼貌性（politeness）"与"明确性（clarity）"产生冲突时，相比"明确性"，在会话中最重要的是避免给对方的情绪造成伤害，因此在大多数情况下，都会优先"礼貌性"（「ポライトネス（politeness）」と「明快さ（clarity）」が衝突する場合に、会話で最も重要になるのは「明快さ」より相手の気持ちを害することを避けることであり、そのため多くの場合、ポライトネスが優先される）。

2.2.2 Brown and Levinson (1987) 的 FTA (Face Threatening Act) 理论

Goffman (1967) 首次提出，并发展了对"面子"(face) 概念的研究，认为面子是一个人在交往中按照能被其他人接受的方式有效地为自己确立的正面的社会价值。其后，Brown and Levinson (1987) 在 Goffman (1967) 提出的社会学研究领域的基础上作了进一步的分析，进而提出了"FTA 理论"。根据"FTA 理论"，"面子"分为"消极面子"(negative face) 和"积极面子"(positive face)。"积极面子"是希望得到别人的赞同、喜爱、欣赏和尊敬，而"消极面子"是指不希望别人强加于自己，自己的行为不受别人的干涉、阻碍，有自己选择行动的自由。

威胁面子的言语行为大致可分为四大类：

（1）威胁听话人消极面子的言语行为：说话人向听话人发出命令、请求、劝告、威胁、警告；

（2）威胁听话人积极面子的言语行为：说话人不同意听话人的见解，向听话人给予批评、蔑视、抱怨、谴责、指控、侮辱，对听话人的积极面子持否定态度；

（3）威胁说话人消极面子的言语行为：说话人向听话人表达谢意、接受批评，对听话人过时的反应作出违心的许诺或提供非情愿的帮助；

（4）威胁说话人积极面子的言语行为：说话人的道歉、接受批评或恭维、忏悔、承认有罪或有错。

Brown and Levinson (1987) 的礼貌性理论中，积极面子 (positive face) 和消极面子 (negative face) 并不是分别单独使用，而是相辅相成共同使用，用来降低面子威胁行为的威胁程度。

威胁程度由三个要素决定：

(1) 说话者和听者的社会性距离（social distance，D）；

(2) 说话者和听者的相对力量（relative power，P）；

(3) 某种行为给对方造成负担的程度（ranking of imposition，R）。

也就是说，当 D 大 P 小（例如路上擦肩而过的陌生人）、D 小 P 大（例如职场中的上司与部下）或 D、P 都小（例如恋人）等 R 值较大的情况下，FTA 的威胁程度也就显得很轻。

称赞对方来表达好意，或是使用一些表达"伙伴"关系的言语和爱称，向对方表明共同的想法、意见、态度等行为都是为了给人留下好印象，得到好评价，都是一种为满足积极面子的积极礼貌。而在踏入对方领域时表示出犹豫态度，或由于相互的社会距离而避免使用过于亲昵的措辞，或使用不强加于人的言语等现象都属于消极礼貌。对初次见面的人使用敬语，或不给听者施以强迫感和负担等，都是消极礼貌的具体表现[①]。

Brown and Levinson（1987）在下面的论述中，对消极礼貌和积极礼貌进行了下位策略的分类。下文中 PPS 指积极礼貌的下位策略，NPS 指消极礼貌的下位策略。

"积极礼貌"，是表明自己和听者之间的共同点，满足听者的积极面子需求。由以下 15 条下位策略组成。

(1) 寻求共同的基础（Claim common ground）

pps1：注意照顾到对方的需求（感兴趣的事、欲望、需求、物品）（Notice, attend to H [his interests, wants, needs, goods]）

pps2：夸大对对方的兴趣、赞同和同情（Exaggerate [interest, approval, sympathy with H]）

pps3：加强对听者的关注（Intensify interest to H）

pps4：使用集体特征标志语（Use in-group identity markers）

---

① 具体内容请参照北尾（1988：54-59）以及《应用语言学事典》（2003：212-59）。

pps5：寻求相同意见（Seek agreement）

pps6：避免反对意见（Avoid disagreement）

pps7：预测、设定、维护共同的基础（Presuppose/raise/assert common ground）

pps8：开玩笑（Joke）

（2）传达一种理念：说话者与听者是合作伙伴（Convey that S and H are cooperators）

pps9：假定或预测对方的期望与感兴趣的事物（Assert or presuppose S's knowledge of and concern for H's wants）

pps10：建议、承诺（Offer, promise）

pps11：乐观（Be optimistic）

pps12：使说话者和听者双方都参与活动（Include both S and H in the activity）

pps13：给予或寻求原因（Give [or ask for] reasons）

pps14：假定或设定相互关系（Assume or assert reciprocity）

pps15：向听者赠与（物品、同情、理解、合作）（Give gifts to H [goods, sympathy, understanding, cooperation]）

消极礼貌，是通过强调尊重他人，不干预他人的行动自由来满足其消极面子的需要。由以下10条下位策略组成。

（1）进行直接阐述（Be direct）

nps1：采用惯用的间接表达（Be conventionally indirect）

（2）避免推测或假定（Don't presume/assume）

nps2：使用提问、hedge等表达方法（Question, hedge）

（3）避免强迫对方（Don't coerce H）

nps3：表示悲观（Be pessimistic）

nps4：使对方的负担最小化（Minimize the imposition, Rx）

nps5：表示敬意（Give deference）

(4) 向对方表明没有产生攻击性意图（Communicate S's want to not impinge on H）

nps6：进行道歉（Apologize）

nps7：避免使用人称代词（Impersonalize S and H）

nps8：将 FTA 作为普遍规则来叙述（State the FTA as a general rule）

nps9：尽量用名词化的表达方式（Nominalize）

(5) 补偿听者的其他期望（Redress other wants of H's）

nps10：向对方表明没有施恩图报，或给人添麻烦的意图（Go on record as incurring a debt, or as not indebting H）

会话参与者为建立和维持顺畅的人际关系而采取的礼貌理论，被学术界奉为研究礼貌问题的经典理论，但围绕它的批判性研究也未曾停止。小泉（2001：137）将 Brown and Levinson 理论模型的批判性言论大致分为两种类型。一是研究以非欧美、非英人群为例，缺乏普遍适用性，二是礼貌模型上过于强调目的性的策略。礼貌包含广泛的要素，包含适度性、社会文化的期望、习惯等各个方面，目的性策略只是其中的一个方面（1つは非欧米、非アングロサクソンの事例に基づいた普遍性への問いであり、もう1つは丁寧さのモデルにおける意図的な方策［strategy］という側面の偏重に対する疑問である。丁寧さにはもっと幅広い要素が含まれており、そこには適切性、社会文化的な期待、慣習など様々な側面があり、意図的な方策という丁寧さは丁寧さの一面にすぎない）。

另外，Brown and Levinson（1987）理论的模型分类及策略表达的意义有多种多样，有些地方很难抓住要点，如何实际使用到言语行为中仍然是一个问题点。

2.2.3 Leech（1983）的"礼貌原则"（Politeness Principle）

Leech（1983：189-191）认为，礼貌言语行为使用在请求、要求、命令等请求他人的场合，或者邀约、提议、赞誉、祝愿等受惠于他人的场合，成为维持社会平衡和友好关系的重要手段。因此，将"礼貌原则"（Politeness Principle）作为大原则，进行了重新归纳和分类，将其分为以下得体准则、慷慨准则、赞誉准则、谦逊准则、一致准则、同情准则。

(1) 得体原则（用于指令和承诺）Tact Maxim：
①使他人受损最小；
②使他人受惠最大。

(2) 慷慨原则（用于指令和承诺）Generosity Maxim：
①使自身受惠最小；
②使自身受损最大。

(3) 赞誉原则（用于表情和表述）Approbation Maxim：
①尽力缩小对他人的贬损；
②尽力夸大对他人的赞扬。

(4) 谦逊原则（用于表情和表述）Modesty Maxim：
①尽力缩小对自身的赞扬；
②尽力夸大对自身的贬损。

(5) 一致原则（用于表述）Agreement Maxim：
①尽力缩小自身和他人之间的分歧；
②尽力夸大自身和他人之间的一致。

(6) 同情原则（用于表述）Sympathy Maxim：
①尽力缩小自身对他人的厌恶；
②尽力夸大自身对他人的同情。

在实际的言语行为中，说话者会本能性地为自己考虑，避免给自

己造成负担。因此经常在会话中造成双方利益关系①的不均衡，很难遵守 Leech（1983）提出的礼貌原则。

2.2.4 Grice（1989）的"合作原则"（Co-operative Principle）以及四条准则

美国哲学家 Paul Grice 认为人们在交际过程中，对话双方似乎在有意无意地遵循着某一原则，以求有效地配合从而完成交际任务。因此提出了 Co-operative Principle（合作原则，简称 CP），认为说话人与听者应相互合作，使话语符合交谈的目标和方向。合作原则具体包含四条准则：the Quantity maxim（数量准则，指说话信息量应不多不少）、the Quality maxim（质量准则，指说话应真实可信）、the Relation maxim（关联准则，指说话应有相关性）、the Manner maxim（方式准则，指说话应清晰、简明、有条理）。具体分类如下。

（1）数量准则（Maxim of Quantity）

① 所说的话应该满足交际所需的信息量［Make your contribution as informative as is required（for the current purpose of the exchange）］。

② 所说的话不应超出交际所需的信息量（Do not make your contribution more informative than is required）。

（2）质量准则（Maxim of Quality）：话应真实可信

① 不要说自知是虚假的话（Do not say what you believe to be false）。

② 不要说缺乏足够证据的话（Do not say that for which you lack adequate evidence）。

（3）关联准则（Maxim of Relation）：说话应有相关性

（4）方式准则（Maxim of Manner）：说话应清晰、简明、有条理。

---

① 王（2005：33）对其作出了论述："在实际的言语行为中，说话者在丧失利益的同时，能够得到精神的满足，因此就形成了这种不均衡利益关系的言语行为。"详细内容请参照王（2005）。

力图避免模糊的语言和模棱两可的态度,力求直截了当、简洁有力。

①避免晦涩(Avoid obscurity)。

②避免歧义(Avoid ambiguity)。

③简练[Be brief (avoid unnecessary prolixity)]。

④井井有条(Be orderly)。

"方式准则"(Maxim of Manner)的"说话应清晰、简明、有条理"分为四条从属准则。但是大多数情况下人们只是经验性地了解它,在实际会话中很少能够坐等遵循其准则。原因是,相比清楚明确的表达方式,有些情况下模糊暧昧的表达方式则显得更容易达成交流。日语里有一句谚语叫作"嘘も方便",虽然其违反了"质量准则",但却更适应于社会交流。因此,也就成为了言语行为中的一种合理规则。

Grice(1989)的"合作原则"作为传达信息的手段,是一条非常有效的交际原则,但在日常的言语行为中,既有遵循"合作原则"的时候,也有故意违反此原则的时候。尤其是在进行拒绝言语行为中,由于各种心理要素混杂在一起具有一定的复杂性,如果只遵守"合作原则"很难达到良好的沟通效果,这个时候就会发生脱离、违背合作原则的现象。Leech(1983)曾说"'礼貌原则'(Politeness Principle)具有维持社会平衡和友好关系的作用,违背合作原则起因于礼貌"。例如,说话者想要礼貌地拒绝他人的邀请时,直接地回答"不去"并不是唯一的方法,也可以假装还有其他的约会要去,这种方法也算是一种遵循"礼貌原则"的言语行为。

2.3 先行研究的问题所在点

以上主要概括了对比语用论、二语习得语用论及言语行为研究中一直备受关注的"礼貌原则"。仔细观察至今为止的研究趋势,可以

发现大多都是分为语言形式（语义学）和语言功能（语用学）两种。而其中，语言形式研究一直占据着主流地位，相反，对于语言功能的研究则处于较少的状态。因此在进行言语行为时，面对不同的场合和对象，使用什么样的表现才能取得更好的交际效果，关于这个问题至今仍未得到具体的阐明。

致力于研究日语母语话者与日语学习者之间差异的二语习得语用论研究近年来在日语教育领域大肆盛行，也取得了一定的成果。目前，由于在日留学的中国留学生与日俱增，以中国日语学习者为对象的二语习得语用论研究进展非常迅速。但在对比语用论研究领域中，有关中日言语行为的对比研究却极其有限，由日语和欧美等国家语言的对比占据主流地位。尤其在汉语研究中，语义学和结构学等基础语法研究成为核心内容，而在言语行为中占据重要位置的语用论研究，虽取得了一定成果，但都仅限于有限的几个部分，还存在各种各样的问题。

拒绝表现的言语行为研究开始于 80 年代，最早进行的是"请求""邀请""建议"等研究，而后才开始的拒绝言语行为研究。因此，按照此顺序，关于拒绝言语行为的研究开始于1990 年 Beebe（1990）的研究。而在汉语中有关拒绝表现的先行研究数量少且规模小，因此研究中的受试者或场景构成、人数等各个方面都存在着不少问题。

在所有的言语行为中，拒绝表现最具危险性。有关拒绝表现的中日对比语用论研究较少，仅限于李（1999）、马场、禹（1994）等人。虽然在这些先行研究中，都分别列出了关于中日两种语言的特点，但在研究方法和分析方法上仍然存在着各种各样的问题。马场、禹（1994）的研究调查结果中，虽然出现了"老师"（先生）的称谓语，但并没有作为语义程序的内容来进行分析，而且其研究方法是通过对比"说明理由"、"道歉"、"拒绝"及"另寻方案"等拒绝表现的语义程序进行简单的分析。另外，该研究的受试者为 15 名日语母语话者

(日本人）和 10 名中国日语学习者，不仅样本数量少，而且将中国日语学习者作为研究对象来进行中日两国言语行为的对比研究，也使研究结果受到不少质疑。不仅如此，李（1999）的研究中，不仅没有清晰明确研究方法、研究对象以及场景的具体情况，甚至关于言语表现的礼貌性都没有进行具体的说明理由。

拒绝行为指拒绝他人的"请求"和"邀请"等，会威胁到被请求者（拒绝方）的消极面子，即"不想被对方打扰"。同时，也威胁到了请求者的积极面子，即"想要被对方认可和评价"。为了缓和这种情况，被请求者（拒绝方）需要使用礼貌的语言行为来维护双方的人际关系。

高田（1992：52）表示，"如何把握临时性的人际关系、如何利用语言处理人际关系、以及如何把握说话人与听者之间的'上下''亲疏'关系，是进行言语表现的重要因素"（臨時的な人間関係をどう捉え、どう言語的に扱うか、また、話し手と聞き手との「上－下」「親－疎」関係を如何に捉えるかは、待遇表現を行う時に最も重要な要素になる）。另外，北尾（1988：52－53）表示，"当别人为你做些什么（请求、要求、命令等）或你为别人做些什么（邀请、提议、赞誉、祝愿等）的时候，需要使用礼貌语言，本质上前者对说话人有利，对听者不利，因此对听者会有失礼貌，而后者对听者有利，对说话人不利，因此均属于礼貌行为。相较于后者，前者更需要使用礼貌语言"（ポライトネスは依頼、要求、命令など人に何かをしてもらう場合や、招待、申し出、誉めたり祝ったりすることなど人に何かをしてあげる場合に使用されることがあるが、前者は本質的に話し手の益になり、聞き手には損になるので聞き手に失礼で、後者は聞き手の益になり、話し手に損になるので丁寧な行動である。それ故前者の場合の方がポライトネスの使用はより重要となる）。

语言与其所在的社会价值观和文化因素有着密切联系，人们的言语行为必然要接受其制约而进行。仓地（1990：162）指出，国籍、使用的语言种类、母语、行为方式、生长环境、气候、风土、历史、宗教、价值体系、国际关系、家人、地区社会、职场、学校等包含人际关系在内的所有与人相关的因素，均对不同文化之间的冲突与认可、产生不同文化中存在的根深蒂固的特定归属意识，对民族、文化认同感（アイデンティティー）的形成带来重要的影响（文化に対する異質性、同質性の認識や、自文化、異文化の概念の根底にある特定の帰属意識、民族的・文化的アイデンティティーが形成される影響要因として、国籍、使用言語、母語、行動様式、育成環境、気候や風土、歴史、宗教、価値体系、国際関係、家族、地域社会、職場や学校などの対人関係を含む人の状況などが考えられる）。

中国人和日本人之间不仅语言不同，社会文化规范和价值观也不同。因此，在语言表达上也造成了中日交流方式以及选择语言策略的判断标准有很大的差异。进行言语行为时，人们将社会文化等要素作为判断标准，进行策略的选择。什么因素最重要，以及有没有优先顺序，这些都由社会文化来决定，也就是说不同的社会文化决定其具体情况，具有文化的特有性。

对方的社会地位、心理因素以及场面的利益、负担程度等不同，将决定着选用不同的礼貌表现方式。至今为止，虽然各个领域都进行了关于言语行为的研究，但有关言语行为与礼貌原则的关系进行的研究却几乎没有，像拒绝表现这样的言语行为研究更是少见。

本研究从中日两国语言的对比语用学研究出发进行研究，其目的在于探究两国语言在拒绝言语行为上的特征以及规则的异同点。为了保证言语行为理论研究成果的实用性，把两国语言的礼貌表现摆在重要位置，本研究将把中日拒绝言语行为中使用的策略异同点作为中心，观察、分析在不同对象和场合下（社会地位、亲疏关系、场面的利

益、负担、紧急度）两国拒绝表现的语义程序的出现频率、语义程序的平均值（话语量）、语义程序的结构等异同点，最终揭示中日拒绝言语行为的结构模式。

FIRST 2
第二部

DCT 研究法视野下的
中日拒绝表现对比研究

第一章 研究方法及调查概要

本章就进行拒绝言语行为时的构成要素、调查方法、分析方法及调查结果进行详细论述。

1.1 构成拒绝言语行为的诸要素

言语行为是指说话人和听者在某一特定场合进行的一般性言语行为。Thomas（1995：25）把语用学定义为相互作用和影响（Interaction），并在此基础上进一步将其定义明确为关系到说话人及听者间说话的（物理性、社会性、语言）语境及其所能表达意思之间的活跃过程（語用論を「相互交渉（Interaction）における意味」と定義し、その意味を明らかにするのは、話し手と聞き手の間の、そして、発話の（物理的、社会的、言語的）文脈とその発話の選択可能な意味との間の、意味の取り決めにかかわるダイナミックな過程だと論じている）。而冉（2006）对其意思作出了如下论述：语用学研究特定语境中的话语生成与话语理解，因此它离不开语言使用的语境因素，比如说话人，听话人，时间，地点或空间，场景等。根据不同的交际目的，交际对象，选择不同的语言形式，这是一种典型的语用思想，也是人们交际能力的具体表现。

所有的言语行为都应以总括说话人和听者这两个构成要素为前提①。只要仔细观察一般的言语行为便能明白，说话人首先要把握听者的状况（年龄、社会地位、亲疏关系等），然后根据对方的诸多条件选择自己想给对方的认知印象，并在此基础上选择相宜的表达策略。不仅是表达对象，场面的利益、负担度不同，其语言表现和语言选择也发生不同的策略。

言语行为进行的具体场面、说话人和听者的上下、亲疏、力度关系、负担程度等诸多条件是左右语言表现结果的重要因素。条件不同，语言表现也随之变化。言语行为是指说话人在特定场合对特定人物所进行的社会性相互作用（interaction），是作为参与者的说话人遵从一定的意向，并为了达成自身目的而对另一参与者即听者进行的与语境相符的行为。

遵从以上立场，本研究在了解拒绝言语行为的基础上，将影响言语行为的要素归纳为（a）说话人（受试者）、（b）听者（对象）、（c）说话的场面。

1.1.1 说话人（受试者）

本研究的说话人即是受试者。作为中日两国语言的对比研究理应尽量选取同一社会阶层的人作为调查对象，因此本研究主要将中日两国的大学生作为受试者。由于中日两国的大学生大都是高中毕业后直接进入大学，因此在社会经验和年龄方面中日两国大学生的条件基本一致。作者以日本关东地区两所大学的大一至大三的学生及中国东北、上海地区的大一和大二的学生为调查对象，在2006—2008年，2012—2014年间共进行了三次调查。

为了更为清晰地反映中日两国语言在拒绝表现上的特征，此次调

---

① 人类的言语行动可以在说话的同时达成自身目的，但本研究的研究对象不包括此类情况。

查考虑到第一位外语的影响,将受试者的范围划定在没有将汉语和日语作为第一外语学习的大学生,且有半年以上海外生活经验的也除外。此外,考虑到回答内容模糊及书写上的错写、漏写均会对分析结果产生影响,将以上情况的调查样本全部作废。最终的有效样本数量是日本大学生84人(男性42人、女性42人)中国大学生77人(男性38人、女性39人)。

本次调查是由作者亲自在中日两国进行,首先分发调查问卷,并就相关问题向受试者进行说明,然后收回答案。每份问卷的调查时间均为15—20分钟。

表1-1 中日两国受试者的构成

国籍	大学	年龄	N	人数
日本	关东地区某大学①	18岁~25岁	40	男性:42人
	关东地区某大学②	18岁~22岁	44	女性:42人
中国	中国东北地区某大学	19岁~23岁	77	男性:38人
	中国上海地区某大学			女性:39人

1.1.2 听者(拒绝的对象)

本研究的听者即是拒绝的对象。在日常的言语生活中,人们往往会同形形色色的人进行交流。无论对方是熟识还是陌生人都必须进行一定的相互了解和沟通。而且不同的场合要和不同社会地位及不同亲疏关系的对象进行交涉、沟通。在进行言语行为时,说话人必须要敏锐地察觉对方的社会地位及心理距离上的亲疏远近,然后划分一些范围如上司、长辈、亲近的人、好说话的人等,选择最适宜对方的表达方式进行定位。只有如此才能最大化地发挥语言运用的功效。

马场·卢(1992:60)指出我们的言语行为强烈受到人际关系的影响,且主要分为社会原因和心理原因两方面的影响。社会原因主要是社会地位的差异、年龄差等,心理原因主要指亲疏、远近程度等

(我々の言語行動は強く人間関係の影響を受け、これは主に大きく分けて社会的、心理的要因によって選択され、社会的要因には社会的地位差、性別の違い、年齢差などがあげられ、心理的要因には親疎の度合があげられる）。北尾（1988：53-54）认为，所谓的"请求"言语行为虽然产生负担，但并不会使人感到绝对的负担，而是随着说话人及听者之间的诸多因素如亲密度、地位关系等的变动，其负担程度也相应发生变化（「依頼」による負担は、実際には絶対的な負担をそのまま感じるのではなく、話し手と聞き手との親密度と地位関係などといった種々の要因により増減される）。

在进行拒绝言语行为时亦是如此。当说话人和听者之间的社会及力度关系对等时，进行拒绝表达时便不用顾虑太多。与之相反的场合，说话人和听者会敏锐察觉到对方言语行为的各种表现，在顾及说话人和听者之间的上下、力度关系的同时进行言语行为。

为了扩大本研究的拒绝言语行为所涉及的对象范围，考虑到不同对象的社会地位差异（主要是上下关系）及心理要素（主要是亲疏关系）不同，本研究将设定为以下三类人物：（a）社会地位高的指导教师；（b）没有心理距离感的好友；（c）有一定心理距离的普通朋友。

1.1.3 进行拒绝言语行为的场面

所有的言语行为并不是在某一特定的场合进行，而是在各种各样的场合展开。本研究所指的场面就是说话人和听者进行的拒绝言语行为的场面。言语行为是社会范畴内的相互行为，所以其所带来的说话双方的心理负担也因场面的利益、负担和紧急度而发生相应的变化。

当说话人对听者实施某一动作和行为时，双方感受到的场面带来的负担程度也不同。因此，不同说话场面需要使用不同的言语表现。此外，言语表现的郑重程度也应随之变化。井出（1986：57）认为，所借物品的价值大小是影响言语表现郑重程度的重要因素（借りるも

のの価値の軽重が丁寧さの要因となる）。反观我们的日常言语行为，说话场面这一要素确实给谈话内容产生巨大影响。

例如，同样是表达"请求"的言语行为，当听者有相应的承受能力时，对于听者而言，其负担会相应减小。因此，作为请求者的说话人，心理负担也会减少。负担越大的说话场面，也就越需要其表达请求时的言语表现的郑重程度。在进行拒绝言语行为时亦是如此。在表达拒绝时，必须要慎重考虑说话双方的关系和心情，更加注重语言表现的郑重程度。

依据场面的利益、负担和紧急度的差异，本研究将进行拒绝言语行为时的说话场面设定为以下三类：搬迁的"请求"、送别会的"邀请"、学习会的"建议"。本研究将着重探究事物的利益、负担和紧急度不同的场合，中日两国在表达拒绝时的言语表现是否会产生差异，且根据不同场合将会产生怎样的差异等内容。而且，由于中日两国语言均十分重视言语表现的郑重程度和适当性，本研究试图寻找出中日两国语言在进行拒绝言语行为时的一般规则性和其过程。

1.2 社会地位及亲疏关系带来的心理负担

一般来看，和日常言语行为密切相关的人际关系包括上下、社会地位、亲疏关系等多个层面。各式各样的人际关系是进行郑重的言语行为时影响措辞的重要因素。为了实现更好的沟通，有必要区分说话人和听者之间的关系。受对方的上下、社会地位、亲疏关系等多重因素的影响，说话人所感到的心理负担大小也不尽相同。

由于拒绝行为违背了他人的意愿，从而很容易打破双方人际关系的平衡。因此，和其他言语行为相比，需要选择更为恰当的表达方式。井出（1992：42－43）指出，在选择恰当的礼貌用语（linguistic politeness）时，说话人要对自身的属性（社会阶层、地域、年龄、性

别、职业、社会角色等）及和对方关系（上下、亲疏）有一个正确认知，并在现有的社会关系种类中选择相宜的一种，然后依据此种关系进行措辞。说话人一旦确认和对方关系为「外」（比自己地位高，关系疏远），就应选择郑重语、尊敬语、谦让语，并选择恰当的措辞（ポライトネスに応じた言語使用［Linguistic Politeness］に際し、話し手は自らの属性［社会階層、地域、年齢、性、職業、役割など］や相手との関係［上下、親疎］を社会で容認されるカテゴリーに応じて認知し、それに応じて言語形式を選択し、話し手が人間関係を「ソト」［上位、疎］として認知するか否かによって、丁寧語、尊敬語、謙譲語、語彙の選択が行われる）。

　　由于拒绝行为违背了他人的意愿，从而极其容易让对方的积极面子（Positive face）受损。因此，进行拒绝行为时的心理状态与进行其他日常言语行为时大不相同。就本研究所设定的三个对象来看，其心理负担大小由高至低依次为指导教师、好友、普通朋友。

1.3　场面的利益、负担

　　人们选择最恰当的措辞进行言语行为时往往会受到各种因素的影响。而在这诸多因素中最重要的就是说话的场合。虽然简言之为场合，但仍可细分为正式场合、非正式场合、公正场合、私密场合、紧急场合等。而这些场合相应的措辞方略也各有千秋。

　　虽然拒绝行为发生在请求、邀请、建议等多种场合，但不同场合，双方拒绝行为的利益、负担度也有所差异。森山（1990：59－60）认为，拒绝表现因场面的利益、负担和紧急度而不同（断り表現は物事の利益・負担度及び緊急度によって違ってくる）。马场、禹（1994：43）也指出场面和请求内容不同，表达拒绝的方式也多种多样（場面や依頼内容などによって、断り方は様々である），确立了说话场合对

言语行为的重要性。除此以外，北尾（1988：53）、冉（2006：2）等的研究结果也大多与此一致。

本研究在森山（1990）、马场、禹（1994）、北尾（1988）、冉（2006）等先行研究的基础上，设立了三个利益、负担和紧急度各不相同的场合，分别拒绝搬迁的请求、送别会的邀请、学习会的建议。

1.3.1 拒绝对方的"请求"场面

北尾（1988：53）认为，"请求"是说话人拜托听者的事情。因此说话人在一定程度上对听者造成精神上的负担，听者必须为此作出某种牺牲（「依頼」とは話し手が聞き手に何かをするように頼むことである。それで話し手は聞き手に負担をかけ、聞き手は犠牲を払ってそれをしなければならず、多くの場合は話し手がその益を受け、聞き手は損をする）。在大多数场合，说话人往往是受益方，而听者往往是受损方。所谓请求，是指请求者由于自身能力欠缺或不方便而拜托被请求者，从而使请求者单方获益的行为。为了满足请求者的请求，被请求者必须要作出一定的经济、劳力或精神上的牺牲。请求的事件越大，负担程度也越高。因此，"请求"这一行为极大地损害了被请求者（不想被强迫、不想损害自身自由）的消极面子（negative face）。站在被拒绝的请求者的立场来看，抱着请求成功的目标而展开的谈话，一旦请求失败，请求者（希望对方对自己友好一点、善良一点）的面子（positive face）也因此大受损伤。

山口（1997：39）认为，如果说"请求"是说话人为了自己的利益积极推动对方，将说话双方原有的平衡关系变为危险状态的言语行为，那么，"拒绝"就是因对方的"请求"行为，打破双方平衡关系的决定性危险因素的言语行为（「依頼」は、話し手が自分の利益のために聞き手に働きかけることにより、両者間の平衡状態を敢えて危険に晒す発話行為であるとすると、「断り」は、依頼などの発話

行為により、聞き手によって均衡を崩されかけた状態を決定的にする危険性を持つ発話行為である)。

如果"请求"的言语行为不成立,"请求"的目标也就无法达成,从而导致请求者的利益损害度格外升高,容易产生双方利益的不均衡。因此,被请求者在进行拒绝表现时,必须要仔细斟酌双方的人际关系,抱有很高的心理负担。所以,在本研究所设定的三个拒绝场景中,拒绝"请求"比"邀请""建议"的利益、负担和紧急度都要高。

1.3.2 对方的"邀请"场面

"邀请"是通过邀请对方一同参加某种仪式或活动,从而增进双方友好关系的场合。"邀请"是为了满足邀请人(想被对方承认,和对方搞好关系)的积极面子(positive face)。但考虑到经济紧张等私人理由,"邀请"又会损害到被邀请者(不想被他人强迫,不想被打扰)的消极面子(negative face)。

"请求"的言语行为不成立,其所带来的利益不平衡主要是针对请求者。但,"邀请"的言语行为不成立时,双方基本不会产生利益关系的不平衡。即使有利益关系不平衡的产生,也没有"请求"行为那么明显。因为"请求"是仅仅满足请求者利益的言语行为,而"邀请"是满足双方的积极想法的言语行为。

综上所述,拒绝"邀请"没有拒绝"请求"时的利益、负担和紧急度高。

1.3.3 拒绝对方的"建议"场面

"建议"这一言语行为是为了达到双方共同目的和利益,为了使建议人和被建议人受益而进行建议的行为。因此,"建议"这一言语行为和"邀请"一样是满足双方的积极面子(positive face)。但"建议"是未经决定的,因而也有建议内容无法按计划实施的可能性。所

以，拒绝"建议"的行为虽然满足了建议人"想被对方认可，被肯定"的积极面子，但没有"请求"和"邀请"那么强烈。在此基础上，考虑到被建议人因不感兴趣等理由，"建议"和被建议人的利益基本无关，因此，即使建议被拒绝，也不会像"请求"和"邀请"那样威胁到被建议人的消极面子（negative face）。从而，也不会产生双方利益的不平衡，和"请求"和"邀请"相比，利益、负担和紧急度也相对更低。

从拒绝行为带来的利益、负担和紧急度来看，本研究所设定的三个拒绝场景中，由高至低分别为"请求""邀请""建议"。

此次研究的说话人均为大学生，因此，调查内容原则上也应是与两国大学生均息息相关的事件。但由于两国国情不同，难以寻求完全一致。例如，在中国，老师拜托学生帮忙搬教研室是一件很常见的小事。但在日本，有这样经历的学生很少，甚至存在没有此种经历的学生。与此相反，在日本，老师拜托学生做一些工作上的事或者急事也是很常见，但在中国，这却并不普遍。而且，在中国，大学生均住在宿舍，所以被朋友拜托帮忙搬家的经历也不多。但在日本却是常有的。因此，在调查内容场景设定上略有两国国情的差异，但不会对研究结果产生不良影响。

虽然在场景统一上存在一定困难，但作者设立了体现社会地位差异的上下关系和体现心理距离的亲疏关系，认为这是两国言语行为中共存的调查项目。

进行此次调查之前，作者先在日本和中国进行了预备调查，基于预备调查的结果，反复进行尝试，最终设定、制作汉语和日语的调查问卷，面向中日两国大学生进行问卷调查。

表 1-2　问卷调查的场景、对象、拒绝理由

场景	对象（听者）	拒绝理由
帮忙搬迁的"请求"	指导教师、好友、普通朋友	有其他事情
送别会的"邀请"	指导教师、好友、普通朋友	经济紧张，手头不宽裕
学习会的"建议"	指导教师、好友、普通朋友	不感兴趣

场面 1.

以下有 a，b，c 三个人物向你请求帮助搬家。但是那天不凑巧你已经有别的重要的事情而不能去。虽然拒绝他们的请求，但是你既不想伤害对方也不想搞坏人际关系。这时你会怎样去拒绝他们呢？请你好好想想当时的情景，回答问题。

あなたは次のa、b、cの人物から引越しの手伝いを依頼されていますが、その日はあいにく用事があるのでどうしても行けません。依頼を断ることで、相手を傷つけたくない、人間関係を壊したくないあなたの気持ちを考えながら答えてください。

a. 拒绝指导教师的"请求"（指导教官の依頼に対する断り）：

b. 拒绝非常要好的朋友的"请求"（とても親しい友人の依頼に対する断り）：

c. 拒绝平时一起上课，只是见面打招呼的一般关系的朋友的"请求"：

（一緒に授業を受けていて、挨拶をする程度の友人に対する断り）

场面 2.

以下有 a，b，c 三个人物邀请你去参加前辈的欢送会。参加欢送会能够与很多老师以及朋友进行交流，但是最近你的手头有点紧不想

参加。虽然拒绝他们的邀请，但是你既不想伤害对方也不想搞坏人际关系。这时你会怎样去拒绝他们呢？请你好好想想当时的情景，回答问题。

あなたは次のa、b、cの人物から先輩の送別会に誘われましたが、最近、経済的に苦しいので断りたいと思っています。誘いを断ることで、相手を傷つけたくない、人間関係を壊したくないあなたの気持ちを考えながら答えてください。

a. 拒绝指导教师的"邀请"（指導教官の誘いに対する断り）：

b. 拒绝非常要好的朋友的"邀请"（とても親しい友人の誘いに対する断り）：

c. 拒绝平时一起上课，只是见面打招呼的一般关系的朋友的"邀请"：

（一緒に授業を受けていて、挨拶をする程度の友人の誘いに対する断り）

场面3.

以下有a，b，c三个人向你建议要进行学习会，但是你对学习会实在不感兴趣。拒绝对方的建议，你既不想伤害对方也不想搞坏人际关系。这时你会怎样去拒绝他们呢？请你好好想想当时的情景，回答问题。

あなたは次のa、b、cの人物から一緒に勉強会をしようという建議を受けていますが、その勉強会にあまり興味がないので断りたいと思っています。せっかくの建議を断ることで、相手を傷つけたくない、人間関係を壊したくないあなたの気持ちを考えながら答えてください。

a. 拒绝指导教师的"建议"（指導教官の建議に対する断り）：

b. 拒绝非常要好的朋友的"建议"（とても親しい友人の建議に

对する断り）：

　　c. 拒绝平时一起上课，只是见面打招呼的一般关系的朋友的"建议"：

　　（一緒に授業を受けていて、挨拶をする程度の友人の建議に対する断り）

1.4　研究方法

　　由于本研究的调查是通过研究中日两国语言中拒绝表现的总体过程来寻找其特征的计量研究（quantitative research），所以运用话语补全测试（Discourse Completion Test，以下简称DCT研究法）来收集大量数据并进行分析。所谓话语补全测试，是通过设定一个谈话场景，在了解和对方的社会关系（亲疏、地位差异等）的前提下，记录说话人在该场景下如何进行言语行为的实验方法。在本研究中，作者先设定了所有的谈话场景、对象、具体的拒绝理由，并将其书面化、文字化，记录受试者即时的拒绝表现。

　　对于话语补全测试的有效性，Beebe and Cummings（1996）作出了如下阐述：

　　（1）能够快速收集大量数据；（大量のデータが手早く収集できる）

　　（2）对自然发起谈话的语义程序（Semantic Formulas）和战略进行最初的分类；

　　（自然な会話で起こる意味公式やストラテジーの最初の分類を作り出すこと）

　　（3）能够了解社会上普遍的标准回答模式；（社会的に適切な応答に対するステレオタイプがどのようなものであるかが分かること）

（4）能够洞察影响谈话及话语表达的社会因素和心理因素；（発話と言語運用に影響すると思われる社会的・心理的要因の洞察を得ること）。

（5）能够确认说话人考虑其言语行为的标准形式；（話し手のその言語における発話行為の標準的な形式を確認できること）。

对于问卷调查的优点，井出他（1986）作出了如下论述：

（1）能够获得针对某一状况的典型回答；（その状況に典型的な回答が得られること）

（2）能够简单快速地准备对比研究所需的必要条件；（比較のための必要な条件を揃えやすいこと）

（3）能在短时间内从多数信息中心收集大量数据；（多数のインフォーマットから短時間に多量のデータを集めやすいこと）。

在实际的谈话和交流过程中，对方的反应、附带的非言语要素（面部表情、语调、服装、姿势等）也会影响到说话人的言语行为。因此，调查过程中有必要通过角色扮演（roll-play）的设定来收集数据，观察自然谈话，通过内省法研究（Qualitative Research）采访受试者等一系列方法进一步完善其研究过程。

言语行为理论的研究方法无法做到十分完善，始终存在一些问题。如，通过采访（interview）的研究调查中，由于受试者对麦克风和录像的不习惯，从而使得受试者精神紧张，产生言语行为与平时不同的结果。DCT研究法虽然存在欠缺临场性、无法进行跟踪调查等问题，但从大量收集数据的角度来看，可以说是最适合本研究的方法。

1.5 分析方法及调查结果

在分析过程中，本研究充分参考了至今为止的言语行为理论研究成果，使用了 Beebe et al.（1990）中曾使用过的语义程序（Semantic Formulas）的改良版。"语义程序"是构成言语行为的最小功能意义的结构单位。从传达功能来分析言语行为，"对不起""不好意思""非常抱歉"等均属于"道歉"这一语义程序。但，从言语形式来看，这些道歉的表达方式在郑重程度上仍存在区别。但，本研究是从言语功能的角度对中日两国的拒绝表现进行对比研究，语言形式方面的研究将作为以后的研究课题继续探讨。

在本研究中，拒绝的言语行为所使用的表现方式按其言语功能分为{道歉}、{说明理由}等语义程序，并将语义程序作为谈话结构单位展开分析。语义程序的分类是依据拒绝言语行为所传达的意义功能和作者的直观感受来进行。分析中所涉及的具体语义程序用{ }表示。

下面，作者将通过汉语与日语的具体实例说明语义程序的分类方法。J和C分别代表日本人和中国人，M和F分别代表男性和女性，数字表示受试者的顺序。

例句（1）　老师{称呼}，您搬家我作为您学生应该去的{共鸣}。但是真的很抱歉{道歉}，我今天已有重要的事情要办{说明理由}。您看老师{称呼}，要不我找一个朋友帮您吧{另寻方案}。

（CF3：拒绝指导教师的"请求"）

例句（2）　谢谢{感谢}，可恐怕我不能参加了{拒绝}，我有一件很重要的事情要办{说明理由}，不好意思让你白跑一趟{道歉}。

（CF10：拒绝一般朋友的"建议"）

例句（3） 对不起{道歉}，老师{称呼}。我是非常想去{共鸣}。不巧我姑姑那天要出国{说明理由}，我们全家去机场为她送行{说明理由}，恐怕去不了{拒绝}。

(CM6：拒绝指导教师的"邀请")

例句（4） すみません{道歉}、その日はどうしても用事があって{说明理由}、先生のお引越しのお手伝いをすることができないんです{拒绝}。本当にすみません{道歉}。今度また何かお手伝いできるような事がありましたら、言ってください{下次再约}。

(JM2：拒绝指导教师的"请求")

例句（5） ああ{感叹}（欲言又止）、実は最近経済的にやばくてね{说明理由}。行きたいんだけど{共鸣}、ちょっと無理なんだ{拒绝}。

(JF10：拒绝好友的"邀请")

例句（6） ごめん{詫び}、今回はちょっと他のやりたいことがあるから{说明理由}、そっちするわ{拒绝}。また今度誘ってや{下次再约}。

(JM6：拒绝普通朋友的"建议")

正如以上结果所示，本研究的调查中所出现的语义程序共30个，日语14个，汉语16个。汉语比日语多出的两个语义程序分别是对对方的称呼和需求对方理解自己的为难之处。语义程序的具体定义和内容总结在表3中。

61

表1-3　DCT研究法出现的语义程序的内容

语义程序	语用功能	例（汉语）	例（日语）
(1) 拒绝 (h)	清楚地表达不能满足对方的要求。	我走不开，不能去，去不了，恐怕不能去，不能参加，想去也去不了	いや、お断りさせていただきます、行けないです、いくことができない、ちょっとできない
(2) 说明理由 (b)	向对方表明不能满足要求的理由。	有点事情，手头有点紧，有重要事情，有别的约会，有点事实在走不开	用事がある、都合が悪い、お金がない、やることがある、興味がない、先約が入っている
(3) 道歉 (w)	对不能满足对方要求的事宜进行道歉。	对不起，不好意思，非常抱歉，真是太对不起你了	すみません、悪い、申し訳ございません、ごめんなさい、すいませんね
(4) 另寻方案 (d)	作为解决问题的方案，提出其他方法。	我叫小王过去吧，改天搬家拒绝吗？我办完事马上过去，我再问问别人有没有时间吧	他の人に聞いてみようか、代わりに遊びに行かない？他の日なら大丈夫だが、代わりに友達を呼んでもいいですか
(5) 共鸣 (k)	表示与对方拥有一致的想法来表示积极的态度。	我也很想去，我想一定很有意思，这是一个很好的学习机会，很想帮你的忙，我也很感兴趣	行ければ行ってあげたいけど、興味があるが、行きたい気持ちは山々だが、私も大変興味があるが、面白そうだね
(6) 感谢 (t)	对对方的友好表示谢意。	谢谢你邀请我，非常感谢你能想到我，谢谢你能告诉我	お誘いは嬉しいが、誘っていただいてありがとうございます
(7) 遗憾 (i)	对不能满足对方的要求，表示遗憾。	真遗憾，真是不巧，真不凑巧，真是太遗憾了	せっかくのお誘いだが、残念ですが、わざわざ呼んでくれたのだが

续表

语义程序	语用功能	例（汉语）	例（日语）
(8) 下次再约 (z)	虽然这一次不能满足对方的要求，但是约好下一次一定能够满足对方需求的积极态度。	以后有机会吧，下次一定帮你，下次有什么事找我，下次肯定去，等下一次再有机会的吧	今度また誘ってください、次の機会にお願いします、また今度ね、今度は必ず行くよ、次の機会にしましょう
(9) 寒暄 (a)	采用鼓励、问候等方式积极地向对方表示友好之意。	帮我向他们问好，玩得开心点，祝你们玩得愉快	引越し頑張ってね、先輩によろしくお伝えください
(10) 反问信息 (y)	重新确认或询问具体事项。	要搬家呀，学习会啊？哪天搬家啊？	引越しがあるんですか、いつあるんですか、勉強会は何時からです
(11) 玩笑 (j)	对亲友表示没有心理距离的特殊话语表现。	你要请客吗？	おごってくれるの？おごってよ
(12) 欲言又止 (m)	避免直接进入话语表现，表示委婉、柔和的感觉。	哎呀，啊，嗯	あ～、え～、え～と
(13) 回避正面回答 (r)	避开直接回答，采用间接性的话语表现。	让我考虑一下	考えてみます
(14) 称呼 (s)	表示对对方的尊敬或亲切的感觉。	老师，兄弟	
(15) 要求对方的理解 (n)	希望对方理解自身所处的不得已的情况。	希望你能理解，我的事你最清楚了	
(16) 其他 (x)	分不清明确的语义程序的内容。	我也不知道怎么办才好	行ってくればいいじゃん、俺も行けたら顔を出すからさ

本章阐述说话人（受试者）的构成、听者、拒绝行为发生的场合之后，对话语补全测试的相关调查方法和分析方法、语义程序的分类等内容也进行了详细论述。从下一章开始，将基于本研究问卷调查的结果，按照语义程序的出现频率、语义程序的平均值、语义程序的构造等顺序，通过考察和分析，从多元语言文化的视角对中日两国语言中拒绝表现的异同点进行论述。

第二章　DCT视阈下中日拒绝语义程序（Semantic Formulas）的使用频率

本章将对中日拒绝言语行为中语义程序的出现频率进行验证和分析。出现频率即拒绝表现的谈话从开始至结束，探讨具有不同表达功能的语义程序的不同使用程度，总结其数值并除以人数，从而计算出语义程序的使用频率。

本章按照事情的利益、负担、紧急度，将研究情景分为"请求""邀请""建议"3种不同场合，同时按社会地位、亲疏关系及心理距离，将研究对象分为指导教师、好友及普通朋友三类不同人群，以此来分析在以上不同场合和对象下，语义程序在拒绝表现中的具体作用。在进行拒绝表现这一言语行为时，如果某种语义程序的出现频率越高，就说明其作用越明显、地位越重要。

2.1　语义程序（Semantic Formulas）出现频率的抽样方法

首先，本研究将说话人（拒绝方）的语言表达行为，根据不同的语义功能，分成不同的语义程序，然后统计出每种语义程序的出现数量。为了计算出语义程序的出现频率，如果一次语言行为中出现了两次表达相同语义程序的语言表达，我们仍然作为"1"次来计算。

以下利用中日两种语言的例句具体说明。

例句（7） 真不凑巧｛遗憾｝，那天我难以脱身｛说明理由｝，有一件事情很重要｛说明理由｝，我必须去处理｛说明理由｝。

（CM27：拒绝普通朋友的"邀请"）

例句（8） 真是不巧啊｛遗憾｝，我刚好有重要的事要去办｛说明理由｝，这次帮不上你的忙了｛拒绝｝，真是不好意思啊｛道歉｝，要不然的话你的事我一定会尽全力的｛遗憾｝。抱歉｛道歉｝，抱歉｛道歉｝。

（CF45：拒绝好友的"请求"）

例句（9） 我最近有个重要的会议要参加｛说明理由｝，会议在外地｛说明理由｝，时间上会与欢送会冲突｛说明理由｝，所以不参加｛拒绝｝。

（CM15：拒绝指导教师的"邀请"）

例（7）的语言表达中出现了｛遗憾｝→｛说明理由｝→｛说明理由｝→｛说明理由｝，其中虽然｛说明理由｝这一语义程序出现了"3"次，但由于要统计出现频率方式，因此只计为"1"次。例（8）中｛遗憾｝这一语义程序曾出现过"2"次，｛道歉｝出现"3"次，但分别都计为"1"次。例（9）也是同理，｛说明理由｝出现了"3"次，只计为"1"次。

日语例句也同样利用以上计算方法。例如：

例句（10） すみません｛道歉｝、その日は前から用事が入ってたんで｛说明理由｝、行けないんですよ｛拒绝｝。本当にごめんなさい｛道歉｝。

（JM27：拒绝指导教师的"请求"）

例句（11） ごめんね!｛道歉｝手伝えなくて｛拒绝｝、その日は用事があるから｛说明理由｝、無理なんだ｛拒绝｝。

（JF31：拒接好友的"请求"）

例句（12） ごめん｛道歉｝。1人でやらないと集中できないんだ｛说明理由｝。また誘ってね｛下次再约｝。ごめんね｛道歉｝。
（JF42：拒绝好友的"建议"）

例（10）的拒绝表现是按照｛道歉｝→｛说明理由｝→｛拒绝｝→｛道歉｝的顺序，例（11）则是按照｛道歉｝→｛拒绝｝→｛说明理由｝→｛拒绝｝的顺序，其中｛拒绝｝这个语义程序使用了"2"次，但为了计算出现频率，只计为"1"次。例（12）的语言表达中，｛道歉｝这个语义程序使用了"2"次，同样也计为"1"次。

通过分析以上3个场景以及3类人群，我们将对所有语义程序的出现频率进行汇总，再按照人数计算其平均值，以此计算频率。通过比较中日拒绝表现时语义程序的出现频率，主要提示两种语言中较为重要的几种语义程序。

2.2 各调查项目中语义程序的出现频率

本章将对以下课题进行分析和研究：面对场面的利益、负担度及社会地位、心理负担等都不同的场合和对象时，拒绝表现中所使用的语义程序的频率内容是否随之发生变化，如果发生变化，那么，根据不同的社会地位（上下关系）、心理因素（亲疏关系）、场面的利益、负担、紧急度等因素，如何发生具体的变化。

2.2.1 拒绝"请求"的场面

本章将具体考察、分析在不同场合和对象下，有关拒绝表现的语义程序的出现频率。

2.2.1.1 拒绝指导教师"请求"时的语义程序的出现频率

指导教师属于社会地位较高的层面，在拒绝其"请求"时，中日两种语言中各语义程序的出现频率，如下表所示。

表2-1 拒绝指导教师"请求"时的语义程序的出现频率(%)

语义程序 出现频率	汉语(%)	日语(%)
道歉	84.4	94.05
说明理由	100	98.81
拒绝	28.6	86.9
另寻方案	48.05	8.3
遗憾	18.2	0
称呼	67.5	0
共鸣	18.2	3.6
寒暄	1.3	1.19
下次再约	9.1	7.14
欲言又止	2.6	2.4

拒绝指导教师的"请求"时，汉语主要集中在"说明理由"（77人，100%），"道歉"（65人，84.4%），"称呼"（52人，67.5%）这3种语义程序。日语则主要集中在"说明理由"（83人，98.8%），"道歉"（79人，94.1%）和"拒绝"（73人，87%）3种语义程序，不怎么使用其他的语义程序。汉语与之不同的是，除了"说明理由""道歉""称呼"之外，还会同时使用"另寻方案"（37名，48.1%）、"拒绝"（22.29%），"共鸣"（14名，18.2%）等一些其他语义程序。

拒绝指导教师的"请求"时，因其社会地位较高，因此在中日两种语言中"说明理由"这一语义程序的出现频率最高、最醒目。汉语中所有人（77人）都使用了这一语义程序，日语中除1人以外也有83人使用。也就是说，在本研究中的3种场合和3类人群中，"说明理由"这一语义程序的使用频率均最高。可以看出，对方的社会地位越高，场面上的负担越重，"说明理由"这一语义程序的使用率也就越高。

第二部　DCT 研究法视野下的中日拒绝表现对比研究

　　任（2002：188）认为，所谓"请求"，指的就是请求者由于能力欠缺对他人提出要求，所以会形成一种关系——"自我利益＝他人负担"。因此在进行拒绝行为时，为了避免伤及对方的面子、造成不愉快，就要求人们寻找方法。相比其他场合（例如拒绝"邀请"），这种方法要在拒绝"请求"时效果更加明显（「依頼」というのは、申し出る側の能力の欠如や都合のため頼む場合が多いことから、「自分利益＝相手負担」の関係が成立するとしている。ゆえに、断る際には、相手の面子をつぶさないよう、不愉快な感情を抱かせないように工夫することが求められるが、この工夫は他の「勧誘」（誘い）といった場面より「依頼」を断る際にもっと際立つ）。本研究结果也表明，拒绝指导教师的"请求"时，两种语言中"道歉""说明理由""拒绝"的出现频率都很高，这些都是为"拒绝"而使用的有效手段，验证了任（2002）的先行研究。

　　但是，由于中日两国有不同的社会文化规范和价值观，因此两种语言在语义程序的出现频率上仍然存在着差异。拒绝指导教师的"请求"时，两种语言中最显著的差异就是"称呼"这一语义程序。面对指导教师时，汉语中有 52 人（67.5%）使用了"老师"的"称呼"语义程序，但在日语中却完全没有出现。若生、神田（2000：306）指出，中国人可以通过打招呼增加礼貌度，称呼对方的姓名也能够成为礼貌的寒暄（中国では呼びかけをすることで丁寧度を付加することができ、相手の名前を呼ぶことによって、丁寧な挨拶になる）。称呼在中国人的言语行为中占据着重要的位置，反之在日本人的言语行为中则没有那么重要。

　　另外，在日语中，87%（84 人中有 73 人）的说话者在拒绝指导教师的"请求"时，直接使用"できない"这种明确传达拒绝意思的表达方式。但在汉语中，只有 29% 的说话者使用这种语义程序。藤森（1996：14）表示，"在中国社会文化规范中，对于上级的"请求"经

常是"不拒绝"的,即遵循对方优先原则(中国語の社会文化規範では、目上からの依頼には「断らない」という相手優先の原則がよく使われるようである)"。本研究的结果也显示,在面向指导教师这种社会地位较高的对象时,汉语中"拒绝"的使用频率较低。虽然李(1999:110)曾提出"拒绝优先型"是中国人在进行拒绝行为时的必要表达方式,但这一点在本研究中却并不明显。其实,在李(1999)的研究中,不仅没有明确描述研究方法以及语义程序的具体分类,也没有提及语义程序的出现频率,因此无法与本研究的研究结果进行直接的对照研究。有关汉语中的"拒绝优先型",将作为今后的课题,利用意识调查对其做进一步的研究。

在使用频率较高的几种语义程序中,"另寻方案"在中日两种语言中都能排到前四位,但双方的使用频率上的差距却很大。在面对指导教师时,汉语中有近50%的人使用"另寻方案"这一语义程序,以表达说话人的积极态度,但在日语中却只有8.3%的人使用。

2.2.1.2 拒绝好友"请求"时的语义程序的出现频率

中日两种语言在拒绝好友"请求"时,各语义程序的出现频率如下表所示。

表2-2 拒绝好友"请求"时的语义程序的出现频率(%)

语义程序 出现频率	汉语(%)	日语(%)
道歉	40.3	86.9
说明理由	97.4	75.0
拒绝	42.9	78.6
下次再约	10.4	11.9
另寻方案	53.2	21.4
遗憾	33.8	0

续表

出现频率 语义程序	汉语（%）	日语（%）
寒暄	3.9	3.6
欲言又止	19.5	2.4
反问信息	3.9	0.0
共鸣	3.9	4.8
玩笑	3.9	0
要求对方的理解	1.3	0
称呼	2.6	0
其他	3.9	0

拒绝好友的"请求"时，汉语中使用频率较高的语义程序依次是"说明理由"（75人，97.4%）、"另寻方案"（41人，53.2%）、"拒绝"（33人，43%）、"道歉"（31人，40.3%）。日语中则是"道歉"（73人，86.9%）、"拒绝"（66人，79%）、"说明理由"（63人，75%）、"另寻方案"（18人，21.4%）。

在进行言语行为时，人们会因所属国家的社会文化规范以及价值观不同，对事物的判断标准也持有不同的准则。选择怎样的拒绝表达策略、各种判断因素中应首先重视哪一点，以及相关的优先顺序，这些问题都会因社会文化的不同而存在相应的差异。在拒绝好友的"请求"时，日语中出现频率较高的语义程序与拒绝指导教师时一样，也是集中在"道歉""拒绝""说明理由"等几种语义程序上，而不怎么使用其他的语义程序。与此相对，汉语中使用最频繁的是"说明理由"这一语义程序，接下来依次是"另寻方案"、"拒绝"和"道歉"。汉语中也会较多地使用"下次再约"这种表达积极态度的语义程序，以及"欲言又止"（言い淀み）这种使拒绝表现柔和化的语义程序，通过使用以上语义程序试图修复拒绝行为带来的人际关系的不

平衡。值得一提的是，虽然在日语中完全不会使用"遗憾"这种语义程序，相反在汉语中使用"遗憾"这一语义程序的却高达33.8%，因此在汉语中"遗憾"这一语义程序有着非常重要的作用。

2.2.1.3 拒绝普通朋友"请求"时的语义程序的出现频率

中日两种语言在拒绝普通朋友"请求"时，各语义程序的出现频率如下表所示。

表2-3 拒绝普通朋友的"请求"时语义程序的出现频率（%）

出现频率 语义程序	汉语（%）	日语（%）
道歉	87.01	83.3
说明理由	100	94.05
拒绝	48.05	76.2
下次再约	18.2	9.5
另寻方案	15.6	7.1
遗憾	16.9	1.2
共鸣	5.2	0
寒暄	1.3	1.2
反问信息	1.3	0
欲言又止	0	4.8

拒绝普通朋友的"请求"时，两国语言中主要语义程序的使用率及其顺序极其相同，但依然存在具体数值的差距。汉语中出现频率高低的依次顺序是"说明理由"（77人，100%）、"道歉"（67人，87%）、"拒绝"（37人，48%）。而日语与汉语相同，分别是"说明理由"（79人，94%）、"道歉"（70人，83.3%）、"拒绝"（64人，76%）。

三宅（1994b：35）把日本人"里（ウチ）""外（ソト）""陌生（ヨソ）"的人际关系归纳如下："ウチ"是指以血缘关系为中心的家

庭成员（父母、兄弟姐妹等）以及身边的友人；"ソト"是指与自己的关系不太亲密，但存在某种关联的人（例如指导教师、上司等）；"ヨソ"是指毫不相干的"陌生人"（日本人の場合、親や兄弟のような極めて自己に近い関係の人間は「ウチ」の層に入り、大学の指導教官や会社の上司のような自己と関連のある人間群は「ソト」の層になり、普段、自分と関係のない人間群は「ヨソ」の層になる）。

以上只是对社会人群的总分类，那么在此基础上能否再根据社会地位、年龄等进行进一步划分？本研究设定了三类研究对象，分别是指导教师、好友以及普通朋友。根据三宅（1994b）的研究，本研究设定的人群中的好友属于"里（ウチ）"的范畴，指导教师和普通朋友都属于"外（ソト）"的范畴。但即使在同一类"ソト"的人群中，根据社会地位、年龄等不同，给说话人造成的心理负担度也会不同，因此"ソト"中还能细分为社会地位高的"ソト"和社会地位同等的"ソト"。

即使同样都是"ソト"，在拒绝社会地位高的"ソト"时（例如指导教师），都倾向于使用"说明理由""道歉"这类能够修复人际关系的语义程序。相反，在面对社会地位同等的普通朋友时，就不会那么频繁地使用多种语义程序。在面对指导教师时，汉语中会较多地使用"称呼"这一语义程序，"拒绝"的使用频率则相对较低，也会经常使用"另寻方案"这种优先对方利益的语义程序，以表达自己的积极态度。

2.2.2 拒绝"邀请"的场面

在"请求"、"邀请"和"建议"这三种场合中，对于"请求"这种单方面受益行为进行拒绝时说话人的精神负担会最高，而其次就是对于"邀请"的拒绝。

2.2.2.1　拒绝指导教师"邀请"时的语义程序的出现频率

中日两种语言在拒绝指导教师的"邀请"时，各语义程序的出现频率如下表所示。

表2-4　拒绝指导教师"邀请"时的语义程序的出现频率（%）

出现频率　　语义程序	汉语（%）	日语（%）
道歉	49.35	75
说明理由	96.1	94.05
拒绝	61.04	84.5
称呼	45.5	0
感谢	29.9	2.4
共鸣	45.5	17.9
遗憾	18.2	14.3
寒暄	11.7	7.1
欲言又止	2.6	0
反问信息	3.9	1.2
下次再约	3.9	9.6
另寻方案	1.3	0

拒绝指导教师的"邀请"时，两种语言中出现频率最高的是"说明理由"这一语义程序，分别为汉语74人，96.1%、日语79人，94%。其次，就是"拒绝"（汉语47人，61%；日语71人，85%），出现频率排名第三的是"道歉"（汉语38人，49.4%；日语63人，75%）。

面对指导教师的"邀请"时，日语中出现频率最高的几种语义程序与拒绝"请求"时大体相同，分别是"道歉""说明理由"和"拒绝"三种，但具体的使用频率要比拒绝"请求"时稍微低一点。另一方面，拒绝"邀请"时使用的"共鸣"（15人，17.9%）、"遗憾"

（12 人，14.3%）等一系列表示说话人积极态度的语义程序，比拒绝"请求"时使用频率高。

汉语与日语情况相同，仍是"道歉""说明理由""拒绝"这三种语义程序的出现频率最高，具体频率也较拒绝"请求"时稍微低一点。另外，汉语中也会较多地使用"称呼"这一语义程序，拒绝"请求"时该语义程序的出现频率是 52 人，即 67.5%，而在拒绝"邀请"时则为 35 人，即 45.5%。另一方面，在拒绝"邀请"时，汉语中"共鸣"这一语义程序的出现频率与"称呼"相同，都是 45 人，占到 45.5%，而"感谢"（23 人，29.9%）、"遗憾"（14 人，18.2%）这两种语义程序的出现频率则较拒绝"请求"时高得多。

在拒绝指导教师的"邀请"时，中日两国语言都使用了"感谢""遗憾""寒暄"等各种语义程序，但汉语中其使用的频率要比日语高。而在日语中，"说明理由""拒绝""道歉"这几种语义程序的出现频率依然比较高，相比之下，汉语中只有"说明理由"这一语义程序仍然保持很高的出现频率，其余的如"拒绝""道歉"等语义程序的出现频率则没有日语那么高。

在拒绝指导教师的"邀请"时，中日语言差别最大的地方就在于"称呼"和"感谢"这两种语义程序。本研究的分析结果得出，在拒绝指导教师时，汉语中"称呼"语义程序的出现频率高达 67.5%、拒绝"邀请"时也达到了近 45.5%，日语中则完全不使用"老师"等"称呼"的语义程序。除此之外，汉语中有 29.9% 的人使用了"感谢"这一语义程序，日语中却只有 2.4%。另外，在拒绝他人好意的"邀请"时，汉语中倾向使用"感谢"的语义程序，以防拒绝行为给人际关系带来危险性，而日语中则会较多地使用"道歉"的语义程序。

2.2.2.2 拒绝好友"邀请"时的语义程序的出现频率

好友是指与自己处于同等社会地位、心理距离最近的朋友。中日两种语言在拒绝好友的"邀请"时，各语义程序的出现频率如下表所示。

表2-5 拒绝好友"邀请"时的语义程序的出现频率（%）

出现频率 语义程序	汉语（%）	日语（%）
道歉	22.1	81
说明理由	94.8	100
拒绝	59.7	77.4
下次再约	15.6	19
感谢	13	1.2
共鸣	31.2	17.9
遗憾	9.1	3.6
寒暄	23.4	9.5
玩笑	5.19	1.2
要求对方的理解	5.2	0
称呼	5.2	0
另寻方案	5.2	1.2
欲言又止	0	2.4
反问信息	3.9	0
保留	1.3	0

拒绝好友的"邀请"时，日语中出现频率较高的几种语义程序仍然集中于"说明理由"（84人，100%）、"道歉"（68人，80.9%）、"拒绝"（65人，77%）这三种，其次是"下次再约"（16人，19.1%）和"共鸣"（15人，17.9%）等表达说话人积极态度的语义程序。而在汉语中，"说明理由"（73人，94.5%）这一语义程序的出现频率极高，其次是"拒绝"（46人，60%）、"共鸣"（24人，31.2%）、"寒暄"（18人，23.4%）和"道歉"（17人，22.1%）。

カノックワン（1995：26）指出，"在进行拒绝行为时，语言表达方式是其中的重要因素，它将设定说话人"与对方的关系"，会随着双方的亲密程度、对方的年龄、地位等变化而发生变化（断り行為

を行う時に関わる大切な要素として、「相手との関係」を設定しており、相手との親しさや年齢・地位などの差によって話し方や使用される表現が変わる）。"本研究设定了三种研究对象，即社会地位较高的指导教师、社会地位同等且较亲密的好友，以及社会地位同等但关系一般的普通朋友。其中，指导教师属于"外（ソト）"范畴，在对其的"邀请"进行拒绝时，日语中出现频率较高的语义程序主要是"说明理由"、"道歉"和"拒绝"三种，而在拒绝好友时，主要集中在"说明理由""拒绝""道歉"这三种语义程序上，同时也会使用"下次再约"（19.1%）和"共鸣"（17.9%）。

另一方面，在拒绝好友的"邀请"时，汉语中除了"说明理由"和"拒绝"这两种语义程序的出现频率比较高之外，几乎不会过多地使用其他语义程序。另外在汉语中，不论在什么场合，"共鸣"（24人，31.2%）、"寒暄"（18人，23.4%）等表达说话人积极态度的语义程序的出现频率都比较高。

在拒绝好友的好意"邀请"时，汉语中会较多地使用其他语义程序，而不怎么使用"道歉"。相反，日语中会常用"道歉"这一语义程序，可以说渗透到了日本人生活的方方面面。日本人在日常生活中会经常使用"すみません"等致歉语，关于这一点，彭（1990：170）作出了以下论述，"对于大多数的中国人来说，对于小事说道歉会让人感觉太过了，而相反如果对于比较严重的事情说'对不起'又反而容易使人感觉不够恳切，缺乏力度，从而容易造成误解（多くの中国人にとっては、小さいことに対して言われる場合には度が過ぎた感じがするし、逆に大きなことに対しても、同じ言葉で言われる場合にはかえって不親切、物足りないというマイナスの印象を感じ、誤解を受けがちである）。"在交流中，对于"道歉""感谢"等语义程序的选择策略，会受到社会文化规范、价值观、语言文化等因素的影响，是随之变化而变化的言语行为的现象之一。

2.2.2.3 拒绝普通朋友"邀请"时的语义程序的出现频率

普通朋友，即与自己处于同等社会地位、心理距离较远的朋友。中日两种语言在拒绝普通朋友的"邀请"时，各语义程序的出现频率如下表所示。

表2-6 拒绝普通朋友"邀请"时的语义程序的出现频率（%）

语义程序 \ 出现频率	汉语（%）	日语（%）
道歉	54.6	76.2
说明理由	89.6	89.3
拒绝	74.03	77.4
下次再约	11.7	13.1
感谢	32.5	1.2
遗憾	12.99	2.4
寒暄	15.6	4.8
共鸣	11.7	7.1
另寻方案	6.5	4.8
欲言又止	1.3	1.2
保留	2.6	0
其他	2.6	0

拒绝普通朋友的"邀请"时，中日两种语言中出现频率从高到低的顺序相同，即"说明理由"、"拒绝"和"道歉"。汉语中使用"说明理由"这一语义程序有69人、占89.6%，使用"拒绝"的有57人、占74%，使用"道歉"的有42人、占54.6%。而在日语中使用"说明理由"这一语义程序的有75人、占89.3%，使用"拒绝"的有65人、占77%，使用"道歉"的有64人、占76.2%。除了以上三种语义程序之外，汉语中"感谢"这一语义程序的出现频率也比较高，有25人、达到了32.5%。这种语义程序的使用是为了达到保护对方

积极面子（positive face）的目的，日语中也会使用"下次再约"等表达说话人积极态度的语义程序。

拒绝好友时，汉语中"道歉"这一语义程序的出现频率并不高，反而会经常使用"共鸣"和"寒暄"这种表达积极意义的语义程序，但在拒绝普通朋友的"邀请"时，"道歉"（42人，54.6%）和"感谢（25人，32.2%）"这两种语义程序的出现频率则比面对好友时高出很多。在日语中，由于三宅（1994b：35）把社会地位同等的普通朋友归为"外（ソト）"的范畴（社会的地位の同等な一般友人は「ソト」の枠組みに属する），在拒绝其"邀请"时，主要集中在"说明理由""道歉""拒绝"这三种语义程序上，而且其出现频率比面对指导教师以及好友时要低，因此也就说明了在拒绝普通朋友时说话人的心理负担度比较低。不仅如此，"下次再约""共鸣"这两种语义程序的出现频率也比面对好友时低。在拒绝普通朋友的"邀请"时，除了"下次再约"（11人，13.1%）这一语义程序之外，几乎不会使用其他表达说话人积极态度的语义程序。

关于"道歉"这一语义程序，在汉语中经常被用于心理距离较远的对象，即用于"外（ソト）"范畴的人群。但在日语中不论是任何场合、任何对象，这一语义程序的出现频率都很高。其中值得注意的是，在面对社会地位同等的普通朋友时，"道歉"这一语义程序的出现频率要比面对社会地位较高的指导教师时高。在汉语的拒绝表现中，"道歉"这一语义程序可以说是反映上下级关系以及亲疏关系，衡量双方人际关系的要点之一。关于这一点，崔（2000：16）曾论述道，"日本人在各种场合和对象下都频繁地使用道歉表现，但对中国人来说，只有给对方造成较大负担时才会使用，负担较小的场合下几乎很少使用（日本語における詫び表現は全ての相手と場面に使用されているが、中国語における詫び表現は、相手にかける負担の大きい場面にだけ使用され、相手にかける負担の小さい場面においては殆ど

使用されない)",而本研究的分析结果也证明了崔(2000)的这种论述,出现相比拒绝他人的"请求"(事物利益、负担度都最高),拒绝"邀请"时使用"道歉"这一语义程序的使用频率更低的现象。

2.2.3 拒绝"建议"的场面

在"请求""邀请""建议"三种场合中,"建议"是利益、负担、紧急度最轻的一种言语行为。

2.2.3.1 拒绝指导教师"建议"时的语义程序的出现频率

指导教师的社会地位较高,在拒绝其"建议"时,中日两种语言中各语义程序的出现频率,如下表所示。

表2-7 拒绝指导教师"建议"时语义程序的出现频率(%)

语义程序 \ 出现频率	汉语(%)	日语(%)
道歉	33.8	75
说明理由	94.8	86.9
拒绝	28.6	88.1
另寻方案	11.7	0
称呼	57.1	0
下次再约	12.99	17.86
感谢	26	2.4
遗憾	1.3	8.3
共鸣	28.6	7.1
保留	5.2	1.2
要求对方的理解	5.2	0
寒暄	2.6	0
反问信息	1.3	0
其他	1.3	0

拒绝指导教师的"建议"时，汉语中使用"说明理由"这一语义程序的高达94.8%（73人），其次是"称呼"（44人，57.1%）、"道歉"（26人，33.8%），而在日语中出现频率较高的语义程序依然是集中在"拒绝""说明理由""道歉"这三种上。其顺序依次为"拒绝"（74人，88%），"说明理由"（73人，86.9%）、"道歉"（63人，75%）。

对指导教师的"建议"进行拒绝时，汉语中"说明理由"这一语义程序的出现频率最高，以其为中心并兼用其他语义程序，依次分为对对方表示尊敬和好感的"称呼"（44人，57.1%）、"共鸣"（22人，28.6%）以及"感谢"（20人，25.9%）等。而在日语中，则依然是"说明理由"、"拒绝"和"道歉"这三种语义程序的出现频率最高，也会使用"下次再约"来表达说话人积极态度的语义程序（15人，17.9%）。除了这些，日语中很少会使用其他的语义程序。比较两种语言可以发现，汉语中只有"说明理由"这一语义程序的出现频率比日语高，其余的"拒绝""道歉"等语义程序的出现频率都比日语低，但汉语中会兼用其他语义程序，不像日语中除了"说明理由"、"拒绝"、"道歉"和"下次再约"很少会使用其他语义程序。

例如，指导教师建议你去参加一个你并不感兴趣的学习会，在这种场景下，中日两种语言都会使用各种语义程序。汉语中选择使用"另寻方案"这种语义程序的有9人，达到了11.7%。但在日语中则完全没有"另寻方案"，因为对于日本人来说，这种表达方式会让对方感觉到失礼。

2.2.3.2 拒绝好友"建议"时的语义程序的出现频率

在拒绝好友的"建议"时，中日两种语言中各语义程序的出现频率，如下表所示。

表 2-8 拒绝好友的"建议"时语义程序的出现频率（%）

出现频率 语义程序	汉语（%）	日语（%）
道歉	10.4	61.9
说明理由	93.5	85.7
拒绝	48.1	70.2
下次再约	2.6	22.6
共鸣	12.99	2.4
欲言又止	0	8.3
要求对方的理解	24.7	0
反问信息	10.4	2.4
另寻方案	16.9	2.4
玩笑	10.4	0
遗憾	0	2.4
寒暄	14.3	2.4
感谢	2.6	2.4
保留	2.6	0
其他	2.6	0

数据显示，拒绝好友的"建议"时，汉语中"说明理由"这一语义程序的出现频率非常高，有72人使用，达到了93.5%，其次是"拒绝"，37人使用，占48%。"要求对方的理解"的语义程序的出现频率为24.7%，有19人使用。而在日语中，"说明理由"这一语义程序的出现频率仍然最高（72人，85.7%），其次是"拒绝"（59人，70%）、"道歉"（52人，61.9%）。

在拒绝好友的"建议"时，汉语中有72人使用了"说明理由"这一语义程序，出现频率高达93.5%，其次是"拒绝"（37人，48%）、"请求对方的理解"（19人，24.7%）、"另寻方案"（13人，16.9%）、"共鸣"（10人，13%），"道歉"和"玩笑"分别都是8

人，各占10.4%。在拒绝好友的"建议"时，并不像之前其他场合和对象下使用的极其有规律的语义程序，而是使用了各种各样的语义程序。日语中出现频率较高的语义程序则是"说明理由"、"拒绝"和"道歉"这三种以及表达说话人积极态度的"下次再约"（19人，22.6%）。

2.2.3.3 拒绝普通朋友"建议"时的语义程序的出现频率

普通朋友属于"外（ソト）"范畴，在对其"建议"进行拒绝时，中日两种语言中各语义程序的出现频率，如下表所示。

表2-9 拒绝普通朋友"建议"时的语义程序的出现频率（%）

语义程序 出现频率	汉语（%）	日语（%）
道歉	36.4	72.6
说明理由	80.5	84.5
拒绝	40.3	75
下次再约	10.4	23.8
感谢	23.4	3.6
欲言又止	2.6	7.1
反问信息	5.2	0
保留	14.3	0
寒暄	10.4	1.2
另寻方案	9.1	1.2
共鸣	13	2.4
遗憾	1.3	2.4

拒绝普通朋友的"建议"时，汉语中"说明理由"这一语义程序的出现频率最高，有62人使用，达到了80.5%，其次是"拒绝"（31人，40%）和"道歉"（28人，36.4%）。日语中主要是以"说明理

由"（71人，84.5%）、"拒绝"（63人，75%）、"道歉"（61人，72.6%）来构成拒绝表现的主要内容。在对普通朋友的"建议"进行拒绝时，中日两种语言在语义程序的使用频率上出现了相同的倾向，但在具体的使用频率上依然存在较大的差异，日语中所有语义程序的使用频率都比汉语高。

对普通朋友的"建议"进行拒绝时，日语与拒绝好友时情况相同，使用"下次再约"这一语义程序的均为20人，使用频率为23.8%。汉语中使用"感谢"这一语义程序的有18人，出现频率为23.4%，"回避正面回答"（不明确拒绝）的有11人占14.3%，使用"下次再约"和"寒暄"这两种语义程序的各有8人，各占10.4%。除了"说明理由"、"拒绝"和"道歉"这三种主要的语义程序之外，中日两种语言还使用了其他各种语义程序，例如汉语中还使用了"感谢"、"回避正面回答"、"寒暄"和"下次再约"等表达说话人积极态度的语义程序。但在日语中除了"说明理由"、"拒绝"、"道歉"和"下次再约"，没有出现其他语义程序。

2.3 "委婉拒绝"表现的中日对比研究

日语中对于场景和语境的依赖度较高，语言学上把它叫作"高文脉性"。日语的这种特殊性质便于暧昧地表达说话人的情感世界，能够在不直言的情况下使对方理解说话意图。对事物进行表达时，使用委婉表达或不把话说完被认为是日本人言语行为的特征。使用这种方法，能够表达说话人的礼貌，使其不直接踏入听者领域。尤其是在进行拒绝言语行为时，如果明确表示拒绝，会有损双方的人际关系。因此是否要明确表达"拒绝"，并不只是个人语言习惯或看法的差异，而是由于其语言所属的特殊性质造

成的一种较大的差异。

在进行拒绝表现时，日本人会使用像"ちょっと……"这种不叙述理由且只说一半的表达方式，或者使用"ちょっと~がありますが"、"ちょっと~がありますけど"、"ちょっと~がありますので"、"ちょっと~がありますから"等各种表现。这种只说明理由而不明确表示拒绝的表达方式，是起因于日本人对于他人的"谦让意识"（遠慮意識）的作用。

在本研究的调查结果中，也有这种只叙述理由而不明确说出"拒绝"的表达方式。本节将探讨在利益、负担不同的场合下，面对社会地位、心理负担都不同的对象，中日两种语言中委婉表达方式的使用频率有何不同和特点。

2.3.1 "委婉拒绝"表现的分析方法

从拒绝言语行为开始到结束，面对对方的"请求""邀请""建议"等请求，不使用"~することができない"（不能做），"無理だ"（勉强、不行），"結構だ"（不用了），"お断りする"（拒绝）等直接表达拒绝的语义程序（即"拒绝"这一语义程序），而是通过使用"说明理由""道歉"等语义程序来达到拒绝对方的话语表现，称为"委婉拒绝"表现。

以下将利用例句进行具体说明：

例句（13）　老师｛称呼｝，您搬家我作为您学生应该去的｛共鸣｝。但是真的很抱歉｛道歉｝，我今天已有重要的事情要办｛说明理由｝。您看老师｛称呼｝，要不我找一个朋友帮您吧｛另寻方案｝。

（CF3：拒绝指导教师的"请求"）

例句（14）　谢谢｛感谢｝，我有一件很重要的事情要办｛说明理由｝，不好意思让你白跑一趟｛道歉｝。

（CF16：拒绝普通朋友的"建议"）

本研究使用相同的标准对日语例句作了分析。

例句（15） すみません{道歉}、その日はちょっと{说明理由}……

（JF8：拒绝指导教师的"请求"）

例句（16） 申し分けございません{道歉}。その日はちょっと用事がありますので{说明理由}、すみません{道歉}。

（JM11：拒绝指导教师的"请求"）

例句（17） ごめん{道歉}。悪いけど{道歉}、ちょっと用事があるから{说明理由}。

（JM21：拒绝普通朋友的"邀请"）

虽然以上每一个例句中都没有出现"～することができません"（不能做）、"～だめです"（不行）、"無理です"（勉强、不行）等拒绝语，但其实在实际的言语行为中已经包含了拒绝意义。在本研究中，我们将这种不明确表示"拒绝"的表现称为"委婉拒绝"。这种表达方式虽然违反了Grice（1989）的"方式准则"（说话应清晰、简明、有条理），但却遵守了Leech（1983）的"礼貌原则"，在进行实际的拒绝行为时，这种表达方式能够使对方的面子不受伤害，因此在中日两种语言中都很受欢迎。

2.3.1.1 拒绝"请求"的场面

拒绝对方的"请求"所涉及的场面上的利益、负担度是三种场景中最高的。对他人的"请求"进行拒绝时，委婉拒绝表现的出现频率如下表所示。

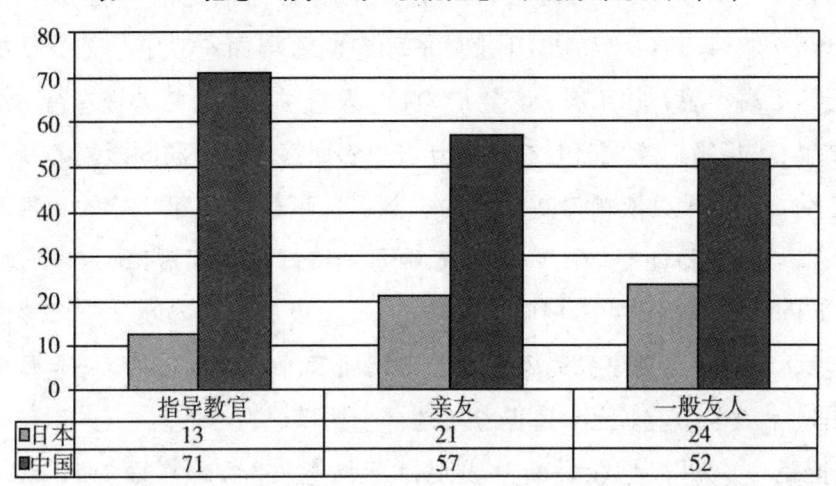

表 2-10 拒绝"请求"时"委婉拒绝"表现的出现频率（%）

	指导教官	亲友	一般友人
日本	13	21	24
中国	71	57	52

如上表所示，在拒绝他人"请求"时，中日两种语言中都使用了这种不明言"拒绝"的委婉表达方式，但根据对象的不同，其出现频率仍存在着较大差异。从整体上来看，汉语比日语更频繁地使用这种表达方式。

在汉语中，场面的利益、负担度越高，越少使用"拒绝"这种语义程序，而代之以"说明理由"作为主要的语义程序。对于指导教师，委婉拒绝表现的出现频率最高，占71%左右，对于好友和普通朋友分别占了57%和52%。而在日语中，对于指导教师，委婉拒绝表现的出现频率却最低，只占了13%，而对好友和普通朋友，这种表达方式的出现频率差距不大，分别占21%与24%。

尾崎（2006）曾在他的问卷调查中设定了一个场景，在日本全国以老年层、壮年层、青年层共432人为研究对象，做了调查研究。结果发现，使用委婉拒绝的回答者中，拒绝上门推销时约占40%，拒绝当主持人的"请求"时约占10%，拒绝食品推荐时约占60%。尤其在年轻人当中，能够直接跟对方说"できない"（不能）的表现进行拒绝言语行为的比例如下："拒绝上门推销"的场面占48.5%，"拒绝当主持人的'请求'"占85.8%，"拒绝食品推荐"

的占62.6%。在以上这三种场合，使用委婉拒绝的却分别只有51.5%、14.2%、37.4%（役員依頼を断る場面を設定して、日本全国で高年層、壮年層、若年層の432人を対象として調査を行った結果、{拒絶}を明言しない断り表現の回答者は、訪問販売の断りで約4割、役員依頼の断りで約1割、食事勧めの断りで約6割の人にしか使われていないとしている。特に、若年層においては、「訪問販売の断り」の場面では48.5%、「役員依頼の断り」の場面では85.8%、「食事勧めの断り」の場面では62.6の人がはっきり相手に「できない」という断りの述部を明確に言う表現をしており、{拒絶}を明言しない断り表現はそれぞれ3つの場面で51.5%、14.2%、37.4%しか見られない）。其实，本研究中也证明了尾崎（2006）的合理性，发现当代的日本年轻人能够在任何场合、对任何对象均能清楚地表明拒绝的意图。

　　不直接表示拒绝，而是将语言暧昧化一直被公认为是日本人的特征，但近来的研究结果却表明，随着社会进步的不断发展，人们所使用的语言表达方式已经发生了很多变化。在汉语中经常使用这种不直言"拒绝"的拒绝表达方式，其中有两个原因。其一，能够防止拒绝行为带来的人际关系不平衡。二是，在说话一开始通过使用各种语义程序，已经能够明确表明说话人想要拒绝对方"请求"的意图，因此不需要直言"拒绝"这一语义程序。

　　水谷（1991）指出，对于日本母语话者来说，省略句末能够成为一种礼貌体（日本語母語話者にとって文末を省略する文は丁寧表現になる）。生駆、志村（1993）也曾提到，"日本人通过使用'中途结束句'（中途終了文），避免直接地进行拒绝，在与地位较高者进行言语行为时始终注意不失礼于对方"（日本人は「中途終了文」を使うことにより、直接的な断りを避け、地位が上の人に失礼にならないよう気をつけている）。但与过去相比，尤其在当代大学生等年轻人

当中，给予听者决定权和话语主导权的表达方法已经逐渐被淡薄，这种言语表现形式越来越少。

高度经济增长末期以后，尤其是在80年代以后，日本在丰富的物质条件中逐渐成为大众消费的社会。而大众消费社会的到来极大地刺激和扩充了日本人的物质欲望，因此在这种社会背景下形成了一种新的价值观，即享受人生。与维持整体秩序、追求效率相比，日本社会更尊重人的个性与多样性，因此，在大学生当中很少有人使用这种暧昧的拒绝表现，大多在进行言语行为时都选择较为明确的表达方式。

2.3.1.2 拒绝"邀请"的场面

本研究认为拒绝对方的"邀请"所带来的利益、负担度并不高。对他人的"邀请"进行拒绝时，委婉拒绝表现的出现频率如下表所示。

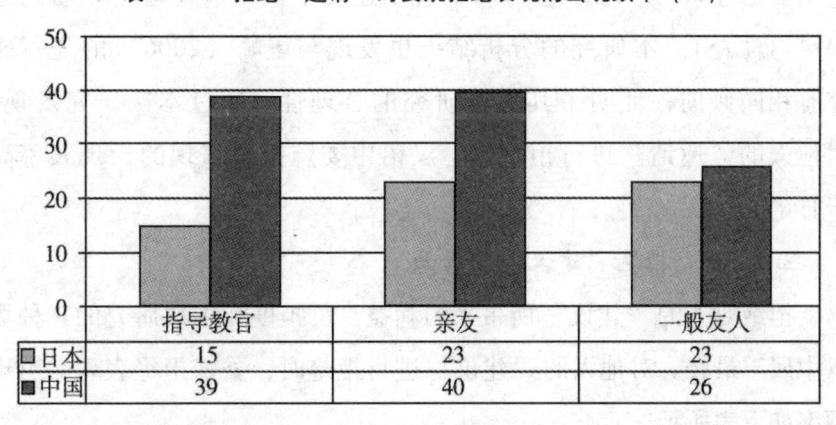

表 2-11　拒绝"邀请"时委婉拒绝表现的出现频率（%）

	指导教官	亲友	一般友人
日本	15	23	23
中国	39	40	26

"邀请"表达了对方的好意，对其进行拒绝时，中日两国语言中都会使用委婉的表达方式，但在具体的出现频率上仍然是汉语高于日语。汉语中，在面对指导教师时，其出现频率为39%，面对好友时的出现频率为40%，而面对普通朋友时为26%。在日语中，面对指导教师时其出现频率为15%，面对好友和普通朋友时各为23%。日语中委

婉拒绝表现的出现频率与场面的利益、负担度无关,因此数值差距不大,但在汉语中,利益、负担度越轻,其出现频率越低。

尾崎(2006)在他的问卷调查中设定了一个"拒绝对方的食品推荐"的场景,以老、中、青年不同年龄层共432人为研究对象,做了调查研究。调查结果显示,老、中年层中有约80.7%的人使用了委婉的拒绝方式,而青年层人群中其出现频率仅有37.4%。也就是说,青年人群中使用明确的拒绝方式,避免模糊不清的表现(中途終了文)的人高达62.6%(「食事勧めの断り」という場面を設定し、日本全国で高壮年層、若年層の432人を対象として調査を行った結果、高壮年層では約80.7%の人が｛拒絶｝の意思を明言しない断り表現をしているが、高壮年層に比べ、若年層の間では37.4%の人しか現れていない。つまり、若年層では62.6%という比較的高い数値で断りの述部を明言する表現をしており、｛拒絶｝を明言しない言いぼかしの表現(中途終了文)を避けている結果が見られた)。本研究的分析结果也发现与尾崎(2006)的先行研究有相同倾向,证明了其先行研究的合理性。通过本次研究发现,对他人的"邀请"进行拒绝时,汉语中委婉拒绝表现的出现频率高于日语。

2.3.1.3 拒绝"建议"的场面

拒绝对方的"建议"所带来的利益、负担度在本次研究的三种场景中属于最轻。对他人的"建议"进行拒绝时,委婉拒绝表现的出现频率如下表所示。

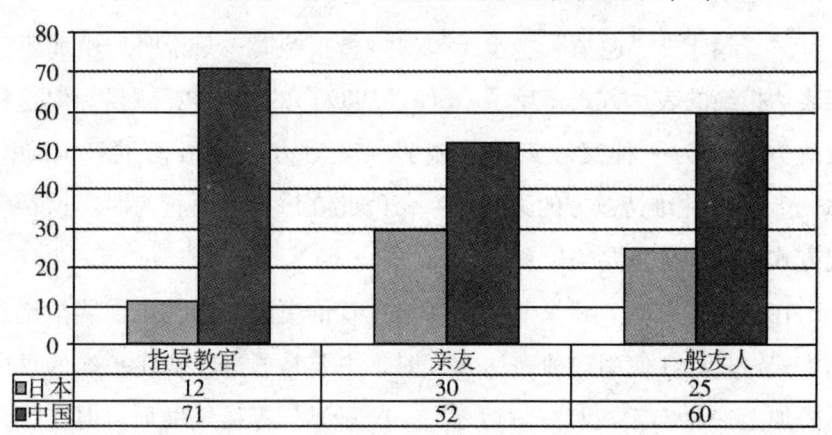

表2-12 拒绝"建议"时委婉拒绝表现的出现频率（%）

	指导教官	亲友	一般友人
日本	12	30	25
中国	71	52	60

"建议"（提案）是对将来的一种计划，能否被实行是一个未知数。本研究发现在这种场面，中日两国语言均会较高频率使用委婉拒绝表现方式。在汉语中，面对指导教师时，这种委婉拒绝的出现频率为71%，面对好友时为52%，面对普通朋友时为60%。但日语与汉语不同，在场面的利益、负担度都不同的三种场合（"请求""邀请""建议"）下，其中的使用频率却差别不大，面对指导教师时为12%，面对好友时为25%，面对普通朋友时为21%。

关于这种现象，藤森（1996）的研究中也对其做了论述。在中国的社会文化规范中，面对上级的请求，人们总是遵循一种优先对方的原则，即"不拒绝"对方。因此，中国人无论在什么场合，面对像指导教师这样的对象，都倾向不使用直接表达拒绝意思的语义程序，这也成为汉语拒绝表现的特征（中国語の社会的文化規範では、目上からの依頼には「断らない」という相手優先の原則が働いているため、如何なる場面においても、指導教官のような相手人物には断りの意思を伝える｛拒絶｝の表現をあまり使用しないのが中国語の断り表現の特徴である）。虽然李（1999）曾指出，"拒绝优先型"是中国人进行拒绝行为时一种必要的表达模式，但这一点在本研究的结果

中却并不明显。

对"请求""邀请""建议"等进行拒绝时，只说明理由而不直接表达拒绝的表达方式违反了Grice（1989）的"方式准则"。但这种表达方式作为一种交际策略，能够保全对方的消极面子（negative face），协调并维持双方的人际关系，因此在进行言语行为时，这种表现方式占有十分重要的位置。

在拒绝他人的"建议"时，汉语比日语更频繁地使用委婉拒绝表达方式。日语在使用这种表达方式时，主要是通过在叙述基本的理由后，加上"～ので"和"～けど"，"～が"等接续助词。但在汉语中，不仅不能像日语这样直接添加接续助词，而且经常使用"说明理由"这一表明理由的语义程序，因此即便使用同一种委婉拒绝的表达方式，汉语也很难达到日语那样的模糊感和委婉的感觉。

2.4　总结及相关考察

本研究根据场面的利益、负担、紧急度将研究分为"请求""邀请""建议"3个场面，将研究对象分为指导教师（社会地位较高）、好友和普通朋友（社会地位同等）3种，即共分为9项内容，用话语补全方式（DCT研究法）分别对其进行了分析与考察。结果表明，在中日两国语言的所有场合中"说明理由"这一语义程序的出现频率平均都达到了90％以上，在拒绝行为中更是一种不可缺少的语义程序。藤森（1995：82）指出，"'说明理由'在促使拒绝行为成功的过程中发挥着重要的作用，与'道歉'这一语义程序相同，都是礼仪策略之一"（｛弁明｝の意味公式は断り行為を成立させるために重要な機能を果たし、｛詫び｝の意味公式と同様、儀礼的方略の1つである）。熊井（1993）、马场、禹（1994）、村井（1997）、李（1999）的研究中也都可以看出，不管是日语母语话者，还是汉语母语话者都经常使

用"说明理由"这一语义程序,本研究的分析结果也支持了以上先行研究。

日语中除了"说明理由"这一语义程序的出现频率较高之外,"拒绝"和"道歉"这两种语义程序的出现频率也比较高,"拒绝"约占70%~88%,"道歉"约占61%~95%,但从平均值来看,"拒绝"这一语义程序的出现频率达到了80%,超出"道歉"约2%。而日语中在进行拒绝表现时,出现频率较高的语义程序分别是"说明理由""拒绝""道歉",除了这3大语义程序,根据不同场合也会使用"另寻方案""下次再约""共鸣"等表达说话人积极态度的语义程序,但出现频率都相对较低。

另一方面,汉语在所有场合中"说明理由"这一语义程序的出现频率都很高,平均约占94%。除此之外,"拒绝"的出现频率为29%~75%,"道歉"的出现频率为10%~87%。实际上其中只有"说明理由"这一语义程序的出现频率才高达94%,"拒绝""道歉"的出现频率都相对较低,只有48%和46%。但汉语中更能灵活地使用"称呼""另寻方案""下次再约""感谢""共鸣""寒暄""要求对方的理解"等表达说话人积极态度的语义程序。

在进行言语行为时,礼貌是协调人际关系的重要因素。尤其是像拒绝行为这种容易给人际关系带来危险性的言语行为,更需要向对方表示关怀的心情,而这种心情就需要通过礼貌的言语表现来实现。Brown 和 Levinson(1987)把礼貌分为积极礼貌和消极礼貌,又将积极礼貌细分为15项下位分类,将消极礼貌细分为10项下位分类。

中日两国语言在进行拒绝行为时,都会遵循礼貌原则的语义程序。但由于不同的社会文化规范和价值观,两国语言在使用内容及策略方面仍然存在着差异。根据 Brown 和 Levinson(1987)的下位分类,"说明理由"属于积极礼貌的语义程序,"拒绝"和"道歉"属于消极礼貌的语义程序。另外,"另寻方案""共鸣""反问信息""称呼""玩

笑""感谢"等语义程序均属于积极礼貌,"回避直接回答""欲言又止"等语义程序都属于消极礼貌。

在进行拒绝行为时,汉语中出现频率较高的语义程序包含以下几种:以"说明理由"为首,其次是"另寻方案""下次再约""称呼""共鸣",这些都属于积极礼貌的语义程序。但是关于"道歉""拒绝"等消极礼貌的语义程序,汉语的出现频率要低于日语。而日语中出现频率较高的语义程序主要有表示积极礼貌的"说明理由"以及属于消极礼貌的"道歉"与"拒绝"等三种。

2.4.1 中日拒绝表现中的"高频率语义程序"

在本次拒绝表现的调查中,汉语中一共出现了16种语义程序,日语中则出现了14种语义程序。对于场面的利益、负担以及心理负担、亲疏关系等不同的3种场合和3种对象,中日两种语言中都使用了"说明理由""道歉""拒绝"这三种主要的语义程序,而这3种语义程序在拒绝表现中更是起着中心作用,成为拒绝言语行为中不可缺少的内容。本研究把以上三种主要语义程序称为"高频率语义程序"。

2.4.2 中日拒绝表现中的"低频率语义程序"

在拒绝表现中,中日语言使用频率最高的语义程序即是"说明理由""道歉""拒绝"这3种主要的语义程序。在本研究中,除了这3种"高频率语义程序"外,其他的语义程序则被称为拒绝表现中的"低频率语义程序"。

2.4.3 中日拒绝表现中"高频率语义程序"的异同点

中日拒绝表现的共同点在于，无论面对何种场合和对象，两种语言都是将"高频率语义程序"和"低频率语义程序"组合起来完成拒绝言语行为。

无论面对什么样的场合和对象，日语拒绝表现的"高频率语义程序"几乎不会发生剧烈的变化，反之在汉语中根据对象的不同却会发生明显的变化。在面对指导教师时，汉语中的"高频率语义程序"主要包括"说明理由""拒绝""道歉"这三种语义程序之外，还要加上"称呼"语义程序，成为4种。

面对社会地位高、且年长的指导教师，汉语中平均约57%的人都会使用"称呼"这一语义程序，但在日语中却完全不会使用"先生"这种称呼。在进行言语行为时如何称呼对方，这在日语中也是一个很重要的问题，但却远没有在汉语中那般重要。笔者从自己的语言直觉中也能感受到这一现象，用日语进行交流时，不管在什么场合或面对什么对象，只要使用了适宜场合的礼貌表现，无论对方是谁都可以不使用具体的"称呼"，而是以"あのう～""すみません"等作为开头，但也不会让人觉得不礼貌。相反，汉语与日语不同，当你与社会地位较高或年长自己的对象进行交谈时，必须要从"称呼"这一步开始，这几乎已经成为一种绝对的礼貌言语行为的流程。因此，可以说"称呼"这一语义程序在中国的社会文化规范和语言文化中，占据着十分重要的位置。

从"道歉"和"拒绝"这两种"高频率语义程序"的出现频率中，也可以看出中日两种语言的不同点。

在进行拒绝行为时，汉语中"道歉"这一语义程序的出现频率平均约46%，日语中的使用频率要高于汉语，平均高达约80%。日语主

要通过使用"道歉"这一语义程序来解决由于拒绝行为引起的人际关系的不平衡和摩擦，并修复人际关系。但在汉语中，却是通过使用"另寻方案""下次再约""感谢""共鸣"等"低频率语义程序"来解决人际关系问题。

从"拒绝"这一语义程序的使用频率中同样可以看出中日两国语言之间的差异。"拒绝"表示向对方传达一种信息，即无法满足对方的期望，因此可以说是一种明确传达拒绝意义的标志。在进行拒绝行为时，汉语中其出现频率平均只有48%，但在日语中使用"拒绝"这一语义程序的出现频率平均约达到了68%。另一方面，在进行拒绝表现时，汉语比日语更多地使用"说明理由"这一语义程序，通过"说明理由"达到暗示"拒绝"的目的。对此，马场、禹（1994：46）的研究结果中也指出，"无论是对于熟悉的教授，还是不熟悉的教授，日本本土的学生中有70%左右都使用'直接拒绝'的表达方式，只不过并不是直接使用'だめです'、'できません'等，而是大部分都通过首先叙述'理由'来表明拒绝（親しい教授、親しくない教授、いずれも「直接的な断り」表現は7割ぐらいに現れている。ただし、いきなり「だめです」「できません」と切り出すのではなく、「理由」をまず述べる例が大部分を占めている）。"

日语中能够使用"今日はちょっと・・・"、"今日はちょっと用事がありまして・・・"、"今日はちょっと用事があるので、行けないんだわ"，"今日はちょっと行けないんですが・・・"等"言い差し表現"或"中途结束句"（中途終了文）来委婉地进行拒绝表现。但在汉语中由于没有这种变化句尾的方式，因此就无法避免只能使用"不能去""去不了"这种句式来表达拒绝言语行为，但像这种直接明确地表达拒绝意图的表现却很容易使对方感到不开心，所以在汉语中就索性避开使用这种"拒绝"的语义程序，而较多地使用一些其他表达积极态度的语义程序来表达拒绝意思。

第二部　DCT研究法视野下的中日拒绝表现对比研究

　　日语中使用的委婉拒绝表现与日本人对于"说明理由"的叙述方法有着直接的关系。一般来说，日本人在进行言语表达时，无论是多么私人的理由都不会进行具体的描述，而是利用抽象描述法。另外，向对方传达拒绝的意图时，也通过变换"～けど"或"～が"等特殊句末表现来提高委婉性。随着日本社会以及日本人思维方式的变化，以上这些日语的特征也随之发生变化。本研究的分析结果也发现，日语中只有少数一部分人使用"今日はちょっと・・・"、"今日はちょっと用事がありまして・・・"等暧昧拒绝方式，大多数的受试者都选择直接明确地表达拒绝意图，这一点证明了时代的变化。但是，日语中类似"今日はちょっと行けないんですけど"、"行きたいんですが"这种在"拒绝""说明理由""共鸣"等语义程序后加上"～けど"或"～が"等暧昧表达方式却经常使用。

　　一直以来，有不少言论都认为"拒绝优先型"是汉语中拒绝表现的特征，但在本研究中这一点却并不明显。其中的主要原因在于，自从1980年代中国开始实施改革开放以来，中国与外国的交流变得自由起来，各种国外的电影、电视等外国文化成为年轻人的向往和生活必需品，这也就造成了当代年轻人的言语行为和生活习惯在某种程度上受到了外国的影响。和日本相同，中国的言语生活也随着时代的变化发生了广泛的变化。在进行拒绝行为时，一开始就使用"拒绝"这一语义程序，很容易会造成人际关系不融洽，使对方不开心的局面，因此在大学生当中很少会使用"拒绝优先型"的拒绝方式。李（1999）曾指出，无论是在什么场合或面对什么对象，"拒绝优先型"都是汉语中拒绝表现的特征。但本研究发现，当场面的利益、负担度较低的场合下或面对心理距离较近的好友时，这种"拒绝优先型"多少还会使用，但当事情的利益、负担度较高的场合下或面对社会地位较高的指导教师时，就很少会使用这种拒绝方式。

2.4.4 中日拒绝表现中"低频率语义程序"的异同点

在进行拒绝言语行为时,中日两种语言都会使用各种"低频率语义程序",但关于具体的出现频率却存在着差异。

汉语的主要"高频率语义程序"中,除了"说明理由"这一语义程序,其他语义程序的出现频率都低于日语,但与日语相比,汉语中更能灵活地并用"另寻方案""下次再约""共鸣"等表达说话人积极态度的语义程序。日语中无论在什么场合或面对什么对象,都不怎么会使用"另寻方案""共鸣""下次再约"等"低频率语义程序",而是主要集中在"说明理由""道歉""拒绝"这3种"高频率语义程序"上进行拒绝言语行为。

根据 Brown 和 Levinson (1987) 的下位分类,"另寻方案""共鸣""反问信息""玩笑""感谢"等"低频率语义程序"都是表达积极礼貌的语言形式,"回避正面回答"等语义程序则属于消极礼貌。虽然中日两种语言中都使用"高频率语义程序"和"低频率语义程序",但研究结果发现,日语中主要使用消极礼貌中的"道歉"和"拒绝"等语义程序,而不太使用积极礼貌中的"另寻方案""共鸣""下次再约""反问信息"等"低频率的语义程序"。相比之下,汉语比日语更频繁地使用"低频率语义程序",而且汉语中这种"低频率语义程序"的种类数量也比日语多。

第三章　拒绝表现中语义程序
（话语量）的平均值

本章将以 Grice（1989）的"协调原则"和四个公理及 Leech（1983）的"礼貌原则"为基准，分析、考察拒绝语义程序的平均值（话语量）。考察在利益、负担度不同的场合中，面对不同人物所使用的语义程序的平均值（话语量）是否会发生变化，如果有，以社会地位（上下关系）、心理因素（亲疏关系）及事物的利益、负担度为变量，拒绝语义程序的平均值将会受到怎样的影响。重点放在中日两国语言拒绝表现的语义程序的平均值是否存在显著差异，并通过抽样检查验证统计上的显著差异。

关于话语量，熊谷（1995）以话语长度作为 move 的平均数考察了话语长度与郑重性之间的关系，李（1999）使用了平均话语量进行了中日韩三种语言拒绝表现的对比研究。另外，还有元（1999）、村井（1997）等研究。本研究使用语义程序的平均值来表示话语量。

3.1　拒绝表现中语义程序的平均值（话语量）的提取方法

语义程序的平均值，即统计从表达拒绝意图的谈话开始至结束所使用的具有传达功能的语义程序的总数，除以人数，从而得出话语量

的平均值。

在提取话语量的平均值过程中,本研究采用的方法如下所示:

首先,对数据中所出现的所有带有语义功能的谈话内容分为"道歉""说明理由""下次再约"等语义程序,并统计其语义程序的数量,把拒绝表现中出现的带有传达功能的语义程序分别视为「1」开始逐渐递增。如,同一形态的语义功能的谈话内容出现次数为三次时,即累计成「3」次。如下例所示:

例句(18) 申し訳ありませんが{道歉}、その日は所用で{说明理由}、手伝いに伺えません{拒绝}。他の日にお手伝いできることがありましたら何でもおっしゃってください{另寻方案}。すみません{道歉}。

(JF3:拒绝指导教师的"请求")

例句(19) 悪いんだけど{道歉}、一人でやっておきたいことがあるから{说明理由}、今回はやめておくわ{拒绝}。ごめん{道歉}。

(JM9:拒绝普通朋友的"建议")

例句(20) ほんとにごめん{道歉}。行きたいんだけど{共鸣}、今金が全然ないから{说明理由}、行きたくても行けないんだ{拒绝}。ほんとに悪いんだけど{道歉}、勘弁して{道歉}。

(JM1:拒绝好友的"邀请")

例(18)中出现的语义程序的总数为5个,依次是{道歉}⇒{说明理由}⇒{拒绝}⇒{另寻方案}⇒{道歉}。例(19)中出现的语义程序的总数为4个,依次是{道歉}⇒{说明理由}⇒{拒绝}⇒{道歉}。例(20)中出现的语义程序总数为6个,依次是{道歉}⇒{共鸣}⇒{说明理由}⇒{拒绝}⇒{道歉}⇒{道歉}。在例(18)和例(19)中,{道歉}这一语义程序出现的次数是两次,例(20)中出现了3次,其总数分别累计为2次和3次。

汉语的谈话数据也能进行同样的分类。

例句（21）　<u>有这样的机会我真是很荣幸</u>｛共鸣｝，<u>可是我母亲很不巧昨天生病没人照顾</u>｛说明理由｝，<u>所以我想我可能无缘去给先辈见行了</u>｛拒绝｝，<u>还请老师替我向他致歉</u>｛寒暄｝。

（CM9：拒绝指导教师的"邀请"）

例句（22）　<u>你那天搬家呀</u>｛反问信息｝，<u>真不巧</u>｛遗憾｝，<u>那天我有重要的事情</u>｛说明理由｝，<u>这样吧我尽量赶去</u>｛另寻方案｝。

（CF4：拒绝普通朋友的"请求"）

例句（23）　<u>不行啊</u>｛拒绝｝，<u>我那天有事</u>｛说明理由｝，<u>实在去不了</u>｛拒绝｝，<u>改天请你吃饭再谢罪吧</u>｛另寻方案｝。

（CM17：拒绝好友的"请求"）

汉语例句中，例（21）出现了2次｛说明理由｝这一语义程序，所以其语义程序数量为2。例（21）的语义程序总数为5，依次是｛共鸣｝⇒｛说明理由｝⇒｛说明理由｝⇒｛拒绝｝⇒｛寒暄｝。例（22）的语义程序总数为4，依次是｛反问信息｝⇒｛遗憾｝⇒｛说明理由｝⇒｛另寻方案｝。例（23）的语义程序总数为4，依次是｛拒绝｝⇒｛说明理由｝⇒｛拒绝｝⇒｛另寻方案｝，且其中｛拒绝｝这一语义程序出现了2次。

以上内容是对84个日方受试者及77个中方受试者在不同场合、对不同人物所作出的拒绝表现中的语义程序进行分类，统计其语义程序的总数，除以人数，从而提取出中日两国语言的拒绝表现中的平均话语量。

3.2　各调查项目的语义程序（话语量）的平均值

社会地位或力度、亲疏关系的不同导致说话人的心理负担产生差异。因此，说话人在选择措辞方式上也会有所差异。本研究主要从语

用论的角度试图了解中日拒绝表现在话语量平均值上的共同点和不同点。

本研究结果表明,在预先设定的"请求""邀请""建议"三个场合中,以社会地位、心理负担程度(亲疏关系)为变量,可以看出中日两国语言在话语量平均值上存在明显的不同。

3.2.1 拒绝"请求"时的语义程序(话语量)的平均值

拒绝社会地位和心理距离不同的人物的"请求"时,其话语量平均值的结果如表3-1所示。

表3-1 拒绝"请求"时的语义程序(话语量)的平均值

对象 语义程序	指导教师 日本	指导教师 中国	好友 日本	好友 中国	普通朋友 日本	普通朋友 中国
语义程序的最小值	2	3	1	1	1	1
语义程序的最大值	6	6	5	7	5	6
语义程序的平均值	3.40	4.61	3.19	3.75	2.92	3.52
标准偏差	0.95	1.05	0.90	1.18	0.89	1.11
t检验的显著差异	**	**	**	**	**	**
受试者总数	84	77	84	77	84	77

** $p<0.01$

3.2.1.1 拒绝指导教师的"请求"时的语义程序(话语量)的平均值

Leech(1983)的研究表明,在针对"请求""邀请""建议"这三种场合的拒绝行为中,"请求"行为是对"对方利益优先度"(他人利益最大化的"得体原则"(Tact Maxim)和自身利益最小化的"慷慨准则"(Generosity Maxim)要求最高的言语行为。可想而知,被请求者的拒绝行为带给请求者的非利益程度也是最高的言语行为。

对"请求"的拒绝表现中,中日两国语言均是对指导教师所使用

的话语量的平均值数值最高。日语是 3.40，汉语是 4.61，由此可见，在话语量的平均值上汉语比日语高得多。这是本研究中面对三个不同对象、三个不同场合中所使用的中日两国语言的话语量平均值的最高值。在拒绝指导教师请求时中日两国语言所使用的话语量的最小值分别为 3 和 2，最大值均为 6。

下面，将参考调查中所出现的拒绝表现的日语例句进行具体分析。

例句（24）　申し訳ありませんが｛道歉｝、その日は用事があるので｛说明理由｝、お手伝いができません｛拒绝｝。もし他の日でお手伝いできることがあったら言ってください｛另寻方案｝。

（JF2：拒绝指导教师的"请求"）

例句（25）　すみません｛道歉｝。その日は前から用事が入ってたんで｛说明理由｝、行けないんですよ｛拒绝｝。本当にごめんなさい｛道歉｝。

（JM27：拒绝指导教师的"请求"）

例句（26）　すみませんが｛道歉｝、手伝いしたいのですが｛共鸣｝、先に用事が入っていますので｛说明理由｝、手伝えません｛拒绝｝。

（JM28：拒绝指导教师的"请求"）

由于拒绝言语行为违背了对方意愿，从而极其容易产生双方关系的不平衡。为了预防和修复这种不平衡的关系，在进行言语行为时，要求说话人要尽可能替对方考虑。而且，对方的社会地位越高，场景的利益、负担度越高，说话人在进行言语行为时就更要考虑言语策略。因此日本人在拒绝指导教师时，除了使用"道歉""说明理由""拒绝"等高频率的言语表现之外，还会使用"共鸣"语义程序来修复双方的不平衡关系。因此，其话语量平均值也最高。

井出他（1986）的研究结果表明，当拒绝对象是指导教师时其态度最为端正（相手が指導教官のとき最も改まった態度で接する）。

103

由此可见，本研究的结果也得到了先行研究的理论支撑。当请求者的关系为"外（ソト）"时，其社会地位越高，被请求者所感受到的心理负担越重。为了减少自身的心理负担程度，被请求者往往会采取各种各样的语言策略来缓和双方的不平衡关系。因此，其在拒绝行为中的话语量平均值最高。

下面，将对汉语调查内容进行具体分析和考察。

例句（27） <u>对不起</u>｛道歉｝、<u>老师</u>｛称呼｝。<u>我有很重要的事要做</u>｛说明理由｝、<u>恐怕不能抽出时间来</u>｛拒绝｝、<u>真抱歉</u>｛道歉｝。

（CF13：拒绝指导教师的"请求"）

例句（28） <u>不好意思</u>｛道歉｝、<u>老师</u>｛称呼｝。<u>今天我刚好有些别的事</u>｛说明理由｝、<u>实在脱不开身</u>｛拒绝｝、<u>我再帮您问问别人吧</u>｛另寻方案｝。

（CM17：拒绝指导教师的"请求"）

例句（29） <u>很抱歉</u>｛道歉｝、<u>我得去上课</u>｛说明理由｝、<u>没办法去了</u>｛拒绝｝。<u>下次再有活一定找我</u>｛下次再约｝、<u>我会尽可能去的</u>｛下次再约｝。

（CF51：拒绝指导教师的"请求"）

汉语的拒绝表现中同样也是"道歉""说明理由""拒绝"这三个语义程序以高频率的形式使用。但是，由于汉语和日语相比，传达自身积极态度的"称呼""共鸣""另寻方案""下次再约"等几个语义程序也常被使用，所以汉语的话语量平均值比日语高。而之所以会产生这种现象是因为汉语和日语在进行拒绝表现时的文化心境不同。

徐（2005：157）的研究表明，中日两个民族在交际中的思维方式不同。中国人是"自本位"，多数情况下喜欢直接把自己的意向传达给受话者，相对而言日本人则是"他本位"，比较注重受话者的意志。

即使身处相同文化圈的人在选择语言手段上也会因人而异。因此，

由于语言文化的不同，在选择语言手段上其差异就更为显著。在日常的言语行为中，由于日本人经常是"他本位"，所以在涉及他人时，往往含糊其辞，比较委婉、含蓄地表达自身想法。但在中国人看来，日本人含蓄的言语行为往往容易被看成是效率低的言语行为。而由于中国人经常是"自本位"，所以为了达成沟通的目的，往往采取十分鲜明的态度清晰地阐述自身想法和见解。但这在日本人看来，中国人的言语行为过于直率，强加于人。

在拒绝指导教师的"请求"时，汉语的话语量平均值比日语高得多，从 t 检验的结果来看，两国语言在话语量的平均值上存在显著差异。

3.2.1.2 拒绝好友"请求"时的语义程序（话语量）的平均值

拒绝好友"请求"的言语行为中，对社会地位相同，心理距离最近的好友的拒绝表现的话语量平均值上，中日两国均是仅次于指导教师，名列第二。从数值上来看，汉语是 3.75，日语是 3.19，汉语略高于日语。中日两国语言语义程序的最小值均是 1，最大值均是 6。

下面，将参考调查中所出现的拒绝好友"请求"的具体例句，进行详细分析。

例句（30）　ごめんね｛道歉｝。用事があるから｛说明理由｝行けない｛拒绝｝。

(JF25：拒绝好友的"请求")

例句（31）　悪い｛道歉｝。用事があるんだよ｛说明理由｝。マジごめん｛道歉｝。今度、飯おごるからさ｛另寻方案方案｝。

(JM27：拒绝好友的"请求")

例句（32）　ごめん｛道歉｝。その日は用事があるから｛说明理由｝、行けないわ｛拒绝｝。本当にごめんね｛道歉｝。

(JF24：拒绝好友的"请求")

由于说话人与好友的社会地位相同，心理距离较近，所以进行拒

绝表现时的言语行为和面对指导教师时不同，不必使用表示郑重的"です、ます"形，多用简体口语形来传达轻松的心情。

彭（2004：32）指出，在日语研究中离开"得体表现"（「配慮表現」），无法准确把握人与人之间之间的"待遇表现"（「待遇表現」）的本质，主张作为"待遇表现"之一要确立"不规范表现"（「くだけた表現（ぞんざいな表現）」）的概念。"不规范表现"虽然不用像"得体表现"那样注重得体度，但要把不能伤及对方的面子作为前提条件，比起"得体表现"（「配慮表現」）更能轻松地进行言语表达（「配慮表現」を抜きにしては人間関係における「待遇表現」の本質の把握はあり得ないと指摘し、「待遇表現」の1つとして、「くだけた表現（ぞんざいな表現）」の概念を主張している。「くだけた表現」は「配慮表現」ほど配慮しなくてもいいが、相手の面子をつぶさない、傷つけないことを条件とする場合もあり、気を使う「配慮表現」に対し、気楽な言語表現である）。彭（2004）主要是针对语言形式上的言语表现进行的研究，本研究也得出了与其同样的结果，即在面对好友时经常使用"不规范而平易近人的表现"。

言语形式和言语表达功能所衍生出的语言运用能力是两个不同领域，前者主要是研究语言表现上的问题，后者研究由语言表达所产生的与人相关的言语行为。好友属于"内（ウチ）"，所以场面的利益、负担度越高，拒绝者所感受到的由于拒绝行为受阻而产生的心理负担越重。为了减轻这种心理负担，进行拒绝行为时，除使用3个"高频率语义程序"外，还会使用"另寻方案"等多元言语表现形式。因此，自然而然，话语量的平均值也随之而高。

下面，将对汉语的调查内容进行具体分析和考察。

例句（33）　哎｛欲言又止｝，很想帮你｛共鸣｝，但真的很不凑巧｛遗憾｝，我那天有重要事情要办｛说明理由｝。

（CF3：拒绝好友的"请求"）

例句（34）　真遗憾｛遗憾｝，那天我去不了了｛拒绝｝，有件非常重要的事等我去办｛说明理由｝，如果有可能提前办完的话我一定赶去｛另寻方案｝。

（CM19：拒绝好友的"请求"）

例句（35）明天我有事｛说明理由｝，而且很重要｛说明理由｝，所以不能去呀｛拒绝｝。

（CM5：拒绝好友的"请求"）

拒绝好友的"请求"时，和日语相比，汉语更为清晰地表述自己的个人理由和感情。从而导致在拒绝行为中大量运用"说明理由"或表达和对方同样情感、态度的"共鸣"及表示协调的"另寻方案"等语义程序。因此，话语量的平均值较高。

彭（2004：31）指出，在人类的待遇表现体系中存在"主张表现"（主張表現」），即强烈表达自身主张的表现手法。它和以"柔和"（「和らげ」）为中心的"得体表现"（「配慮表現」）不同，"主张表现"包含"明确说明"、"清晰、强烈地反驳"、"说服对方"以及震撼听者心灵的强有力的表现力，是一种带有目的性的言语行为（人間の待遇表現の体系の中に「主張表現」があり、「主張表現」とは自己の主張を強く表現するもの（つよめ）で、「和らげ」を中心とする「配慮表現」とは異なり、「明瞭に説明する表現」、「はっきりした反論・反駁表現」、「相手を説得する表現」、及び聞き手の心を動かす強力な表現力も含まれる意図的な言語行動である）。

由于社会的文化规范、价值观、语言运用的差异，导致中国人比日本人更注重自身主张，汉语中的"主张表现"也更为强烈。在拒绝好友的"请求"时，由于无法满足实现对方的"请求"，所以经常使用表达抱歉心情的"道歉"语义程序。但在汉语中，为了回避拒绝行为所带来的人际关系的危险，往往会对自身的个人理由进行详细说明，

从而导致话语量的平均值比日语高的结果。

在拒绝好友"请求"时，汉语拒绝表现的话语量平均值要比日文的高。t检验的结果表明，在话语量平均值上，中日两国语言间存在显著差异。

3.2.1.3 拒绝普通朋友"请求"时的语义程序（话语量）的平均值

拒绝"请求"时话语量的平均值中，中日两国语言均是对指导教师时最高，对好友次之，对普通朋友时最低。中日两国语言的话语量平均值分别为3.52和2.92，且语义程序的最小值均为1，最大值分别为6和5。

下面，将参考调查中出现的拒绝普通朋友"请求"时的日语例句进行具体分析和考察。

例句（36） <u>ちょっと用事があって</u>｛说明理由｝、<u>手伝えないんですけど</u>｛拒绝｝。

（JF24：拒绝普通朋友的"请求"）

例句（37） <u>ごめん</u>｛道歉｝。<u>その日は先に用事が入っているから</u>｛说明理由｝<u>手伝えないんだ</u>｛拒绝｝。

（JM28：拒绝普通朋友的"请求"）

例句（38） <u>ちょっとその日は用事があるから</u>｛说明理由｝、<u>無理だ</u>｛拒绝｝。

（JF36：拒绝普通朋友的"请求"）

三宅（1994b：29-39）指出，由于在日本社会，"外"（「ソト」）的人和自己有一定的心理距离，所以为了顺利地进行交流，有必要表达自身的敬意（日本人社会では「ソト」の人間には自己との間に心理的距離があるため、円滑なコミュニケーションを行うには敬意を払う必要がある）。三宅（1994b：29-39）的研究中所提出的关于"外"（「ソト」）的分组是将待遇表现作为一个整体来看待的，

没有进行细化。但在笔者看来，"外"仍可细分为社会地位高的指导教师、同辈的普通朋友等多个类别。由于中日两国语言均对指导教师这样的属于"外"的对象抱有一定的心理距离感，所以为了表达郑重性而使用了各种各样的语义程序。鉴于此，本研究结果表明，话语的郑重性和话语量的平均值间存在很强的关联性。但，普通朋友和指导教师虽然同属于"外"，但在话语量的平均值上，前者要低于后者。

下面，将参考汉语数据进行具体分析和考察。

例句（39） 哎呀｛欲言又止｝，真不凑巧｛遗憾｝，我明天有重要的事去处理｛说明理由｝，实在是不好意思阿｛道歉｝。

（CM5：拒绝普通朋友的"请求"）

例句（40） 不好意思｛道歉｝，我有事｛说明理由｝，脱不开身｛说明理由｝，不能帮你搬家了｛拒绝｝。

（CF6：拒绝普通朋友的"请求"）

例句（41） 很对不起你｛道歉｝，我有些事｛说明理由｝，不能过去帮忙｛拒绝｝，有机会再帮你｛下次再约｝。

（CM25：拒绝普通朋友的"请求"）

日语中，面对社会地位相同、有一定心理距离且属于"外"（ソト）的普通朋友时，仅仅通过"说明理由""道歉""拒绝"等"高频率语义程序"来进行拒绝行为。但在汉语中，却常常使用"欲言又止""下次再约"等"低频率语义程序"。正如同徐（2005：153－162）所指出的那样，由于社会文化规范和语言构造的差异，使得在进行围绕着交流沟通的言语行为时，思考方式也不同。日本人往往以"他本位"为主，但中国人却往往以"自本位"为主。所以在拒绝场合，汉语往往习惯于让他人听取自身的想法和意见，而这在日本人看来是很不好的事情。但即便如此，在汉语中，表达个人理由和说话人积极态度的语义程序的出现频率根据亲疏关系而发生不同的变化，而日语往往习惯于使用与亲疏关系无关的"道歉""说明理由""拒绝"

等"高频率语义程序"来进行拒绝表现。汉语中，当对象是好友时，经常使用表达说话人积极态度的"低频率语义程序"，在面对普通朋友时，其使用频率略低于对象为好友时的使用频率。场合及对象所产生的相对负担度越重，拒绝表现中话语量的平均值越高。反之，当相对负担度越低时，话语量的平均值也就越低。

拒绝普通朋友时，汉语的话语量的平均值高于日文。从 t 检验的结果来看，中日两国语言在话语量平均值上存在显著差异。

3.2.2 拒绝"邀请"时的语义程序（话语量）的平均值

面对社会地位及亲疏关系不同的对象的"邀请"时，所作出的拒绝表现话语量的平均值如表 3－2 所示。

表 3－2 拒绝"邀请"时的语义程序（话语量）的平均值

对象 语义程序	指导教师 日本	指导教师 中国	好友 日本	好友 中国	普通朋友 日本	普通朋友 中国
语义程序的最小值	1	1	1	1	1	1
语义程序的最大值	6	8	7	7	6	6
语义程序的平均值	3.26	4.39	3.25	3.55	2.90	3.44
标准差	0.89	1.45	1.04	1.25	0.95	0.94
t 检验的显著差异	**	**	**	**	…	…
受试者总数	84	77	84	77	84	77

** $p<0.01$ …ns $p>0.1$

3.2.2.1 拒绝指导教师"邀请"时的语义程序（话语量）的平均值

对"邀请"所作出的拒绝表现话语量的平均值中，中日两国语言均是面对指导教师时数值最高。且中日两国语言的话语量最小值均是1，最大值分别是 8 和 6，话语量平均值分别为日语 3.26，汉语 4.39。

下面，将就调查中出现的拒绝指导教师"邀请"的日语例句进行

具体分析和考察。

例句（42） ぜひ行きたいのですが｛共鳴｝、経済的に余裕がないので｛说明理由｝、すみません｛道歉｝。お誘いしていただきありがとうございました｛感谢｝。

(JF42：拒绝指导教师的"邀请")

例句（43） すみません｛道歉｝。今は持ち合わせがないので｛说明理由｝、参加できません｛拒绝｝。

(JM28：拒绝指导教师的"邀请")

例句（44） 申し訳ありませんが｛道歉｝、その日は都合が悪いのです｛说明理由｝。すみません｛道歉｝。

(JM34：拒绝指导教师的"邀请")

"邀请"意味着说话人的好意，中日两国语言在面对对方的"邀请"作出拒绝时，依然是面对指导教师时的心理负担最重。为了减轻这种心理负担，在进行拒绝表现时往往以"说明理由""拒绝""道歉"等"高频率语义程序"为中心展开言语行为。而且表达说话人积极态度的"低频率语义程序"的"共鸣"（15人，17.9%）、"遗憾"（12人，14.3%）等内容也相对比其他对象时要高。因此，话语量的平均值也比面对好友和普通朋友时高。

下面，将参考汉语数据进行分析和考察。

例句（45） 谢谢｛感谢｝，老师｛称呼｝。但是那天我刚好有安排｛说明理由｝，谢谢您的好意｛感谢｝。

(CF15：拒绝指导教师的"邀请")

例句（46） 实在对不起｛道歉｝，老师｛称呼｝，我母亲从远方来看我｛说明理由｝，我得去陪她｛说明理由｝。

(CM18：拒绝指导教师送别会的"邀请")

例句（47） 老师｛称呼｝，对不起｛道歉｝，那天我有很重要的事要做｛说明理由｝，去不了｛拒绝｝。

（CM21：拒绝指导教师送别会的"邀请"）

汉语跟日语一样，"说明理由""道歉""拒绝"等"高频率语义程序"在拒绝表现中占据重要的位置。而且，现代汉语经常使用在言语行为中占据重要位置的"称呼"这一语义程序。所以，对社会地位高的人物作出拒绝表现时，日语中的"高频率语义程序"有3个，分别为"说明理由""道歉""拒绝"，而在汉语中却多了"称呼"语义程序。在现代汉语中，无论在什么场景，面对什么对象，"称呼"都扮演着重要的角色，像"拒绝"这种容易产生人际关系不平衡的危险性较高的场合下更凸显其重要性。

面对拒绝指导教师的"邀请"时，汉语除了使用4个"高频率语义程序"外，还经常使用"共鸣"（35人，45.5%）、"感谢"（23人，29.9%）、"遗憾"（14人，18.2%）等"低频率语义程序"。而且，由于叙述"经济拮据"等个人理由也使得拒绝话语量的平均值增高。关于这一点，李（1999：110）的研究结果也同样指出，中国人在对社会地位高于自己的对象作出拒绝表现时，平均话语数也会增多。这与本研究的结果不谋而合。

拒绝指导教师的"邀请"时，汉语的话语量平均值要高于日语。t检验的结果显示，两者之间不存在显著差异。

3.2.2.2 拒绝好友"邀请"时的语义程序（话语量）的平均值

对"邀请"作出拒绝表现时，面对好友的话语量平均值低于面对指导教师时的话语量平均值，成为第二高的结果。中日两国语言话语量的最小值均为1，最大值均为7。话语量的平均值分别为汉语3.55，日语3.25。

下面，将就调查中出现的拒绝好友"邀请"的日语例句进行具体分析和考察。

例句（48）　ごめん｛道歉｝、お金がないから｛说明理由｝、今回はパス｛拒绝｝。先輩によろしく伝えといて｛寒暄｝。

（JF34：拒绝好友的"邀请"）

例句（49）　悪いんだけど{道歉}、ちょっと経済的に厳しいから{说明理由}、行けそうにない{拒绝}。

（JM36：拒绝好友的"邀请"）

例句（50）　今日はちょっとピンチだから{说明理由}、やめておくわ{拒绝}。また次の機会に声かけてよ{下次再约}。先輩によろしく{寒暄}。

（JF24：拒绝好友的"邀请"）

日语中，拒绝好友"邀请"时的话语量的平均值为3.25，而当对象是指导教师时为"3.26"，两者间的差值仅为0.01。因此，在同时满足说话人和听者积极面子的"邀请"的场合下，对指导教师和好友作出拒绝表现时的心理负担基本相同。但在汉语体系中，在任何场合下，指导教师和好友间的话语量平均值都有显著差异。藤森（1996：14）指出，在汉语的语言文化社会中，面对地位高于自己的对象时往往使用对方优先的原则（中国語の文化社会では目上に対して相手優先の原則がよく使われると述べている）。本研究也得出了同样的结果。

拒绝好友"邀请"时的话语量的平均值中，日语依然是"说明理由""道歉""拒绝"等语义程序的使用频率最高，同时也使用了表达说话人积极态度的"下次再约""共鸣"等语义程序。而在汉语中，"说明理由"的使用频率最高，紧接着就是"拒绝""共鸣""寒暄"的语义程序，"道歉"这一语义程序仅仅被17人使用，使用频率仅为22.1%。

下面，将就调查中出现的拒绝好友"邀请"时的汉语例句进行具体分析和考察。

例句（51）　对不住了{道歉}，我很想参加这个联欢会{同感}，但坦白地说最近囊中羞涩{说明理由}，原谅{道歉}。

113

（CF20：拒绝好友的"邀请"）

例句（52）　<u>不行呀</u>｛拒绝｝，<u>我今天有事</u>｛说明理由｝，<u>不能去</u>｛拒绝｝，<u>麻烦你代我向他们问好</u>｛寒暄｝。

（CF25：拒绝好友的"邀请"）

例句（53）　<u>我是想去</u>｛共鸣｝，<u>可是手头太紧了</u>｛说明理由｝。

（CM12：拒绝好友的"邀请"）

拒绝好友的"邀请"时，汉语中出现的语义程序除"说明理由"和"拒绝"外，基本没有出现其他"高频率语义程序"。但表达说话人积极态度的"共鸣"或"寒暄"、"下次再约"等"低频率语义程序"的使用率却比其他任何场合都要高。

在违背好友"邀请"的拒绝表现中，日语经常使用"道歉"这一语义程序，而汉语则不然，使用率更高的是其他的语义程序。崔（2000：16）指出，日语中"道歉"表现的使用往往与对方的亲疏、上下等变数有关系，而在汉语中，首先考虑的是给对方造成的负担大小（日本語における詫び表現は、相手にかける利益や負担の大小以上に相手との親疎・上下関係に関与して多用される。それに比べ、中国語における詫び表現は、まず相手にかける負担の大小に関係する）。本研究结果表明，日语中经常使用"道歉"这一语义程序，汉语中则更多地使用"感谢"这一语义程序，这和崔（2000）的研究结果完全一致。彭（1991：170）指出，日本人的日常生活中被频繁使用"对不起"等道歉的表达方式。但在大多数中国人看来，因为一点小事就向对方表示道歉有点过分、多余的感觉，而当事情较为严重时，同样使用道歉的方式反而会使人感觉到缺乏亲切感且诚意不够的负面印象（多くの中国人にとっては、小さいことに対して言われる場合には度が過ぎた感じがするし、逆に大きなことに対しても、同じ言葉で言われる場合にはかえって不親切、物足りないというマイナスの印象を感じ、誤解を受けがちである）。本研究

的结果也足以支撑彭（1991）的说法。在场面的利益、负担及紧急度最高的"请求"场合下，汉语中被大量使用"道歉"表现，但在利益、负担及紧急度较低的"邀请""建议"场合下，较少使用"道歉"这一语义程序。

在日语中，任何场合下均是以"说明理由""道歉""拒绝"等3个主要语义程序为中心来进行拒绝表现，从而导致话语量平均值的变化幅度保持均衡。而汉语中，无论任何场合下都是面对指导教师时遵从绝对的"对方优先原则"，拒绝表现的郑重程度也最高，从而导致任何场合下，面对指导教师时的话语量平均值要更高。以话语量的平均值为基准，可以认为平均值越高，其郑重程度也越高。

拒绝好友"邀请"时，汉语的话语量平均值要高于日语。t检验的结果显示，两者之间存在显著差异。

3.2.2.3 拒绝普通朋友"邀请"时的语义程序（话语量）的平均值

从拒绝"邀请"时话语量的平均值来看，中日两国语言均是面对指导教师时数值最高，面对好友时次之，面对普通朋友时最低。拒绝普通朋友的"邀请"时，中日话语量的最小值均是1，最大值均是7，话语量的平均值分别为汉语3.44，日语2.90。

下面，将就调查中出现的拒绝普通朋友"邀请"时的日语例句进行具体分析和考察。

例句（54）　<u>ごめん</u>｛道歉｝、<u>今、お金が厳しくて</u>｛说明理由｝、<u>行けないわ</u>｛拒绝｝。<u>マジごめん</u>｛道歉｝。

（JF7：拒绝普通朋友的"邀请"）

例句（55）　<u>ごめん</u>｛道歉｝、<u>その日は用があって</u>｛说明理由｝、<u>行けないんだ</u>｛拒绝｝。

（JM14：拒绝普通朋友送别会的"邀请"）

例句（56）　<u>せっかくのお誘いだけど</u>｛遗憾｝、<u>今お金に困っていてね</u>｛说明理由｝、<u>今回は失礼させてもらうよ</u>｛拒绝｝。

(JM10：拒绝普通朋友送别会的"邀请")

对"邀请"的拒绝表现中，中日两国语言在面对指导教师和好友时，除了使用"道歉""说明理由""拒绝"等"高频率语义程序"外，还使用表达积极态度的"感谢""下次再约"等"低频率语义程序"。但面对普通朋友时，主要使用"道歉""说明理由""拒绝"等语义程序，未被使用表达说话人积极态度的"另寻方案""下次再约""感谢"等语义程序。因此，话语量的平均值也最低。

马场、禹（1994：43）指出，在学校和职场的人际交往中，当面对必须要拒绝他人"请求"时，拒绝者会面对各种各样的场景、对象、"请求"内容等因素发出不同的言语表现。如果拒绝方式不当就容易产生误解，给人际交往带来障碍和反感（学校、職場などの人々との付き合いの中で、「依頼」を断らなければならない状況に直面する際、断り方は場面、相手、「依頼」内容などによって様々であり、不適切な断り方によって、誤解や障害、不満などが生じることはよくある）。本研究调查结果也表明，中日两国语言在面对不同的场合和对象时，拒绝表现也不同。当面对社会地位高且属于"外（ソト）"的指导教师时，使用尊敬语、郑重语、谦逊语等言语形式来进行拒绝表现，各种语义程序的使用量也相对更高。这一结果支撑了马场、禹（1994）的研究结论。当拒绝社会地位相同且心理距离最远的普通朋友的"邀请"时，所使用的拒绝表现与面对属于"外（ソト）"且社会地位高的指导教师时的不同，话语量平均值最低。

下面，将就调查中出现的拒绝普通朋友"邀请"时的汉语例句进行具体分析和考察。

例句（57）　对不起｛道歉｝，临时有些事得去办｛说明理由｝，可能去不了｛拒绝｝。

(CM19：拒绝普通朋友的"邀请")

例句（58） <u>真不巧</u> {遗憾}，<u>我刚好有事</u> {说明理由}，<u>恐怕是去不成了</u> {拒绝}，<u>好可惜啊</u> {遗憾}。

(CF45：拒绝普通朋友的"邀请")

例句（59） <u>不好意思</u> {道歉}，<u>我最近有事</u> {说明理由}，<u>下次吧</u> {下次再约}。

(CF43：拒绝普通朋友的"邀请")

对普通朋友"邀请"的拒绝表现中，汉语和日语均是大量使用"道歉""说明理由""拒绝"等"高频率语义程序"。特别值得注意的是，对普通朋友的拒绝表现中，"感谢"这一语义程序的使用频率较高（25人，32.5%），可以认为说话人是通过这样的语言策略来表达对对方的积极态度。

拒绝好友的"邀请"时，由于汉语所感到的负担要重于普通朋友时的情况，为了修复人际关系的不平衡，所以经常使用表达说话人积极态度的"低频率语义程序"，从而导致拒绝表现的话语量的平均值增高。而拒绝普通朋友时话语量的平均值之所以低，是因为面对普通朋友时表达积极态度的语义程序的使用频率相对较低。

拒绝普通朋友的"邀请"时，汉语的话语量平均值要高于日语，但差距并不明显。t检验的结果显示，两者间不存在显著差异。

3.2.3 拒绝"提案"时的语义程序"话语量"的平均值

面对社会地位及亲疏关系不同的对象的"提案"时，所出现的拒绝表现话语量的平均值如表3-3所示。

表 3-3 拒绝"提案"时的语义程序（话语量）的平均值

对象 语义程序	指导教师 日本	指导教师 中国	亲友 日本	亲友 中国	普通朋友 日本	普通朋友 中国
语义程序的最小值	1	2	1	1	1	1
语义程序的最大值	5	9	6	6	5	5
语义程序的平均值	2.85	3.86	2.71	2.73	2.83	2.81
标准差	0.92	1.23	1.01	0.95	0.88	1.01
t检验的显著差异率	**	**	…	…	…	…
受试者总数	84	77	84	77	84	77

** $p<0.01$ …nsp>0.1

3.2.3.1 拒绝指导教师"提案"时语义程序（话语量）的平均值

对利益、负担度最低的"提案"的拒绝表现中，中日两国语言均是面对指导教师时心理负担最重，话语量的平均值也呈现出最高的现象。中日话语量的最小值分别为 2 和 1，最大值分别为 9 和 5，话语量的平均值分别为 3.86 和 2.85。

下面，将就调查中出现的拒绝指导教师"提案"的日语例句进行具体分析和考察。

例句（60） すみませんが{道歉}、勉強会しようというところまでの興味はないので{说明理由}、申し訳ないんですけど{道歉}、欠席させていただきます{拒绝}。

（JM1：拒绝指导教师的"提案"）

例句（61） あまり興味が湧きませんので{说明理由}、申し訳ありませんが{道歉}、辞退申し上げます{拒绝}。

（JM26：拒绝指导教师的"提案"）

例句（62） すみませんが{道歉}、その日は都合が悪いんで{说明理由}、本当にすみません{道歉}。また次の機会に参加しま

す{下次再约}。

(JF18：拒绝指导教师学习会的"提案")

对指导教师的"提案"作出的拒绝表现中，日语依然大量使用"说明理由"（73人，86.9%）、"拒绝"（74人，88%）和"道歉"（63人，75%）等3个高频率的语义程序。而表达说话人积极态度的其他低频率的语义程序中仅仅使用了"下次再约"（15，17.9%）。但在汉语中，以高频率使用的"说明理由"为中心，同时并用了向对方表达尊敬和好感的"称呼""共鸣""感谢"等多个语义程序。日语除了三个主要的语义程序外基本没有使用其他的语义程序，但在汉语中出现了各种"低频率语义程序"。从三个主要语义程序的使用情况来看，除了"说明理由"（73人，94.8%）的使用频率高于日语外，"拒绝"（22人，29%）、"道歉"（26人，33.8%）的使用频率均低于日语。

三宅（1994c：134）指出，日本人除了"道歉"的场合外也经常使用道歉表现，尤其是指导教师这样不亲密但与自己有关系的社会地位高于自己的对象时，就更为显著。比起给予对方的负担大小和说话人的利益大小，说话对象（听者）及人际关系的因素更加影响日本人的道歉表现。对"外（ソト）"人的言语行为的特征就是格外地替对方考虑（日本人は「詫び」以外の場面でも詫び表現を多用し、特に、指導教官のような親密ではないが、自分と関連のある目上の人に対して顕著であるとしている。また、日本人の詫び表現の使い方は、相手の負担の量や話し手の利益の大きさなどの要因以上に、相手の種類や人間関係に強く影響を受けており、「ソト」の人物に対して格別に配慮するという言語行動の特徴がある）。本研究的结果也表明，在拒绝指导教师的"提案"时，日语中"道歉""说明理由""拒绝"这3个"高频率语义程序"的出现频率显著高于其他对象时的情况，话语量的平均值也最高。这与三宅（1994c：134）的研究结

果保持一致。

下面,将就调查中出现的拒绝指导教师"提案"的汉语例句进行具体分析和考察。

例句(63)　我参加同学的婚礼｛说明理由｝,不好意思｛道歉｝、我去不了了｛拒绝｝。

(CM7：拒绝指导教师的"提案")

例句(64)　对不起｛道歉｝,老师｛称呼｝,我认为现在不太适合进行学习会｛说明理由｝,但这个建议对我们未来是很有帮助的｛共鸣｝。

(CF30：拒绝指导教师的"提案")

例句(65)　老师｛称呼｝,真的很抱歉｛道歉｝,那天我可能有事｛说明理由｝,去不了｛拒绝｝。

(CF21：拒绝指导教师的"提案")

在日常的言语行为中,汉语首先要把握场景的利益、负担度,然后在区分与对方之间人际关系的基础上再决定言语行为的策略。本研究设定了"请求""邀请""提案"等3个场合和指导教师、亲友、普通朋友等3个对象(听者)。在场面的利益、负担及紧急度最高的"请求者单方受益"的"请求"场合,中国人所感到的心理负担最重。为了缓解心理负担而运用多元化的言语表现,从而导致话语量的平均值呈现出最高的现象。当场景所带来的心理负担度越轻,话语量的平均值越低。

关于话语长度和郑重性的一系列研究中,国立国语研究所(1983)将受试者话语的长度分为3个阶段,研究结果表明话语越郑重,出现话语量越长的现象。在此研究基础上,熊谷(1995)为了调

查话语的长度，提出了 move[①] 的使用数，并且依据国立国语研究所（1983）提出的关于郑重性的 3 个分类标准，对话语的的郑重性进行了研究和分析。其结果显示，话语最郑重的第 1 阶段的受试者（194人）的 move 的平均数为 3.33，第 2 阶段（187 人）为 2.99，第 3 阶段（19 人）为 2.63 个，整体上使用郑重表现的人有大量使用并依赖 move 的倾向（最も丁寧な表現をしていると判断された1 段階の被験者（194 人）のmoveの平均数は3.33 個、2 段階（187 人）は2.99 個、3 段階（19 人）が2.63 個であり、全般的に丁寧な表現を使用する人がmoveを多用して依頼する傾向が見られる）。元（1999）对日语和韩语拒绝表现进行的对比研究结果也表明，在拒绝场合下，话语郑重的人有大量使用语义程序的倾向。可以说话语长度增长、语义程序的多用是日韩两国语言体系表现郑重的方法。本研究也得出了与熊谷（1995）、元（1999）同样的结论，对社会地位高的指导教师的拒绝表现的话语量平均值最高。可以说话语量的平均值越高，表达方式越郑重。

拒绝指导教师"提案"时，汉语的话语量平均值要高于日语。t 检验的结果表明，两国语言间存在显著差异。

3.2.3.2 拒绝亲友"提案"时的语义程序（话语量）的平均值

对"提案"的拒绝表现中，中日两国语言均是对指导教师的心理负担最重，话语量的平均值也最高。但由于两国语言均对亲友的"提案"的心理负担最轻，所以话语量的平均值也低于指导教师和普通朋友时的情况。其话语量的最小值，两国均为 1，最大值均为 6。中日话语量的平均值分别为 2.73 和 2.71，汉语的话语量平均值略高于日语。

下面，将就调查中出现的拒绝亲友"提案"的日语例句进行具体

[①] 虽然请求和拒绝场景有一定的差异，但熊谷（1995）研究中使用的 move 和 Beebe（1990）中语义程序的意义基本一致。

分析和考察。

例句（66）　ごめんね｛道歉｝、勉強会したい気分じゃないから｛说明理由｝、また今度誘って｛下次再约｝。

（JF30：拒绝亲友的"提案"）

例句（67）　勉強会の日は悪いけど｛道歉｝、用事があって｛说明理由｝、行けない｛拒绝｝。

（JM24：拒绝亲友的"提案"）

例句（68）　ごめんね｛道歉｝、今日はやめとくね｛拒绝｝。

（JF21：拒绝亲友的"提案"）

对事物的利益、负担度高的"请求"及"邀请"的拒绝表现中，面对亲友时的话语平均值低于指导教师，其数值成为第二高的结果。但在对自身不感兴趣，场面的利益、负担及紧急度最轻的"提案"的拒绝表现中，话语量的平均值最低。

对"请求"和"邀请"的拒绝表现中，日语和汉语均对属于"内（ウチ）"的亲友抱有很强的相对负担。所以十分注意选择拒绝言语行为的措辞，尽量多使用满足对方积极面子（ポジティブ·フェイス）的各种语义程序来保持人际关系的平衡。因此利益、负担度越高，对亲友使用的语义程序的平均值也越高。但像"提案"这样的同时满足双方的积极面子，利益、负担度基本不存在的场合下，中日两国语言在面对属于"内"的对象时，不用注意措辞，可以十分轻松地进行拒绝言语行为，从而导致面对亲友的话语平均值低于其他人物，数值最低。这一结论与三宅（1994b）的研究结果保持一致。

下面，就调查中出现的拒绝亲友"提案"的汉语例句进行具体分析和考察。

例句（69）　我不想去｛拒绝｝，没意思｛说明理由｝。

（CM8：拒绝亲友的"提案"）

例句（70）　你自己去吧｛拒绝｝，我有别的事要做｛说明理由｝。

（CF21：拒绝亲友的"提案"）

例句（71）　参加学习会确实对我有帮助｛共鸣｝，但是我现在抽不出时间｛说明理由｝，下次再约吧｛下次再约｝。

（CF29：拒绝亲友的"提案"）

北尾（1988：53-55）指出，听者由"请求"而感到的负担并不是绝对的，是由各种因素而增减，具有相对性。在这些因素中最重要的就是双方的亲密度和地位关系。双方关系越亲密负担越低，请求者的地位越高负担也越低（聞き手は「依頼」による負担をそのまま感じるのではなく、種々の要因により増減された相対的な負担を感じる。その要因の大きなものに、二人の親密度と地位関係がある。二人が親密な関係であれば負担を少なく感じ、依頼者の地位が高い場合も、負担は少なく感じる）。虽然北尾（1988：53-55）所提及的是"请求"场合，但可以认为事物的利益、负担及紧急度最低的"提案"的拒绝场合也是同样。由于说话人（拒绝者）拒绝听者（提案人）的"提案"基本不会对双方产生什么影响，所以拒绝行为的结果不会带来人际关系的不平衡。因此，在拒绝亲友"提案"时的相对负担也最低，能够以较为轻松的态度进行拒绝言语行为，在进行拒绝言语行为时也没有必要仔细斟酌措辞，从而导致两国语言在拒绝亲友"提案"时话语量的平均值最低。

从拒绝亲友"提案"时话语量的平均值来看，汉语略高于日语，但差距不明显。t检验的结果表明，二者间不存在显著差异。

3.2.3.3　拒绝普通朋友"提案"的语义程序（话语量）的平均值

对"提案"的拒绝表现中，中日两国语言均是对指导教师的心理负担最重，话语量的平均值最高。次之的不是拒绝亲友"提案"时话语量的平均值，而是拒绝普通朋友"提案"时话语量的平均值。拒绝普通朋友"提案"时的话语量最小值均为1，最大值均为5，平均值分别汉语为2.81，日语为2.83。这是本研究所设定的3个场景和对象

中，虽然差距不太明显，但是首次出现日语的话语量平均值高于汉语的情况。

下面，就调查中出现的拒绝普通朋友"提案"的日语例句进行具体分析和考察。

例句（72）　ごめんね｛道歉｝、その日はちょっと駄目なんだ｛拒绝｝。

（JF7：拒绝普通朋友的"提案"）

例句（73）　勉強会はやってみたいけど｛共鸣｝、やってみる自信がないんだ｛说明理由｝。ちょっと今回は遠慮させてもらうよ｛拒绝｝。

（JM22：拒绝普通朋友的"提案"）

例句（74）　昼間は時間がないや｛说明理由｝。ごめんね｛道歉｝。

（JM25：拒绝普通朋友的"提案"）

对"请求"和"邀请"的拒绝表现中，由于中日两国语言均对属于"内（ウチ）"的亲友感到很重的相对负担，所以为了减轻拒绝言语行为带给对方的不愉快，在选择语言表达方式时十分考究，不仅使用"高频率语义程序"，还试图通过使用表达说话人积极态度的"低频率语义程序"来保持人际关系的平衡。因此，场面的利益、负担度及对方社会地位越高，话语量的平均值也越高。但基本不存在利益、负担及紧急度的场合下，北尾（1988）认为对于亲密度高的亲友，相对负担度有所减轻，面对亲密度不高的普通朋友，相对负担度反而增高（親密度の高い親友に対する相対的な負担度も軽くなり、親密度の高くない一般友人に対する相対的な負担度が高くなる）。因此，导致对普通朋友的拒绝表现话语量的平均值高于亲密度更高的亲友。

下面，就调查中出现的拒绝普通朋友"提案"的汉语例句进行具体分析和考察。

例句（75）　我对这个不太感兴趣｛说明理由｝，就不去了｛拒绝｝。

（CM12：拒绝普通朋友的"提案"）

例句（76）谢谢你给我提的建议｛感谢｝，我会认真考虑的｛保留｝。

（CF34：拒绝普通朋友的"提案"）

例句（77）　实在抱歉｛道歉｝，我那天还有些事情需要处理｛说明理由｝。

（CF33：拒绝普通朋友的"提案"）

对"提案"进行拒绝时，中日两国语言均是对普通朋友的相对负担度更高，从而导致在面对属于"外（ソト）"的普通朋友时十分注意措辞，除了大量使用积极礼貌（ポジティブ・ポライトネス）和消极礼貌（ネガティブ・ポライトネス）的最基本的语义程序外，还使用"下次再约"等表达说话人积极态度的语义程序，从而导致话语量的平均值增高。这样的结果与北尾（1998）关于相对负担度的结果及三宅（1994b）的主张保持了一致。

虽然拒绝普通朋友的"提案"时，日语的话语量平均值略高于中国，但从 t 检验的结果来看，二者间不存在显著差异。

3.3　总结及相关考察

人们的言语行为均受到各种条件的制约。尤其是拒绝表现，因其违背了对方的意愿，所以有可能会危及双方的人际关系。因此和其他言语行为相比，拒绝言语行为与对方的社会地位（上下关系）、心理要素（亲疏关系）及该场合下的利益、负担度有极高的相关性。

本章考察了面对利益、负担度不同的场合及社会地位、亲疏关系不同的人物时两国语言在进行拒绝言语行为时话语量是否会发生变化，

如果发生变化，那么以利益、负担度及社会地位、亲疏关系为变量会产生什么样的变化，并以此为课题，比较两国语言话语量的平均值，然后进行 t 检验，考察两国拒绝表现话语量之间是否存在显著差异，从而得出了以下结论。

中日两国语言均在事物的利益、负担度越高的场合下，话语量的平均值越高。在单方受益及"对方利益优先度"最高的"请求"场面下，拒绝话语量平均值最高，次之是"邀请"，再次之是"提案"。中日两国语言均是面对社会地位高的指导教师时话语量的平均值最高，次之是亲友，再次之是普通朋友。两国语言都试图通过运用各种各样的语义程序和较多的话语量来减轻对方的不愉快，修复拒绝行为带来的双方人际关系的不平衡，最终完成具有礼貌的拒绝表现。在此基础上，以两国话语量的平均值为基准，话语量的平均值越高，话语表现就越郑重。本研究结果支撑了熊谷（1995）、李（1999）、元（2004）等先行研究的结论。

由于语言构造和社会文化规范的不同，中日两国语言出现了在同样的场景和对象下其拒绝表现不一致的结果。无论身处何种场景，面对任何对象，汉语拒绝表现的话语量平均值都要高于日语。从 t 检验的结果来看，大多数场合都显现出二者间存在显著差异。

汉语拒绝表现的话语量平均值高于日语，以两国语言话语量的平均值为基准，平均值越高该拒绝表现的语言越郑重。各种语言都有其独特的礼貌性的说法和向对方表达关怀的措辞策略。日语中有多元的敬语形态，可以运用不同的敬语形式向不同的对方表达礼貌。但，由于汉语没有向日语这样的敬语形态，只能通过各种具体的语义程序来向不同的听者表达关怀，以达到礼貌。因此，日语中，面对不同的场景和对象作出拒绝表现时，能够运用相宜的语言形式郑重地表达对听者的关怀。但在汉语中，只能通过运用各种具体的语言表现来实现。所以在进行拒绝表现时，日语的语义程序的平均值相对较低，汉语的

相对较高。

　　Leech（1983：189-191）指出，在我们的言语行为中占据最重要位置的礼貌（郑重性）拥有维持社会平衡和友好关系的功能，以"礼貌原理"为主要原则，同时主张"关怀原则""宽大原则""认同原则""谦逊原则""同意原则""同感原则"。而 Grice（1989：26-27）指出，"协调原则"是决定我们言语行为中进行沟通的一般原则。其还可细分为 4 个公理："量的公理""质的公理""关系公理""样态公理"。

　　各国社会文化都有其对待不同人际关系的方式和表达关怀的郑重性的基准，自然而然就形成了其独特的语言表达方式。中日两国语言的拒绝表现虽然都遵从 Grice（1989）和 Leech（1983）所指出的"协调原则"和"礼貌原理"，但由于社会文化规范和价值观的不同，其基准也不一致。日语拒绝表现的特征是，主要使用"道歉""说明理由""拒绝"这 3 个"高频率语义程序"，仅仅向对方简洁有序地传达最基本的必要信息，严格遵守 Grice（1989）所提出的"量的公理"和"质的公理"。在汉语中，当面对社会地位高的指导教师或属于"内（ウチ）"的亲友时，如果不充分说明理由，有可能意味着没有传达必要的信息。所以在汉语的拒绝表现中出现"多用辩解现象（弁明の多用现象）"，从而导致语义程序的平均值增高。

　　由于拒绝表现违背了对方意愿，有可能会危及双方的正常人际关系，所以为了防止人际关系不平衡的产生，必须要选择多样的语义程序来进行恰当、郑重的表达。汉语和日语不同，面对各种场景和对象时，大量使用表达积极态度的"另寻方案""下次再约""感谢""共鸣"等"低频率语义程序"。这是在遵守 Leech（1983）所提出的"关怀原则""宽大原则""同意原则""同感原则"。

　　遵守 Grice（1989）"协调原则"的日语拒绝表现和遵守 Leech（1983）"礼貌原理"的汉语拒绝表现均是礼貌的言语表现。但汉语和

日语表达礼貌的方式不同。日语多以满足对方的消极礼貌（Negative Politeness）所必要的最低限度的固定表现来进行拒绝表现。在日语中，越是多用"说明理由"，伤及对方的危险性越高，所以没有像汉语这样多用"说明理由"的表达方式。日语拒绝表现中的语义程序数量较少，希望对方主动、自然地察觉到必须拒绝的缘由。但汉语的拒绝表现更接近于表达说话者的积极礼貌（Positive Politeness）。拒绝对方的"请求"，"邀请"或"提案"时，总会使用"称呼"，反复"说明理由"，使用"另寻方案""下次再约"等多样的语义程序。

　　如果不了解对方国家的语言文化习惯便很容易产生误解和违和感。日本人听到中国人的拒绝表现，自然会产生"真是强人所难、真啰嗦"等印象。同样，中国人听到日本人的拒绝表现也会觉得"真冷漠，缺乏人情味、一点也不友善……"。为了减少这样的误解，必须要遵循中日两国的社会文化规范和价值观，从更多元、更广阔的视角阐清语言文化的规则，以理解他国语言的同时，加深对本国语言文化特征的了解。

第四章　拒绝表现中语义程序的构造（步骤）

本章将对拒绝表现中语义程序的构造（步骤）进行研究。拒绝表现既要防止双方人际关系的破灭，又要注重恰当性和郑重性。本章通过分析了解拒绝表现中语义程序构造产生的途径，找出中日两国语言中拒绝表现的规则性，最终了解两国语言中拒绝表现的具体步骤。

4.1　语义程序的构造（步骤）的分析方法

拒绝表现的语义程序构造是指，拒绝言语行为从开始到结束，把不同功能的语义程序按照拒绝表现话语的流程揭示其构造。

本研究首先对问卷调查所得到的数据进行语义程序的分类，然后以四舍五入后所得到的两国语言的话语量平均值为基准，依次揭示高频率语义程序的话语结构，并了解其构造。由于本研究的调查分析所得出的话语量的最小值为2.71，最大值为4.61，所以将拒绝表现从开始到结束划分为从第一话语至第三、第四或第五话语等数个区间。

4.2 各调查项目的语义程序的构造（步骤）

面对利益、负担及社会地位、心理负担度不同的场景和对象时，语义程序的构造是否会发生变化，如若产生变化，以社会地位（上下关系）、心理因素（亲疏关系）和事物的利益、负担度为变量，分析、考察语义程序的构造会发生什么样的变化。此类研究不仅能够从对比语言学的视角了解两国语言拒绝表现构造（步骤）的异同点，还能从二语习得研究的视角出发揭开其两种语言拒绝表现的特点。

4.2.1 拒绝"请求"的场面

"请求"在一定意义上是一种消极的行为要求。所以可想而知，拒绝"请求"所产生的利益、负担度要比其他的"邀请"和"提案"场景时更重。

4.2.1.1 拒绝指导教师"请求"时语义程序的构造（步骤）

按照拒绝表现中话语流程的使用率由高至低的顺序，将日语从第一话语至第三话语，汉语从第一话语至第五话语的构造进行排列，从而得到如下结果：

表4-1 拒绝指导教师"请求"时语义程序的构造（步骤）

说话人：	第1発話	➡第2発話	➡第3発話	➡第4発話	➡第5発話
日　语：	道歉(78.6%)	➡说明理由(75%)	➡拒绝(63.1%)	无	无
中　文：	称呼(42.9%)	➡道歉(33.8%)	➡说明理由(71.4%)	➡说明理由(33.8%)	➡另寻方案(20.8%)

在拒绝指导教师"请求"时，日语主要通过"道歉""说明理由""拒绝"这3个"高频率语义程序"来进行言语行为，并借此语

义程序试图避免拒绝行为导致的人际关系不平衡的产生。对社会地位高、紧急度最高的"请求"作出拒绝表现时,由"道歉""说明理由""拒绝"来构成的语义程序的构造可以说是日语中最重要的拒绝措辞策略。

汉语中,首先要使用"称呼"来展开对指导教师的"请求"的拒绝,然后对违背对方的"请求"表达"道歉"。从第三话语到第四话语是连续发出"说明理由"的语义程序构造,第五话语时使用"另寻方案"的语义程序,且其使用频率为20.8%。本研究调查分析的结果表明,日语中从不使用"称呼"这一语义程序,但在汉语中,尤其是拒绝社会地位高于自己的对象的"请求"时,语义程序的构造中,"称呼"这一语义程序以高频率的形式出现在拒绝言语行为中,可以说,和日语相比,"称呼"这一语义程序在汉语的拒绝表现中发挥了更为重要的作用。在现代汉语中,和年龄及社会地位高于自己的对象进行言语行为时,"称呼"的使用和不使用,会导致双方言语行为的郑重程度产生巨大差别。如若不使用"称呼"这一语义程序,直接展开话题,会有十分失礼的危险。但是,在日语中,一般情况下,和社会地位高的对象打招呼时只要用"こんにちは",其郑重程度就足够。但在汉语中类似于"老师,您好"(先生、こんにちは)这样的,即使是在进行满足对方积极面子的言语行为时,也会大量使用"称呼"。这就是汉语的重要特征。

中日两国语言拒绝表现的构造中的另一显著差异就是汉语中的"多用辩解现象(弁明の多用現象)"。在日语中,无论面对何种场景、任何对象,"说明理由"这一语义程序基本只使用1次。但在汉语中却有"多用辩解现象"的产生。尤其是对社会地位高于自己的对象或紧急度高的"请求"场合进行拒绝行为时,"多用辩解现象"就更为普遍。

在拒绝指导教师"请求"的语义程序构造中,中日两国语言在

"拒绝"的使用上显现出显著差异。在日语中,"拒绝"的语义程序是拒绝表现构造的一环,但汉语中却不使用"拒绝"的语义程序,通过两次使用"说明理由"的语义程序来代替"拒绝"语义程序的功能,暗示"拒绝"的意图,从而导致"多用辩解现象"的发生。

4.2.1.2 拒绝亲友"请求"时语义程序的构造(步骤)

按照拒绝表现中话语流程的使用率由高至低的顺序,将日语从第一话语至第三话语,汉语从第一话语至第四话语的构造进行排列,从而得到如下结果:

表4-2 拒绝亲友"请求"时语义程序的构造(步骤)

说话人:	第1话语	➡第2话语	➡第3话语	➡第4话语
日 语:	道歉(73.8%)	➡说明理由(59.5%)	➡拒绝(50.0%)	无
中 文:	道歉(26.0%)	➡说明理由(62.3%)	➡说明理由(28.6%)	➡另寻方案(26.0%)

在拒绝亲友"请求"时和指导教师时一样,同样以"道歉""说明理由""拒绝"这3个高频率出现的语义程序来进行言语行为。

在拒绝亲友"请求"时,汉语和日语在发出第一话语时均使用表达抱歉心情的"道歉"语义程序,但在第二话语和第三话语时汉语中连续使用了两个"说明理由"的语义程序,在第四话语结束谈话时,使用表达说话人积极态度的"另寻方案"的语义程序,使用频率为26%。对亲友进行紧急度高的拒绝表现时,汉语为了预防拒绝行为带来的双方人际关系的不平衡,在大量使用"说明理由"的语义程序的同时,表达积极态度的"另寻方案"的语义程序的使用频率也比面对指导教师时高。

汉语中,拒绝亲友"请求"时和指导教师时一样,未被使用传达违背对方的"拒绝"语义程序。但在日语中,无论面对何种场景、任何对象,都要使用"拒绝"的语义程序。而在汉语中却常常用"多用

辩解现象"或表达说话人积极态度的"另寻方案"的语义程序来代替其功能。

4.2.1.3 拒绝普通朋友"请求"时语义程序的构造（步骤）

按照拒绝表现中话语流程的使用率由高至低的顺序，将日语从第一话语至第三话语，汉语从第一话语至第四话语的构造进行排列，从而得到如下结果：

表4-3 拒绝普通朋友"请求"时语义程序的构造（步骤）

说话人：第1话语　　➡第2话语　　　　➡第3话语　　　➡第4话语
日　语：道歉（63.1%）➡说明理由（56.0%）➡拒绝（44.0%）　　无
中　文：道歉（70.1%）➡说明理由（74.0%）➡拒绝（28.6%）➡道歉（20.8%）

拒绝普通朋友的"请求"时，中日两国语言均是以"道歉""说明理由""拒绝"这3个"高频率语义程序"来进行言语行为，在第四话语时，汉语再次使用了"道歉"的语义程序。这是中日两国语言首次出现同样的语义程序的构造。

日语对"请求"的拒绝表现中，无论对方是谁，均以"道歉""说明理由""拒绝"这3个"高频率语义程序"来进行言语行为。但在汉语中，人际关系"内"和"外"的不同，拒绝表现的构造也不同。即使是同属于"内"，在对社会地位及心理负担最高的指导教师时，以"称呼"和"道歉"的语义程序来展开拒绝表现，进而是出现"多用辩解现象"，但对社会地位相同、心理距离近的亲友时，以"道歉"来展开拒绝表现，进而出现"多用辩解现象"，最终以"另寻方案"来结束言语行为。在面对普通朋友时，中日两国语言均是以"道歉""说明理由""拒绝"这3个"高频率语义程序"来进行言语行为，最后再一次使用"道歉"的语义程序。因此，可以看出，在汉语中，可以说"另寻方案"是区别包含"内"、"外"、社会地位、亲疏关系等人际关系的重要基准。

4.2.2 拒绝"邀请"的场面

当"邀请"的言语行为无法成立时,不会发生双方的利益不均衡,即使有利益关系的不平衡,也没有"请求"时那么严重。这是由于"请求"是单方面受益的行为,"邀请"是同时满足双方积极面子的言语行为。

4.2.2.1 拒绝指导教师"请求"时语义程序的构造(步骤)

按照拒绝表现中话语流程的使用率由高至低的顺序,将日语从第一话语至第三话语,汉语从第一话语至第四话语的构造进行排列,从而得到如下结果:

表4-4 拒绝指导教师"邀请"时语义程序的构造(步骤)

说话人:	第1话语	➡第2话语	➡第3话语	➡第4话语
日 语:	道歉(56.0%)	➡说明理由(59.5%)	➡拒绝(51.2%)	无
中 文:	称呼(26.0%)	➡道歉(31.2%)	➡说明理由(53.2%)	➡说明理由(29.9%)

日语中,面对指导教师的"邀请"进行拒绝言语行为时,和"请求"时一样,以"道歉""说明理由""拒绝"这3个"高频率语义程序"来进行言语行为。

汉语中也是同样和"请求"时的语义程序的构造相同。在拒绝指导教师"邀请"时,汉语依然以"称呼"来展开拒绝表现,紧接着是表达无法满足对方"邀请"的"道歉",然后,第三话语和第四话语是连续发出"说明理由"的语义程序。本研究的调查和分析结果表明,在日语中,无论面对何种场景、任何对象,都不曾使用"称呼"的语义程序。但汉语和日语不同,尤其是对社会地位高于自己的人,"称呼"的语义程序的使用频率非常高。

拒绝"邀请"时,中日两国语言在拒绝表现构造上的显著差异就

是汉语的"多用辩解现象",与利益、负担度最高的"请求"场景的结果相同。日语中无论任何场景,面对任何对象,都只使用1次"说明理由"的语义程序,但汉语中却出现"多用辩解现象"。尤其是拒绝社会地位高于自己的人物或亲友的"邀请"时,"多用辩解现象"就会更加凸显在言语表现中。

而且,在拒绝指导教师"邀请"的语义程序的构造中,中日两国语言在"拒绝"的使用上存在巨大差异。在日语中,"拒绝"语义程序是拒绝表现构造的重要内容,但在汉语中却不使用这一语义程序,而是通过恰当地使用"说明理由"的语义程序来代替其功能。因此也导致"多用辩解现象"的发生和"拒绝"语义程序的不使用。

4.2.2.2 拒绝亲友"邀请"时语义程序的构造(步骤)

按照拒绝表现中话语流程的使用率由高至低的顺序,将日语从第一话语至第三话语,汉语从第一话语至第四话语的构造进行排列,从而得到如下结果:

表4-5 拒绝亲友"邀请"时语义程序的构造(步骤)

说话人:	第1话语	➡第2话语	➡第3话语	➡第4话语
日 语:	道歉(45.5%)	➡说明理由(52.4%)	➡拒绝(42.9%)	无
中 文:	说明理由(29.9%)	➡说明理由(57.1%)	➡说明理由(29.9%)	➡拒绝(13.0%)

面对亲友的"邀请"进行拒绝时,日语和拒绝指导教师的"邀请"时一样,以"道歉""说明理由""拒绝"这3个"高频率语义程序"来进行言语行为。

但汉语中却是从第一话语至第三话语都是使用"说明理由"来进行拒绝表现,出现"多用辩解现象",最后在第四话语时使用表达违背对方"邀请"的"拒绝"来结束谈话。在拒绝亲友的"邀请"时,汉语跟日语不同,未曾使用"道歉"的语义程序,而是连续3次使用

了在汉语语言文化圈中占据最重要地位的"说明理由"的语义程序。

在日常生活中，中国人常常会对心理距离最近的亲友就自己资金困难的情况进行详细说明。因此，本研究对亲友的"邀请"作出拒绝表现中，为了让对方理解自己资金困难的立场，会将"说明理由"的语义程序延长叙述，从而导致产生"多用辩解现象"。

本研究就中日两国语言拒绝表现的调查结果和分析表明，汉语母语者的社交层接近于美国人的社交层，能够直言不讳地将自己的私人事情告诉朋友。因此，可以说汉语母语者的社交层要比日语母语者的社交层更深厚。对亲友的社交层要比指导教师或属于"疏"的普通朋友的社交层更深厚。因此，汉语拒绝表现的语义程序中被大量使用阐明自己某种状况的"说明理由"的语义程序。"多用辩解现象"经常使用在属于"内"的亲近的人或指导教师，但对属于"外"和"疏"的人基本不使用。

4.2.2.3 拒绝普通朋友"请求"时语义程序的构造（步骤）

按照拒绝表现中话语流程的使用率由高至低的顺序，将日语和汉语从第一话语至第三话语的构造进行排列，从而得到如下结果：

表4-6 拒绝普通朋友"邀请"时语义程序的构造（步骤）

说话人：第1话语　　　　　➡第2话语　　　　　　➡第3话语

日　语：道歉（53.5%）　　➡说明理由（56.0%）　➡拒绝（44.0%）

中　文：道歉（41.6%）　　➡说明理由（66.2%）　➡拒绝（36.4%）

面对普通朋友的"邀请"进行拒绝言语行为时，中日两国语言均以"道歉""说明理由""拒绝"的语义程序来进行拒绝表现，这也是首次出现中日两国语言的语义程序构造完全一致的情况。

对"请求"和"邀请"的拒绝表现中，日语无论面对任何对象都以"道歉""说明理由""拒绝"这3个"高频率语义程序"来进行拒绝表现。但汉语中，依据"内""外"等人际关系的不同，使用不

同的语义程序构造完成拒绝言语行为。即使是同属于"外"的对象，也不尽相同。在面对指导教师时，使用满足对方积极面子的"称呼"和表达消极面子的"道歉"的语义程序，并利用"多用辩解现象"来说明理由。但面对普通朋友时，与日语拒绝言语表现保持一致，以"道歉""说明理由""拒绝"来进行拒绝表现。在面对属于"内"的亲友时，汉语的拒绝表现和面对普通朋友时完全不同，对亲友的最初拒绝话语中连续使用3个"说明理由"的语义程序，最后使用"拒绝"的语义程序。

4.2.3 拒绝"提案"的场面

在本研究设定的"请求""邀请""提案"三个场面中，可以说拒绝"提案"时的利益、负担度相对比"请求"和"邀请"场面要轻。

4.2.3.1 拒绝指导教师"提案"时语义程序的构造（步骤）

按照拒绝表现中话语流程的使用率由高至低的顺序，将日语从第一话语至第三话语，汉语从第一话语至第四话语的构造进行排列，从而得到如下结果：

表4-7 拒绝指导教师"提案"时语义程序的构造（步骤）

说话人	第1话语	第2话语	第3话语	第4话语
日 语：	道歉（60.7%） ➡	说明理由（59.5%） ➡	拒绝（33.3%）	无
中 文：	称呼（32.5%） ➡	说明理由（35.1%） ➡	说明理由（54.5%） ➡	说明理由（22.1%）

针对指导教师的"提案"进行拒绝言语行为时，日语通过"道歉""说明理由""拒绝"这3个高频率的语义程序进行言语行为，并以此来避免拒绝行为所导致人际关系不平衡的发生。本研究设定了利益、负担度不同的场景，分别是"请求""邀请""提案"和3个不同

的对象，分别是指导教师、亲友、普通朋友。在9个项目中，有8个项目的语义程序的构造均为"道歉""说明理由""拒绝"。

但汉语是以"称呼"展开对指导教师的"提案"的拒绝行为，从第二话语到第四话语之间出现"多用辩解现象"。

关于言语行为中现代汉语的称呼的重要性，卢（2001：63－66）指出汉语称谓语非常丰富，它能直接表达交际双方的关系。在汉语交际中，称谓语占有很重要的地位。同样，在亲近表现中称谓语的运用更能直接表达发话者的意图。本研究结果也表明，相对日语而言，"称呼"在汉语中发挥着更为重要的作用。

由于拒绝行为是危机对方积极面子（Positive face）的高危险性言语行为，恰当地叙述理由的方式能够让说话人的拒绝行为变为正当化，并且具有维护对方面子，让对方更容易接受的功能。尤其是拒绝社会地位高的对象的"请求"或"提案"时，拒绝的理由或合理的说法就显得更为重要。在现代汉语的拒绝行为中，虽然过多的"多用辩解现象"容易给人"强人所难"的印象，但使用两次"说明理由"的语义程序能够有效地防止拒绝行为所带来的人际关系的不平衡。因此，对指导教师的"提案"进行的拒绝表现的构造中，"称呼"和恰当的"说明理由"的语义程序占据着尤为重要的地位。

对指导教师"提案"的拒绝表现构造中，中日两国语言在"道歉"和"拒绝"的使用上也存在差异。日语中，"道歉"和"拒绝"能够帮助修复不平衡的人际关系，是拒绝表现的重要一环，被大量使用。但汉语中却基本不使用。相对于"拒绝"的使用，汉语更习惯于通过恰当的"说明理由"的语义程序来表达"拒绝"的意图。因此，汉语中会产生"多用辩解现象"，而基本不使用"拒绝"的语义程序。

在"道歉"的使用上，中日两国语言间也存在巨大差异。对指导教师"提案"的拒绝表现中，日语常使用"道歉"的语义程序，汉语虽然在"请求"和"邀请"场合也使用"道歉"的语义程序，但在

没有利益、负担及紧急度的"提案"场面,却未使用"道歉"的语义程序。

就"道歉"的使用问题,陶(2006:148-164)指出,汉语的道歉语非常丰富,表达方式也多种多样。尤其是中国人在道歉时,使用直接道歉、认可应负的责任和间接道歉的道歉行为方略为最多,这可以说是中国人的传统的道歉方式。当然说明理由说明、谨慎承担责任、采用补偿手段、表示关心、作出保证和结合语境使用称呼方略,也是拒绝忽略的语言现象。而且这些方略常是几种合起来一起使用。常和称呼语一起使用,也是汉语道歉的一大特点。

本研究结果也和陶(2006:148-164)的结论一致,出现了各种"道歉"的表现方式和"说明理由"的语义程序经常使用在一起的语言现象。通过"道歉"的语义程序和其他语义程序的并用,能够预防拒绝"提案"给对方带来的人际关系的不平衡。在日语中,无论面对何种场景,任何对象,"道歉"经常和"说明理由"一起并用,但从未出现"道歉"和"称呼"一起并用的情况。在汉语中,正如陶(2006)所指出的那样,在对属于"外"的指导教师和普通朋友的拒绝表现中,经常出现"道歉"和"说明理由"的并用,而且在对指导教师的拒绝表现中也经常出现"道歉"和"称呼"并用的现象。

4.2.3.2 拒绝亲友"提案"时语义程序的构造(步骤)

按照对亲友"提案"的拒绝表现中话语流程的使用率由高至低的顺序,将日语和汉语从第一话语至第三话语的构造进行排列,从而得到如下结果:

表4-8 拒绝亲友"提案"时语义程序的构造(步骤)

说话人:第1话语　　　　➡第2话语　　　　　➡第3话语

日　语:说明理由(44.0%)　➡拒绝(45.2%)　　　➡拒绝(20.2%)

中　文:说明理由(39.0%)　➡说明理由(53.2%)　➡另寻方案(10.4%)

无论面对何种场景、任何对象，日语拒绝表现的构造均是"道歉""说明理由""拒绝"。但对亲友的"提案"进行的拒绝表现中，第一话语的语义程序与"道歉"不同，而是不使用"道歉"的语义程序，而是用"说明理由""拒绝""拒绝"的构造来进行拒绝表现。

对亲友的"提案"进行拒绝表现时，汉语的第一话语的构造和日语一样是"说明理由"的语义程序，第二、三话语发出连续的"说明理由"的语义程序，在第三话语结束谈话时，使用"另寻方案"来表达积极态度。由于"请求"是对方单方受益的行为，所以在拒绝"请求"时，"另寻方案"作为解决问题的方法，具有表达拒绝者积极态度的积极意义。但在对"提案"的拒绝表现中，"另寻方案"是表达对对方"提案"的否定，所以有可能会破坏他人面子、存在高危险的表达方式。因此，不仅是汉语，在日语中，对对方的"提案"进行拒绝表现时，在使用"另寻方案"的语义程序前，必须要严格区分和把握与对方的人际关系。

山口（1997：42）指出，在日语的拒绝言语行为中，中国人对"亲疏关系"十分敏感（日本語による断りの言語行動において、中国人は「親疎関係」に敏感に反応する）。本研究也得出了同样结果。就中国人捕捉上下、亲疏等人际关系的方法，正如邱（1993）、波头（1994）的见解所示，在中国社会，人际关系是决定为人处世的中心因素，所以对于汉语母语者来说，在进行言语行为时注重人际关系是必备的常识，这也导致汉语母语者面对上下及亲疏关系不同的对象时所采取的拒绝表现的策略也不尽相同的缘由。

4.2.3.3 拒绝普通朋友"提案"时语义程序的构造（步骤）

按照对普通朋友"提案"的拒绝表现中话语流程的使用率由高至低的顺序，将日语和汉语从第一话语至第三话语的构造进行排列，从而得到如下结果：

表 4-9　拒绝普通朋友"提案"时语义程序的构造（步骤）

说话人：第 1 话语	➡第 2 话语	➡第 3 话语
日　语：道歉（51.2%）	➡说明理由（54.8%）	➡拒绝（33.3%）
中　文：道歉（29.9%）	➡说明理由（53.2%）	➡拒绝（14.3%）

对普通朋友的"提案"进行拒绝表现中，中日两国语言均是以"道歉""说明理由""拒绝"的语义程序构造来完成拒绝言语行为。虽然日语的话语量平均值略高于汉语，但仅在这一场景中，中日两国语言首次出现了相同的语义程序构造。

在言语行为中最重要的是，维持和他人良好关系的同时通过有效的沟通手段达成自己的目的。其中的一个典型策略就是礼貌。

北尾（1988）指出，在表达请求时，"你会借给我这本书吧？"或"我们一起准备晚餐吧"等这样的说法皆属于积极礼貌的范畴。积极礼貌所减轻听者的负担较少，郑重度也较低（依頼表現をする時、「この本を貸してくれるでしょう」や「夕食の準備をしましょう」といった言い方はポジティブ・ポライトネスの範囲に入り、ポジティブ・ポライトネスは聞き手の負担の軽減が少なく、丁寧さが低い）。而"不好意思，请问能帮忙把窗户打开一下吗？"或"如果可以的话，麻烦把窗户打开一下"等这样的说法属于消极礼貌的范畴。消极礼貌是向对方表达敬意和郑重，是减轻对方负担的有效的沟通手段，可以说是一种正式的表达方式（「差し支えがなければ窓を開けてくださいますか」や「もし可能なら窓をあけてください」といった言い方は、ネガティブ・ポライトネスの範囲に入り、ネガティブ・ポライトネスは聞き手に丁寧で、敬意を表し、聞き手の受ける負担を軽減するコミュニケーション手段で、丁寧な表現である）。

本研究中的中日拒绝表现中也使用了北尾（1988）所提出的积极礼貌和消极礼貌的言语表现。但由于社会文化规范和价值观的差异，

两国拒绝表现在积极礼貌和消极礼貌的使用上显现出巨大差异。日语中，无论事物的利益、负担度如何，无论面对任何场景，拒绝表现的语义程序构造均是"道歉""说明理由""拒绝"，且严格遵守积极礼貌和消极礼貌的原则。汉语中，对指导教师所使用的"称呼"和对普通朋友所使用的"道歉""说明理由""拒绝"的语义程序构造也是严格遵守两个礼貌的原则。虽然面对指导教师或亲友时，会使用"道歉"语义程序，但更为常见的是，"说明理由"或"另寻方案"、"共鸣"、"下次再约"等以积极礼貌为中心的语义程序的使用。

4.3 本章总结及相关考察

本章通过设定"请求""邀请""提案"等3个利益、负担度不同的场景和指导教师、亲友、普通朋友等3个亲疏、心理负担、距离感不同的对象，找出中日拒绝表现中的语义程序构造，试图分析出重视礼貌、能够保持良好人际关系的拒绝表现的特征。结果表明，从拒绝表现的中心构造来看，日语形成了固定的语义程序构造，即"道歉""说明理由""拒绝"，但汉语却显现出了以"说明理由"为中心的多种语义程序构造。

由于拒绝行为违背了对方的意愿，所以在一定程度上带有破坏人际关系的危险性，这种危险性，因事物的利益、负担度和对象而不同。进行言语行为时，如何把握其状况并缓和危险性是独特的社会文化规范和价值观背后所隐藏的措辞方略在语言程序使用上的集中体现。中日拒绝表现构造虽然都注重恰当性和郑重性，但仍然是大异小同。

在日语拒绝表现的构造中，除了对亲友的"提案"外，面对其他场合和对象时，基本都是"道歉""说明理由""拒绝"这样的固定表达。而这种固定表现和汉语对属于"外"的普通朋友进行拒绝表现时的语义程序构造基本一致。因此，如果汉语以日语中固定的拒绝表

现构造对指导教师或属于"内"的亲友使用，就有可能会不礼貌，缺乏郑重度，有可能让对方感到双方间存在距离感。同样，将汉语的拒绝表现直译为日语让日语母语者进行交流，也有可能会给日本人留下"强加于人"的印象。

　　进行言语行为时，礼貌在形成和维持良好人际关系，达成各种目的的策略和方法中占据重要位置。关于礼貌，北尾（1988）将其分为积极礼貌和消极礼貌。积极礼貌所减轻听者的负担较少、郑重度也较低，消极礼貌是向对方表达敬意和郑重，是减轻对方负担的有效沟通手段，可以说是正式的表达方法（ポライトネスをポジティブ・ポライトネスとネガティブ・ポライトネスという2つの種類にわけ、ポジティブ・ポライトネスは聞き手の負担の軽減が少なく、丁寧さが低く、ネガティブ・ポライトネスは聞き手に丁寧で、敬意を表し、聞き手の受ける負担を軽減するコミュニケーション手段で、丁寧な表現である）。

　　Grice（1989：26-27）指出，"协调原则"是决定我们言语行为中进行沟通的一般原则。其可细分为4个公理，即"量的公理""质的公理""关系公理""样态公理"。Leech（1983：189-191）也指出，"郑重性原理"是进行言语行为时的主要准则。

　　日语拒绝表现的固定表达是严格遵守北尾（1988）所提出的积极礼貌和消极礼貌的郑重表达，同时也是严格遵照Grice（1989）所提出的"量的公理"（你只给出当下场合中达成自身目的所必须的必要信息，不再给出其他信息）和"样态公理"（简洁有序的表达方式）的拒绝表达的语义程序构造。

　　和日语相比，汉语的拒绝表现和场面的利益、负担度、社会地位差异、心理因素等有极强的相关性。虽然是以"说明理由"的语义程序为主，在其前后运用了各种语义程序，但大多都是受个人习惯影响下的选择，很难总结出像日语那样的固定表达模式。在面对类似指导

教师的对象时，汉语的拒绝表现构造以"称呼""道歉"的语义程序和"多用辩解现象"为中心进行展开。和日语相比，汉语以"多用辩解现象"为主的拒绝表现违反了Grice（1989）所提出的"量的公理"和"样态公理"，但遵守了Leech（1983）所指出的"郑重性原理"。而面对属于"内"的亲友时，汉语的语义程序的构造严格遵守了北尾（1988）所提出的积极礼貌和消极礼貌的原则。因此，在面对亲友时，汉语往往利用"多用辩解现象"来说明理由。除了对"请求"的拒绝行为外，其他场合均未使用"道歉"等语义程序。除了指导教师和亲友外，仅仅当面对属于"外"的普通朋友时，汉语才显现出和日语相同的固定表达模式，即"道歉""说明理由""拒绝"的语义程序构造。

第三部

角色扮演（Roll-Play）研究法视野下的中日拒绝表现对比研究

第一章　调查内容及分析方法

言语行为的研究中经常使用的数据收集方法包括话语补全测试（Discourse Completion Test、简称 DCT）、角色扮演（Roll – Play）、对话录音、录像摄影、实际话语观察等。本研究在第二部分中，利用 DCT 研究法对中日拒绝表现中语义程序的出现频率、语义程序的平均值、语义程序的结构等 3 个方面进行了对比研究。

1.1　两种研究方法的意义

话语补全测试是问卷调查（questionna ire）的一种形式。研究人员首先设定和描述对话发生时的情景，在情景后留出空白，受试者阅读之后写出他们在该情况下可能做出的回答内容。这种调查方法的优点在于能够在短时间内收集大量的信息，因此广泛应用在很多研究中，且取得了良好成果。虽然这种记录方法与实时的言语行为不同，不能给予听者充分的时间，但这种方法不仅使受试者没有压力，也可以使其在脑海中仔细推敲重写，但也正是由于这个原因，使人缺乏真实感，也在某种程度上使信息的妥当性受到了质疑。Rintel & Mitchell（1989）分别运用话语补全测试和角色扮演法来比较所得信息，他们发现两种方法在言语使用的长度方面有明显的差别。

为了能够更加明确地研究中日拒绝表现的实际状态，本研究采取了两种研究方法进行对比研究。本研究的第二部分中已经通过话语补全测试收集了相关数据，并对其进行了调查分析。第三部分中将使用角色扮演研究法进行数据收集和分析，对第二部分中 DCT 得出的调查结果做进一步证实。

1.2 调查内容

1.2.1 受试者的构成

在对中日两种语言进行比较时，会尽量使受试者处于相同的社会层次。秉承这一原则，本研究将受试者定为中日两国的大学生。中国方面选择了东北、上海等大学的二、三年级学生，日本则选择了关东地区某三所大学的一到三年级学生。从 2012 年 11 月开始到 2014 年 12 月，在中日两国利用角色扮演法对两国大学生进行了调查研究。

为了真实地反映出中日拒绝表现的特征，同时也考虑到受试者容易受第一外语的影响，本研究将把作为第一外语学过汉语或日语的人和曾经有过海外生活经验的人排除，最终选择了符合要求的有效受试者各有 20 人。

表 1-1　中日两国中受试者的构成

国籍	大学名	年龄	人数
日本	关东地区某大学①	18 岁 ~23 岁（8 人）	男性：12 人 女性：8 人
	关东地区某大学②	18 岁 ~22 岁（6 人）	
	关东地区某大学③	18 岁 ~21 岁（6 人）	

第三部 角色扮演（Roll-Play）研究法视野下的中日拒绝表现对比研究

续表

国籍	大学名	年龄	人数
中国	中国东北某大学①	19岁~23岁（10人）	男性：10人
	中国东北某大学②		
	中国上海某大学①	19岁~22岁（10人）	女性：10人
	中国上海某大学②		

1.2.2 场景和人物设定

与DCT研究法相同，本章也设定了3个利益、负担度均不同的场景：帮忙搬家的"请求""邀请"参加送别会、"建议"参加学习会。同时，将场景中的对象也设定为社会地位、心理距离都不同的3类：指导教师、好友和普通朋友。

其后，笔者直接开始进行了中日两国的角色扮演调查。首先，分发角色扮演所需的卡片，对场景和人物进行说明，让受试者给予回答。调查所需时间均为10~15分钟左右。

中日两国语言中的角色扮演卡片如下图所示。

1.2.2.1 "请求"对方帮助搬家的场合

1.2.2.1.1 对指导教师的"请求"进行拒绝

提问者的卡片：

> あなたは自分を相手の指導教官だと考えてください。研究室の引越しがあって、教え子の学生に引越しの手伝いを依頼しようと思います。このようなことを考えながら、相手に「依頼」の件を言ってください。

请你认为你是对方的老师。由于研究室要搬家，需要有人来帮忙。请你考虑好当时的情景，向自己的学生提出帮忙。

回答者（拒绝方）的卡片：

> あなたは指導教官から引越しの手伝いを依頼されていますが、その日はあいにく用事があるのでどうしても行けません。依頼を断ることで、相手を傷つけたくない、人間関係を壊したくないあなたの気持ちを考えながら、答えてください。

你的老师向你请求帮助搬研究室。但是那天不凑巧你已经有别的重要事情而不能去。虽然拒绝老师的请求，但是你既不想伤害对方也不想搞坏人际关系。这时你会怎样去拒绝老师呢？请你好好想想当时的情景，回答问题。

1.2.2.1.2 对好友的"请求"进行拒绝

提问者的卡片：

> あなたは自分を相手の親友だと考えてください。引越しをしなければならなくなったので、親友に引越しの手伝いを依頼しようと思います。このようなことを考えながら、相手に「依頼」の件を言ってください。

请你认为你是对方的好友。由于要搬家，需要有人来帮忙。请你考虑好当时的情景，向自己的好友提出帮忙。

回答者（拒绝方）的卡片：

> あなたは親友から引越しの手伝いを依頼されていますが、その日はあいにく用事があるのでどうしても行けません。依頼を断ることで、相手を傷つけたくない、人間関係を壊したくないあなたの気持ちを考えながら、答えてください。

你的好友向你请求帮助搬家。但是那天不凑巧你已经有别的重要事情而不能去。虽然拒绝好友的请求，但是你既不想伤害对方也不想

搞坏人际关系。这时你会怎样去拒绝好友呢？请你好好想想当时的情景，回答问题。

1.2.2.1.3 对普通朋友的"请求"进行拒绝

提问者的卡片：

> あなたは自分を相手の一般関係の友人だと考えてください。引越しをしなければならなくなったので、一般関係の友人に引越しの手伝いを依頼しようと思います。このようなことを考えながら、相手に「依頼」の件を言ってください。

请你认为你是对方的一般关系的朋友。由于要搬家，需要有人来帮忙。请你考虑好当时的情景，向自己的一般关系的朋友提出帮忙。

回答者（拒绝方）的卡片：

> あなたは一般関係の友人から引越しの手伝いを依頼されていますが、その日はあいにく用事があるのでどうしても行けません。依頼を断ることで、相手を傷つけたくない、人間関係を壊したくないあなたの気持ちを考えながら、答えてください。

跟你关系一般的朋友向你请求帮助搬家。但是那天不凑巧你已经有别的重要事情而不能去。虽然拒绝他的请求，但是你既不想伤害对方也不想搞坏人际关系。这时你会怎样去拒绝他呢？请你好好想想当时的情景，回答问题。

1.2.2.2 "邀请"对方参加送别会的场合
1.2.2.2.1 对指导教师的"邀请"进行拒绝
提问者的卡片：

> あなたは自分を相手の指導教官だと考えてください。研究室のゼミに参加していた学生が卒業することになって、皆で送別会を開こうと思います。このようなことを考えながら、相手に送別会への「誘い」の件を言ってください。

请你认为你是对方的老师。因有一个学生即将要大学毕业离开你的研究室，所以你想召集大家给那个同学开一个欢送会。请你考虑好当时的情景，邀请学生来一起参加。

回答者（拒绝方）的卡片：

> あなたは指導教官から先輩の送別会に誘われましたが、最近、経済的に苦しいので断りたいと思っています。誘いを断ることで、相手を傷つけたくない、人間関係を壊したくないあなたの気持ちを考えながら、答えてください。

你的老师邀请你去参加先辈的欢送会。参加欢送会能够与很多老师以及朋友进行交流，但是最近你的手头有点紧不想参加。虽然拒绝老师的邀请，但是你既不想伤害对方也不想搞坏人际关系。这时你会怎样去拒绝老师呢？请你好好想想当时的情景，回答问题。

1.2.2.2.2 对好友的"邀请"进行拒绝
提问者的卡片：

> あなたは自分を相手の親友だと考えてください。研究室のゼミに参加していた先輩が卒業することになって、皆で送別会を開こうと思います。このようなことを考えながら、相手に送別会への「誘い」の件を言ってください。

第三部 角色扮演（Roll-Play）研究法视野下的中日拒绝表现对比研究

请你认为你是对方的好友。因有一个学长即将要大学毕业离开研究室，所以你想召集大家给那个学长开一个欢送会。请你考虑好当时的情景，邀请好友来一起参加。

回答者（拒绝方）的卡片：

あなたは親友から先輩の送別会に誘われましたが、最近、経済的に苦しいので断りたいと思っています。誘いを断ることで、相手を傷つけたくない、人間関係を壊したくないあなたの気持ちを考えながら、答えてください。

你的好友邀请你去参加学长的欢送会。参加欢送会能够与很多老师以及朋友进行交流，但是最近你的手头有点紧不想参加。虽然拒绝好友的邀请，但是你既不想伤害对方也不想搞坏人际关系。这时你会怎样去拒绝好友呢？请你好好想想当时的情景，回答问题。

1.2.2.2.3 对普通朋友的"邀请"进行拒绝

提问者的卡片：

あなたは自分を相手の一般関係の友人だと考えてください。研究室のゼミに参加していた先輩が卒業することになって、研究室の皆で送別会を開こうと思います。このようなことを考えながら、相手に送別会への「誘い」の件を言ってください。

请你认为你是对方的一般关系的朋友。因有一个学长即将要大学毕业离开研究室，所以你想召集大家给那个学长开一个欢送会。请你考虑好当时的情景，邀请好友来一起参加。

回答者（拒绝方）的卡片：

> あなたは一般関係の友人から先輩の送別会に誘われましたが、最近、経済的に苦しいので断りたいと思っています。誘いを断ることで、相手を傷つけたくない、人間関係を壊したくないあなたの気持ちを考えながら、答えてください。

跟你关系一般的朋友邀请你去参加学长的欢送会。参加欢送会能够与很多老师以及朋友进行交流，但是最近你的手头有点紧不想参加。虽然拒绝他的邀请，但是你既不想伤害对方也不想搞坏人际关系。这时你会怎样去拒绝他呢？请你好好想想当时的情景，回答问题。

1.2.2.3 "建议"对方一起召开学习会的场合
1.2.2.3.1 对指导教师的"建议"进行拒绝

提问者的卡片：

> あなたは自分を相手の指導教官だと考えてください。より良い勉強の効果を目指すために、研究室の皆で勉強会をしようと思います。このようなことを考えながら、相手に勉強会への「提案」の件を言ってください。

请你认为你是对方的老师。为了达到更好的学习效果，你准备召集大家要开一个学习会。请你考虑好当时的情景，建议学生来一起参加学习会。

回答者（拒绝方）的卡片：

> あなたは指導教官から勉強会をしようという提案を受けていますが、その勉強会にはあまり興味がないので断りたいと思っています。せっかくの提案を断ることで、相手を傷つけたくない、人間関係を壊したくないあなたの気持ちを考えながら、答えてください。

第三部　角色扮演（Roll – Play）研究法视野下的中日拒绝表现对比研究

你的老师向你建议要进行一个学习会，但是你对学习会实在不感兴趣。拒绝对方的建议，你既不想伤害对方也不想搞坏人际关系。这时你会怎样去拒绝老师呢？请你好好想想当时的情景，回答问题。

1.2.2.3.2　对好友的"建议"进行拒绝

提问者的卡片：

あなたは自分を相手の親友だと考えてください。より良い勉強の効果を目指すために、研究室の皆で勉強会をしようと思います。このようなことを考えながら、相手に勉強会への「提案」の件を言ってください。

请你认为你是对方的好友。为了达到更好的学习效果，你准备召集大家开一个学习会。请你考虑好当时的情景，建议好友来一起参加学习会。

回答者（拒绝方）的卡片：

あなたは親友から勉強会をしようという提案を受けていますが、その勉強会にはあまり興味がないので断りたいと思っています。せっかくの提案を断ることで、相手を傷つけたくない、人間関係を壊したくないあなたの気持ちを考えながら、答えてください。

你的好友向你建议要进行一个学习会，但是你对学习会实在不感兴趣。拒绝对方的建议，你既不想伤害对方也不想搞坏人际关系。这时你会怎样去拒绝好友呢？请你好好想想当时的情景，回答问题。

1.2.2.3.3 对普通朋友的"建议"进行拒绝

提问者的卡片:

> あなたは自分を相手の一般関係の友人だと考えてください。より良い勉強の効果を目指すために、研究室の皆で勉強会をしようと思います。このようなことを考えながら、相手に勉強会への「提案」の件を言ってください。

请你认为你是对方的一般关系的朋友。为了达到更好的学习效果,你准备召集大家开一个学习会。请你考虑好当时的情景,建议一般朋友来一起参加学习会。

回答者(拒绝方)的卡片:

> あなたは一般関係の友人から勉強会をしようという提案を受けていますが、その勉強会にはあまり興味がないので断りたいと思っています。せっかくの提案を断ることで、相手を傷つけたくない、人間関係を壊したくないあなたの気持ちを考えながら、答えてください。

跟你关系一般的普通朋友向你建议进行一个学习会,但是你对学习会实在不感兴趣。拒绝对方的建议,你既不想伤害对方也不想搞坏人际关系。这时你会怎样去拒绝他呢?请你好好想想当时的情景,回答问题。

1.2.3 调查顺序

首先,将卡片交给受试者,让其确认卡片上写的内容,保证受试者之间不相互交流信息。角色扮演从提问者发言作为开始,过程中不限制双方的交流方法和语料长短,3个场景一结束,双方互换角色进行角色扮演。全部的谈话过程将通过录音进行记录。

此次的调查收录了中日两种语言共 20 对数据，笔者已将所有的数据进行文字化。详细内容请参照附件资料。

1.2.4 分析方法及调查结果

分析方法与第二部分中使用的方法相同，对 Beebe et al.（1990）使用的语义程序进行修正之后正式采用在本研究中。"语义程序"指的是构成言语行为中最小的功能性语义单位。从语言传递功能这一点来看，"すみません""ごめんなさい""申し訳ありません"等表现均属于"道歉"这一语义程序，但如果从语言功能来看，以上这些道歉的表达方式之间又存在着礼貌程度的差异。本研究是从语言功能这一视角出发对中日拒绝表现进行对比研究，关于从语言形式上对其进行研究，将作为今后的课题。

本研究根据语言传递功能，将拒绝表现中使用的语言表现分为"道歉"和"说明理由"等多种语义程序，并将语义程序作为语言单位进行分析。这种分类主要是根据拒绝表现中的传递功能以及笔者的语言直觉来进行。对于句子中使用的语义程序，本研究使用｛｝符号进行标记。以下分析中，C 和 J 分别代表中国人和日本人，M 和 F 分别代表男性和女性，数字代表受试者的编号。

接下来使用汉语例句进行具体的分析。

例句（78）明天吗？｛反问信息｝老师｛称呼｝，您知道｛共鸣｝，我最近要一直在准备四级考试｛说明理由｝，然后每天都在补课｛说明理由｝，但我实在不行｛拒绝｝，我后天可以吗？｛另寻方案｝

（CM1：对指导教师的"请求"进行拒绝）

例句（79）噢｛欲言又止｝，不好意思｛道歉｝。我最近手头比较紧张｛说明理由｝，最近买了不少东西｛说明理由｝，嗯｛欲言又止｝，就不去了吧｛拒绝｝。

（CM8：对好友的"邀请"进行拒绝）

本研究利用相同的方法对日语例句进行了分析。

例句（80）<u>すみません</u>｛道歉｝、<u>あのう</u>｛欲言又止｝、<u>用事があるので</u>｛说明理由｝、<u>行きたいんですけれども</u>｛共鸣｝、<u>行けません</u>｛拒绝｝。すみませんでした｛道歉｝。

（JF3：对指导教师的"请求"进行拒绝）

例句（81）<u>明日ね、ちょっと大事な用事があるから</u>｛弁明｝<u>ちょっと行けないんだ</u>｛拒绝｝。<u>ごめんなさい</u>｛詫び｝。

（JM9：对于普通朋友的"建议"进行拒绝）

根据语言的传递功能，本研究进行了以上具体分析，分析结果表明，汉语中共出现 14 种语义程序，日语中则出现了 13 种语义程序。与日语相比，汉语中较多使用对对方的"称呼"、"要求对方的理解"和"玩笑"，但日语比汉语更多地使用"寒暄""保留"这两种语义程序。语义程序的具体定义和内容如下表所示。（表 1-2）

表 1-2　角色扮演（Roll-Play）研究法中出现的语义程序

语义程序	作用	例（汉语）	例（日语）
(1) 拒绝 (h)	表示无法回应对方期望，向对方表达拒绝意义。	我走不开，不能去，去不了，恐怕不能去，不能参加，想去也去不了	いや、お断りさせていただきます、行けないです、いくことができない、ちょっとできない
(2) 说明理由 (b)	表示无法回应对方期望，对相关理由进行说明理由说明。	有点事情，手头有点紧，有重要事情，有别的约会，有点事实在走不开	用事がある、都合が悪い、お金がない、やることがある、興味がない、先約が入っている

第三部 角色扮演（Roll-Play）研究法视野下的中日拒绝表现对比研究

续表

语义程序	作用	例（汉语）	例（日语）
(3) 道歉 (w)	表示无法回应对方期望，向对方表达抱歉的心情。	对不起，不好意思，非常抱歉，真是不好意思，真是太对不起你了	すみません、悪い、申し訳ございません、ごめんなさい、すいませんね、ごめんね
(4) 另寻方案 (d)	提出其他的问题解决办法。	要不，你再问问别人吧，要不然，你我再找其他同学，要不，我帮你找找别人	何かあったら声かけてください、明日じゃなかったらいいんですけど、あの子にも一応声かけてみる
(5) 共鸣 (k)	表示无法回应对方期望，积极与对方保持相同态度，引起共鸣。	本来是特别想去，想去是想去	勉強したんですけど、いいね、行きたいんだけど
(6) 感谢 (t)	对对方的好意表示感谢。	谢谢	ありがとうございます、ありがとう
(7) 遗憾 (i)	表示无法回应对方期望，向对方表达遗憾的心情。	明天还真不巧，明天不凑巧啊，你也不早说，你要是早说点儿就好了	せっかくのお誘いだが、残念ですが、わざわざ呼んでくれたのだが
(8) 下次再约 (z)	虽然这次无法回应对方期望，但表示下次一定可以，体现说话人的热情。	下次有什么事一定找我，下次搬的时候再帮你搬吧，下次再约吧，下次有机会一定参加	また今度誘って

续表

语义程序	作用	例（汉语）	例（日语）
(9) 反问信息 (y)	让对方对于相关事物进行详细具体的再一次描述，进行信息确认。	要搬家呀 学习会啊？ 那天搬家啊？ 什么时候啊？ 明天啊。	送别会?、明日か、明日するの？いつですか、勉強会は何時からですか
(10) 欲言又止 (m)	不明确叙述有关事物，缓和自己情绪的表达方式。	哎呀，啊，嗯，唉	あ～、え～、え～と
(11) 玩笑 (j)	对较亲密的好友使用的开玩笑表达方式。	你请吧，联欢会还行，学习会千万别找我，你看我像会学习的样吗？	
(12) 保留 (r)	不直接表明拒绝意图，使用间接的语言方式。		行けたら行くんで連絡します、、暇だったら行ってみます、保留にしておいて
(13) 称呼 (s)	表示对对方的尊敬和亲切感。	老师	
(14) 要求对方的理解 (n)	请求对方对于自己立场的理解。	你还不了解我吗？	
(15) 寒暄 (a)	使对方感到亲切感，表达一种积极态度。		一言、挨拶だけしておいていただけると嬉しいかな、先輩によろしくお伝えください

第三部　角色扮演（Roll – Play）研究法视野下的中日拒绝表现对比研究

续表

语义程序	作用	例（汉语）	例（日语）
（16）其他（x）	分析时发现某些语义程序归属不明。	我这个人是最那什么的了	遊びに行くよ

　　本章对角色扮演（Roll – Play）中受试者的构成、场景和对象等进行了叙述，也对语义程序的分析结果进行了如上的总结和概括。下一章将根据角色扮演的调查结果，对语义程序的出现频率、语义程序（话语量）的平均值、语义程序的构造依次进行分析与考察，从多元化的角度出发，分析中日拒绝表现的共同点和不同点。同时，也能够进一步证实话语补全测试（Discourse Completion Test，简称 DCT）所得的调查结果。

第二章 拒绝表现中语义程序的出现频率

在平时的言语行为中，如果说话人过分注意人际关系，则会使拒绝表现变得含糊不清、模棱两可，从而引起误解。而如果过分强调拒绝的意图，又会使说话者和听者双方的人际关系受到伤害。尾崎（2005：90）论述道，"拒绝行为应该要做到既不伤害双方的人际关系，同时又要传达自己的说话意图，两者兼顾（断りは関係維持と意図の伝達の両方に配慮が求められる言語行動の1つである）"。

本章将对拒绝表现中语义程序的出现频率进行研究，另外，将通过比较中日言语中语义程序的选择策略，找出其中的共同点和不同点。

2.1 语义程序出现频率的调查方法

与 DCT 研究法的分析方法相同，统计不同种类语义程序出现的总数值，再按人数平均计算，即可计算出现频率。

2.2 各调查项中语义程序的出现频率

通过计算出不同场合和对象下各种语义程序的出现频率，可以比较中日两种语言的异同点。本章按照不同利益、负担、紧急度将研究

情景分为"请求""邀请""建议"等3种不同场合。同时,按照社会地位、亲疏关系及心理距离,将研究对象设定为指导教师、好友及普通朋友等三类不同人群。本研究将对不同场合、不同对象下各种语义程序的出现频率进行分析和考察。

2.2.1 拒绝他人的"请求"场面

2.2.1.1 拒绝指导教师"请求"时的语义程序的出现频率

拒绝指导教师的"请求"时,中日两种语言中各种语义程序的出现频率,如下表所示。

表2-1 拒绝指导教师"请求"时的语义程序的出现频率(%)

语义程序 出现频率	汉语(%)	日语(%)
道歉	65	90
说明理由	100	100
拒绝	65	75
欲言又止	70	45
要求对方的理解	40	10
称呼	80	0
保留	0	5
另寻方案	20	5
共鸣	15	5
遗憾	10	0
下次再约	5	0

对指导教师的"请求"进行拒绝时,汉语中出现频率较高的语义程序主要集中在"说明理由"(20人,100%),"称呼"(16人,80%),"欲言又止"(14人,70%)、"道歉"(13人,65%)、"拒绝"(13人,65%)、"反问信息"(8人,40%)这6种上。日语中则主要集中在"说明理由"(20人,100%),"道歉"(18人,90%)

和"拒绝"（15人，75%）这3种语义程序上，除此之外，"欲言又止"这一语义程序的出现频率也较高，仅次于前三种，达到了45%。

因指导教师的社会地位较高，所以在中日两种语言中，"说明理由"这一语义程序以最高的频率出现在拒绝表现中。对他人的"请求"进行拒绝时，都需要给予对方一个合理的理由，这是中日两种语言中的一个共同点。相比不说任何理由就拒绝，叙述理由更容易使对方感受到尊重，能够避免使对方感到唐突。因此，不管在汉语还是日语中，"说明理由"这一语义程序的出现频率都是100%。

汉语中最值得注意的就是"称呼"和"欲言又止"这两种语义程序。汉语中"称呼"这一语义程序的出现频率高达80%，但在日语中却完全没有出现。兴水（1977：273）曾指出，现代汉语中之所以从不使用敬语，是由于汉语中缺乏系统的敬语语法，而且中国过去使用的敬语，也由于社会体制的变化而早已丧失了生命力。无论古今，汉语中都没有像日语那样系统的敬语语法。但汉语中的敬语表现，主要将重点放在称呼问题上，例如怎样称呼对方，或怎样称呼自己等（現代中国語において、敬語があまり使われていないことは中国語に体系的な敬語法が存在しないためであり、また、かつて中国に用いられていた敬語が、社会体制の変化により、殆どその生命を失ったためでもあるとしている。中国語における敬意の表現は、古今を問わず、日本語のような体系的な敬語法としてではなく、相手をどのように呼ぶか、あるいは自分をどのように呼ぶかという呼称問題に大きな比重が置かれている）。

在"欲言又止"这一语义程序的出现频率上，中日两种语言中也存在较大差异。汉语中其出现频率高达70%，但在日语中只有45%。小山（1983：82）指出，"欲言又止"即指说话人持犹豫态度时出现的一种说话停滞、语塞现象，能够降低说话语速，可以增加礼貌度，使对方感到亲切的语言手段（言い淀みとは話し手がためらい、その

第三部 角色扮演（Roll-Play）研究法视野下的中日拒绝表现对比研究

ために音の流れが停滞し、淀むことであり、話の速度を下げ、話の丁寧度を増加させ、相手にぶっきら棒な印象を与えることになるのを避けるための手段である）。日语中有尊敬语、礼貌语、谦逊语等各种敬语表现，因此在面对指导教师时，能够使用敬语表现或"欲言又止"这一语义程序向对方表达关怀的心情。但在汉语中，由于没有这种敬语体系，对"欲言又止"这一语义程序的依赖度也就当然要比日语高，这也足以说明了为什么汉语中这一语义程序的出现频率比日语高得多的理由。

除此之外，汉语中"另寻方案""共鸣""遗憾"等语义程序的出现频率也比日语高。

2.2.1.2 拒绝好友"请求"时的语义程序的出现频率

中日两种语言在拒绝好友的"请求"时，各语义程序的出现频率如下表所示。

表2-2 拒绝好友"请求"时的语义程序的出现频率（%）

语义程序 \ 出现频率	汉语（%）	日语（%）
道歉	20	55
说明理由	95	80
拒绝	55	95
欲言又止	45	40
反问信息	55	10
其他	0	10
另寻方案	50	0
遗憾	5	0
下次再约	10	0

拒绝好友的"请求"时，汉语中使用频率最高的语义程序仍然是"说明理由"（19人、95%）、其次是"拒绝"和"反问信息"，各占

55%。除此之外，也有10人使用"另寻方案"这一语义程序，出现频率为50%，9人使用"欲言又止"这一语义程序，出现频率为45%。日语中出现频率较高的语义程序主要集中在"拒绝"（19人、95%）、"说明理由"（16人、80%）、"道歉"（11人、55%），而"欲言又止"这一语义程序的出现频率仅次于前三种，达到40%。

对好友的"请求"进行拒绝时，日语中为了向对方明确地传达拒绝意图，最有效的语义程序即"拒绝"这一语义程序（直接向对方表示"できません"），其出现频率高达95%。但汉语与日语不同，中国人认为向对方直接表明自己的拒绝意图，会使双方之间的人际关系受到伤害，因此在汉语中，很少会直接使用"拒绝"语义程序。另一方面，汉语中也会经常使用"反问信息""另寻方案"等语义程序，主要是为了表达对对方所说之事感兴趣的心情。

进行拒绝言语行为时，"道歉"这一语义程序的目的就是为了防止拒绝带来的人际关系的不平衡。关于"道歉"这一语义程序的使用频率，中日两种语言中存在着较大差异。汉语中"道歉"这一语义程序的出现频率只有20%，而在日语中其出现频率却达到了55%。在对社会地位同等且心理距离较近的好友进行拒绝时，相比于"道歉"，汉语中更倾向使用其他语义程序。

2.2.1.3 拒绝普通朋友"请求"时的语义程序的出现频率

中日两种语言在拒绝普通朋友的"请求"时，各种语义程序的出现频率如下表所示。

表2-3 拒绝普通朋友的"请求"时的语义程序的出现频率（%）

语义程序 \ 出现频率	汉语（%）	日语（%）
道歉	55	60
说明理由	85	95
拒绝	65	55

第三部　角色扮演（Roll-Play）研究法视野下的中日拒绝表现对比研究

续表

出现频率 语义程序	汉语（%）	日语（%）
欲言又止	80	55
保留	0	5
另寻方案	25	10
反问信息	40	0
玩笑	5	0
共鸣	10	0
下次再约	20	0
其他	5	0

对普通朋友的"请求"进行拒绝时，汉语中出现频率最高的语义程序仍然是"说明理由"（17人，85%），其次是"欲言又止"（16人，80%）、"拒绝"（13人，65%）和"道歉"（11人，55%）。除此之外，"反问信息"的出现频率为40%，"另寻方案"为25%，"下次再约"为20%。而日语中出现频率较高的语义程序则主要集中在"说明理由"（19人，95%）、"道歉"（12人，60%）、"拒绝"（11人，55%）、"欲言又止"（11人，55%）这四种，几乎没有使用其他语义程序。

Goffman（1971：108-118）把人们的言语行为视为是社会范畴内发生的相互行为，提出了补救交换（remedial work）方法，冒犯者可以把危险性较高的行为转换为让对方接受的行为，从而恢复社会和谐（発話を社会的相互行為として捉え、危害を与える者が、その危害を容認できる状況に転換する作業を「関係修復作業」（Remedial Work）と呼んでいる）。"请求"言语行为代表着一种消极的行为要求，拒绝他人"请求"时所涉及的利益、负担度要比"邀请""建议"时高很多。普通朋友是指那些社会地位同等且心理距离较远的朋

167

友，在拒绝其"请求"时，中日两种语言都使用了"说明理由""道歉""拒绝""欲言又止"等语义程序，即都进行了"补救交换方法"。但相比之下，在这项工作中汉语更能够灵活地使用"反问信息""另寻方案""下次再约"等语义程序来完成拒绝表现。

2.2.2 拒绝他人的"邀请"场面

在"请求"、"邀请"和"建议"这三种场合中，对于"请求"这种单方面受益行为进行拒绝时的利益、负担度最高，而其次就是对于"邀请"的拒绝。

2.2.2.1 拒绝指导教师"邀请"时的语义程序的出现频率

中日两种语言在拒绝指导教师的"邀请"时，各种语义程序的出现频率如下表所示。

表2-4 拒绝指导教师"邀请"时的语义程序的出现频率（%）

语义程序	汉语（%）	日语（%）
道歉	30	70
说明理由	90	80
拒绝	70	70
欲言又止	75	45
反问信息	60	5
保留	0	10
寒暄	0	15
共鸣	10	10
称呼	45	0
感谢	5	0
其他	5	0

拒绝指导教师的"邀请"时，两种语言中"说明理由"这一语义程序的出现频率最高（汉语18人，90%；日语16人，80%）。汉语中

仅次于"说明理由"的就是"欲言又止"（15人，75%），接下来依次是"拒绝"（14人，70%）、"反问信息"（12人，60%）、"称呼"（45%），而日语中仅次于"说明理由"的是"拒绝"和"道歉"，这两种语义程序的使用人数均为14人，出现频率都是70%。

指导教师属于"外（ソト）"的范畴，对其进行拒绝时，汉语中"说明理由"这一语义程序的出现频率为90%，而日语中是80%。Goffman（1976：269）指出，"说明理由"（Accounts）和"道歉"（Apologies）等言语行为能够修复潜在的有危险性的行为（潜在的に危害を与える行為は「弁明」（Accounts）と「詫び」（Apologies）行為によって修復されうる）。像拒绝行为这种违背对方期待的言语行为，存在着伤害人际关系的危险性，因此在进行拒绝言语行为时，"说明理由"显得尤为重要。

进行拒绝行为时，汉语中很少会使用"道歉"，而是会较多使用"说明理由"这一语义程序，并与其他语义程序并用在一起。而日语中会频繁地使用"道歉"这一语义程序，出现频率较高。总之，在"说明理由"和"道歉"这两种语义程序的使用上，中日两种语言之间存在较大的文化差异。

2.2.2.2 拒绝好友"邀请"时的语义程序的出现频率

好友是指与自己处于同等社会地位、心理距离最近的朋友。中日两种语言在拒绝好友的"邀请"时，各种语义程序的出现频率如下表所示。

表2-5 拒绝好友"邀请"时的语义程序的出现频率（%）

语义程序 \ 出现频率	汉语（%）	日语（%）
道歉	10	50
说明理由	90	85
拒绝	85	85

续表

出现频率 语义程序	汉语（%）	日语（%）
欲言又止	45	30
反问信息	30	10
寒暄	0	5
共鸣	0	10
玩笑	10	0
下次再约	5	0

　　对好友的"邀请"进行拒绝时，汉语中使用"说明理由"这一语义程序的有18人，出现频率为90%，使用"拒绝"的有17人，出现频率为85%，使用"欲言又止"的有9人，出现频率为45%。除此之外，"反问信息"这一语义程序的出现频率也达到30%。而日语中出现频率最高的两种语义程序是"说明理由"和"拒绝"，使用人数各有17人，出现频率都是85%，其次是"道歉"（50%）和"欲言又止"（30%）。

　　カノックワン（1995：26）提出了"情况的必要性"这一概念，如果"请求""邀请"的内容都是只有拒绝者才能够完成的事，另外，一旦拒绝就会使请求者感到困扰，这种情况就说明"情况的必要性"较高，如果即使拒绝对方也不会感到困扰，那么就说明"情况的必要性"较低，这时其拒绝方法将会发生很大的变化（「依頼」、「誘い」の内容がそれを断ろうとする人にしかできないことであったり、断ったら依頼者が非常に困ることが分ったりする「状況の必要性」の度合いが高い場合と、断っても特に相手が困らないような「状況の必要性」の度合いが低い場合とでは、断り方がかなり異なってくる）。本研究的结果也支持カノックワン的这一论点。在"请求"、"邀请"和"建议"这三种场合中，"请求"所涉及的利益、负担度

最高。因此对"请求"进行拒绝时,中日两种语言中"说明理由"、"道歉"和"拒绝"等语义程序的出现频率比较高,但在利益、负担度较弱的"邀请"进行拒绝时,这三种语义程序的出现频率稍微低了一些,而是大多选择了使用其他语义程序。尤其是对好友的"邀请"进行拒绝时,汉语中"道歉"这一语义程序的出现频率仅有10%,日语中也只有50%。

2.2.2.3 拒绝普通朋友"邀请"时的语义程序的出现频率

普通朋友,即与自己处于同等社会地位、心理距离较远的朋友。中日两种语言在拒绝普通朋友的"邀请"时,各语义程序的出现频率如下表所示。

表2-6 拒绝普通朋友"邀请"时的语义程序的出现频率(%)

出现频率 语义程序	汉语(%)	日语(%)
道歉	60	65
说明理由	100	75
拒绝	75	80
欲言又止	80	35
反问信息	35	5
寒暄	0	25
共鸣	10	5
遗憾	10	0
下次再约	10	0

拒绝普通朋友的"邀请"时,汉语中出现频率最高的语义程序是"说明理由",达到了100%,其次是"欲言又止"这一语义程序,使用人数有16人,出现频率为80%,接下来依次是"拒绝"(15人,75%)、"道歉"(12人,60%)、"反问信息"(7人,35%)。而日语中出现频率较高的几种语义程序分别是"拒绝"(16人,80%)、"说

明理由"（15人，75%）、"道歉"（13人，65%）、"欲言又止"（7人，35%）。另外，"寒暄"这一语义程序的出现频率也达到了25%。

三宅（1994a：10-18）将122名日本人和101名英国人作为研究对象进行了一次问卷调查，问卷设定了共17种场景，通过对比分析研究了场景心理与语言表现的关系。调查结果表明，日本人对指导教师或陌生人进行拒绝时会存在愧疚感，因此大多会使用"道歉"的表达方式（日本人は相手が指導教官や未知の人の場合、相手の好意に対し詫びを感じる傾向があり、詫び表現をもってそれを表す）。本研究的分析结果也证明了这一观点。"邀请"代表了对听者的一种好意，对好友的"邀请"进行拒绝时，中日两种语言中"道歉"这一语义程序的出现频率分别为10%、50%，而对属于"外（ソト）"范畴的普通朋友进行拒绝时，中日两种语言中"道歉"这一语义程序的出现频率比面对好友时要高，分别达到了60%和65%。

崔（2000：15-18）对中日韩三国语言的感谢表现，以及造成这种表现方法的社会原因进行了调查研究。调查结果发现，虽然日本人比中国人和韩国人更频繁地使用道歉表现，但日本人在使用道歉表现时真实的心理态度要比中国人和韩国人低。另外，日语中的道歉表现能够被用于所有场合和对象，但对中国人和韩国人来说，只有给对方造成较大负担时才会使用道歉表现，负担较小的场合下几乎很少使用（全体として日本人は中国人と韓国人より顕著に詫び表現を多く使用するが、詫び表現使用時における詫びの心理態度は中国人と韓国人に比べ低い。そして、日本語における詫び表現は、全ての相手と場面に使用されているが、中国語と韓国語における詫び表現は、相手にかける負担の大きい場面にだけ使用され、相手にかける負担の小さい場面においては殆ど使用されない）。

的确，面对好友或利益、负担、紧急度较低的场合中，汉语母语者并不像日语母语者那么频繁地使用"道歉"和"感谢"表现。其实

在中国人看来，如果在几乎不存在利益、负担的场合下过多使用"道歉"和"感谢"，反而会使双方之间产生一种疏远感，拉远两人的心理距离。因此，汉语中在拒绝好友时，相比于"道歉"和"感谢"这两种语义程序，会更多地使用"反问信息"、"共鸣"或"下次再约"等语义程序。

2.2.3 拒绝他人的"建议"场面

2.2.3.1 拒绝指导教师"建议"时的语义程序的出现频率

指导教师的社会地位较高，对其"建议"进行拒绝时，中日两种语言中各种语义程序的出现频率，如下表所示。

表2-7 拒绝指导教师"建议"时的语义程序的出现频率（%）

出现频率 语义程序	汉语（%）	日语（%）
道歉	40	85
说明理由	80	95
拒绝	55	75
欲言又止	60	45
反问信息	55	5
感谢	0	5
遗憾	0	5
共鸣	15	10
称呼	55	0
另寻方案	20	0
下次再约	20	0

拒绝指导教师的"建议"时，汉语中使用"说明理由"这一语义程序的出现频率最高，使用人数为16人，出现频率达到80%，其次是"欲言又止"（12人，60%）、"称呼"（11人，55%）、"拒绝"（11人，55%）、"反问信息"（11人，55%）。除此之外，"道歉"这

一语义程序的出现频率是40%,"另寻方案"和"下次再约"也各有20%。而日语与汉语相同,也是"说明理由"这一语义程序的出现频率最高(19人,95%),其次是"道歉"(17人,85%)、"拒绝"(15人,75%),"欲言又止"(9人,45%)等语义程序。

三宅(1994c：134)提出,"日本人在需要'道歉'的场合以外,也会经常使用道歉表现,尤其是在面对像指导教师这种并不亲密,但又与自己存在某种关系的上级时,这种现象更为明显。另外,日本人道歉表现的使用方法是根据对象以及双方的人际关系而发生变化,日本人在面对'外（ソト）'范畴的人物时言语行为更是格外地注意(日本人は「詫び」以外の場面でも詫び表現を多用し、特に、指導教官のような親密ではないが、自分と関連のある目上の人に対しては更に顕著としている。また、日本人の詫び表現の使い方は、相手の負担の量や話し手の利益の大小などの要因以上に、相手の種類や人間関係に強く影響を受けており、「ソト」の相手人物に対して格別に配慮するという言語行動の特徴がある)。"本研究也支持了三宅(1994c)的以上论述,在本研究的9项调查中,日语中"道歉"这一语义程序的出现频率都比汉语高。

与日语不同的是,汉语在进行"道歉"这一言语行为的策略选择时,会优先考虑利益、负担、紧急度,其次再考虑与对方的人际关系。因此,对他人的"请求"、"邀请"和"建议"进行拒绝时,即便是面对同一对象,汉语中也会根据场合的不同,选择性地使用"道歉"这一语义程序。"请求"所涉及的利益、负担、紧急度最高,因此对"请求"进行拒绝时,"道歉"这一语义程序的出现频率最高,而拒绝"邀请"和"建议"时,其出现频率会逐渐降低。另外,指导教师和普通朋友均属于"外（ソト）"的范畴,对这两种对象进行拒绝时,"道歉"的出现频率最高,而出现频率最低的即是属于"内（ウチ）"范畴的好友。

不同的语言文化会造成是否应该使用"道歉"表现这一问题上存在差异,把握场面和对象的方法上也存在着差异。因此,中日两种语言在拒绝表现上存在着各种各样的差异。

2.2.3.2 拒绝好友"建议"时的语义程序的出现频率

拒绝好友的"建议"时,中日两种语言中各语义程序的出现频率,如下表所示。

表2-8 拒绝好友"建议"时的语义程序的出现频率(%)

出现频率 语义程序	汉语(%)	日语(%)
道歉	0	25
说明理由	75	65
拒绝	65	70
欲言又止	30	45
感谢	0	5
保留	0	5
共鸣	5	5
要求对方的理解	5	5
玩笑	5	0
反问信息	30	0
下次再约	5	0

以上数据显示,汉语中"说明理由"这一语义程序的出现频率最高,有15人使用,出现频率为75%,其次是"拒绝"(13人,65%)、"欲言又止"(6人,30%)和"反问信息"(6人,30%)。在拒绝好友的"建议"时,汉语中"道歉"这一语义程序的频率首次出现0%的现象。

而日语中出现频率最高的则是"拒绝"这一明确传达说话者拒绝意图的语义程序,有14人使用,出现频率达到了70%,其次是"说明理由"(13人,65%)和"欲言又止"(9人,45%)。而在本研究

所提到的三种场景中,此时"道歉"的出现频率最低,仅有25%。面对"请求""邀请"等利益、负担度较高的场合时,或面对社会地位较高的指导教师以及心理距离距离较远的普通朋友时,"道歉"这一语义程序的出现频率都很高,而在拒绝好友的"建议"时,其出现频率在所有情况中出现最低的现象。

国广(1973:26-27)认为,社交圈指的是与他人进行交往时,允许对方进入自己圈子的范围。美国人的社交圈较广,社交能力也较强,即使是初次见面的人们也很容易亲近,个人的私事也能够毫无顾虑地进行交谈。但对大多数日本人来说,却很难做到这一点(他人と付き合う際に相手が踏み込んでくるのを許す範囲を社交層とし、社交層が厚いアメリカ人は社交性が強く、初対面でもとっつきやすく、個人的事柄でも気安く未知の人に話すなどの特徴が見られるが、日本人は比較的、その反対の傾向を多くもっている)。本研究的调查结果也证实了国广(1973)的这一结论。日本人在进行拒绝言语行为时,主要使用"说明理由""道歉""拒绝""欲言又止"等语义程序,而基本上不会使用表达自己积极态度的其他语义程序。相比之下,中国人在面对好友时,常常会使用"下次再约""另寻方案""反问信息"等各种表达积极意义的语义程序。

国广(1973)仅仅从日本人与美国人的言语行为上对交际圈进行了分析,但关于社会地位和亲疏关系对交际圈的影响则没有提及。根据本研究的分析结果可以发现,无论在什么场合或面对任何对象,日语中的拒绝表现都主要集中在"道歉"、"说明理由"、"拒绝"和"欲言又止"这四种语义程序上。但汉语中的拒绝表现,会随着社会地位及亲疏关系的变化而发生变化,例如在本研究的三种设定人物中,好友属于"内(ウチ)"范畴,其交际圈最广,其次是属于"外(ソト)"范畴的指导教师和普通朋友,交际圈较狭窄,其对应的拒绝表现也都各有不同。

第三部　角色扮演（Roll-Play）研究法视野下的中日拒绝表现对比研究

2.2.3.3　拒绝普通朋友"建议"时的语义程序的出现频率

在对普通朋友的"建议"进行拒绝时，中日两种语言中各语义程序的出现频率，如下表所示。

表 2-9　拒绝普通朋友"建议"时的语义程序的出现频率（%）

出现频率 语义程序	汉语（%）	日语（%）
道歉	20	60
说明理由	85	85
拒绝	80	75
欲言又止	75	60
反问信息	45	5
下次再约	5	5
感谢	0	5
寒暄	0	10
另寻方案	15	0
共鸣	5	0

拒绝普通朋友的"建议"时，汉语中"说明理由"这一语义程序的出现频率最高，有17人使用，出现频率达到了85%。其次是"拒绝"（16人，80%）、"欲言又止"（15人，75%）和"反问信息"（9人，45%）。日语与汉语相同，也是"说明理由"这一语义出现的出现频率最高（17人，85%），其次是"拒绝"（15人，75%）、"欲言又止"（12人，60%）和"道歉"（12人，60%）。

拒绝普通朋友的"建议"时，中日两种语言中关于"道歉"和"反问信息"这两种语义程序存在着较大差异。熊谷（1993：4）指出，道歉就是代表说话人承认了自己的错误和对对方造成的伤害，道歉这一行为可以解决双方的问题和摩擦，进而达到修复人际关系的目的（詫びを表す謝罪は、話し手のあやまちや相手への被害などへの責任を認め、それによって相手との人間関係における均衡を回復し、

177

相手との問題や摩擦を解決し、人間関係を修復する目的を達成するために行う行為である）。日语中"道歉"这一语义程序的出现频率达到了60%，但汉语中却只有20%。日语中，"道歉"语义程序能够被用于所有场合和对象，但在汉语中，只有在利益、负担度较高时，或面对社会地位较高者、心理距离较远者时，才会较多地使用"道歉"语义程序。

另外，"反问信息"语义程序主要是为了向对方表示对所说之事感兴趣，在汉语中其出现频率达到了45%，但日语中却只有5%。

2.3 "委婉拒绝"表现的中日对比研究

拒绝这一语言行为，即表明说话人无法顺应对方的期待，因此有很大可能会伤害到对方的情感，破坏双方的人际关系。因此，为了防止这种情况发生，中日两种语言都会使用各种语义程序进行委婉的拒绝。日语会话对于场景和语境的依赖度较高，即日语具有"高文脉性"，所以即使说话人不直接表明意图，听者也能够通过说话的氛围理解对方的意思。在进行言语表达时，日本人习惯使用委婉表现以及中途停止等这种表达方式，这一点被看作是日语言语行为的特征。

在进行拒绝表现时，日本人会使用像"ちょっと···"这种不叙述理由且只说一半的表达方式，或者使用"ちょっと～がありますが"、"ちょっと～がありますけど"、"ちょっと～がありますので"、"ちょっと～がありますから"这种只说明理由而不明确表示拒绝的表达方式，这种表达方式是由于日本人对于他人的"客气意识"（遠慮意識）而采用的语用策略。

在本研究的研究调查结果中，也有这种只叙述理由而不明确说出"拒绝"的表达方式。本节将详细探讨在利益、负担不同的场合下，面对社会地位、心理负担不同的对象时，中日两种语言中委婉表达方

式的出现频率有何差异和特点,同时也将对 DCT 研究法所得的结论进行进一步的证实。

2.3.1 "委婉拒绝"表现的分析方法

"委婉拒绝"指的是在拒绝表现中回避表明"拒绝"意图,从说话行为开始到结束,面对对方的"请求""邀请""建议"等,不使用"～することができない(不能做)"、"無理だ(不行)"、"結構だ(不行)","お断りする(不做)"等直接表达拒绝的语义程序(即"拒绝"这一语义程序),而是通过使用"说明理由""道歉"等其他语义程序来达到拒绝对方的目的。

以下将利用例句具体说明。

例(82) 噢{欲言又止},不好意思{道歉},我有约{说明理由}。

(CM4:拒绝普通朋友的"请求")

例(83) 噢{欲言又止},老师{称呼},我明天有一个团要训练{说明理由}。

(CF2:拒绝指导教师的"建议")

使用相同的标准对日语例句作了以下分析。

例(84) あ{欲言又止}、ごめんね{道歉}。その日はちょっと{说明理由}…。

(JM2:拒绝普通朋友的"建议")

例(85) ごめんなさい{道歉}。ちょっと忙しいんで{说明理由}。

(JM5:拒绝指导教师的"请求")

2.3.1.1 拒绝"请求"的场面

本研究认为,拒绝"请求"时所涉及的双方之间的利益、负担比其他"邀请""建议"等场面重。对他人的"请求"进行拒绝时,委

婉拒绝表现的出现频率如下表所示。

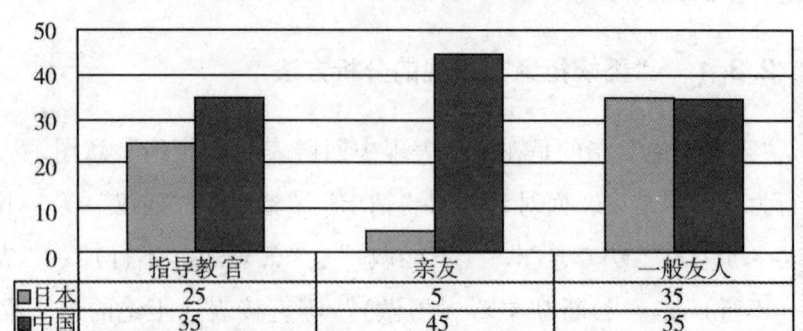

表 2-10 拒绝"请求"时委婉拒绝表现的出现频率（%）

	指导教官	亲友	一般友人
日本	25	5	35
中国	35	45	35

如上表所示，拒绝"请求"时，中日两种语言中都使用了不明言"拒绝"的委婉拒绝方式。面对"外（ソト）"范畴的普通朋友时，日语中委婉拒绝表现的出现频率最高，达到了45%，其次就是在面对指导教师时的出现频率为25%。面对好友时，这种表达方式的出现频率最低。指导教师和普通朋友都属于心理距离较远的"外（ソト）"范畴，对他们进行拒绝时，需要表达关怀的心情，因此会较多地使用不明言拒绝的委婉表达方式。

而汉语中却是在面对好友时，这种表达方式的出现频率最高，达到了45%，其次才是指导教师和普通朋友，其出现频率都是35%。

由此可见，汉语中对于好友的关怀心情最强烈，而日语中对指导教师和普通朋友的关怀心情更强烈。因此，在面对不同的对象时，两种语言中选择的言语策略也不同。

2.3.1.2 拒绝"邀请"的场面

对他人的"邀请"进行拒绝时，委婉拒绝表现的出现频率如下表所示。

第三部　角色扮演（Roll – Play）研究法视野下的中日拒绝表现对比研究

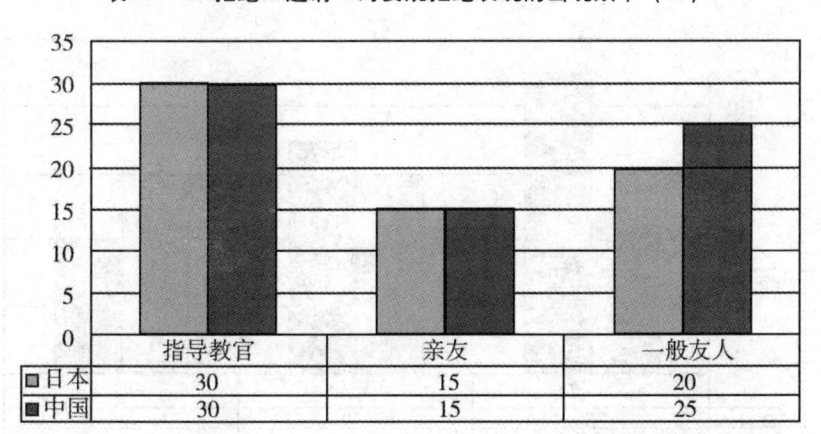

表 2 – 11　拒绝"邀请"时委婉拒绝表现的出现频率（%）

	指导教官	亲友	一般友人
日本	30	15	20
中国	30	15	25

调查显示，对指导教师的"邀请"进行拒绝时，日语中委婉表达方式的出现频率为30%，面对普通朋友和好友时其出现频率分别是20%、15%。虽然三类人群的社会地位以及心理负担度各有不同，但在委婉拒绝表现的出现频率上却没有显示出太大差异。

关于委婉拒绝表现的出现频率，汉语与日语显示出了相同的倾向，从高到低依次排序分别是指导教师（30%）、普通朋友（25%）、好友（15%）。

拒绝对方的"请求"所涉及的利益、负担度最高，因此中日语言在委婉拒绝的选择策略上多少存在着差异，但在"邀请"这一几乎不存在任何利益和负担的场合下，两种语言几乎不存在明显的差异。

2.3.1.3　拒绝"建议"的场面

拒绝对方的"建议"所带来的双方之间的利益、负担度在三种场合中属于最低。对他人的"建议"进行拒绝时，委婉拒绝表现的出现频率如下表所示。

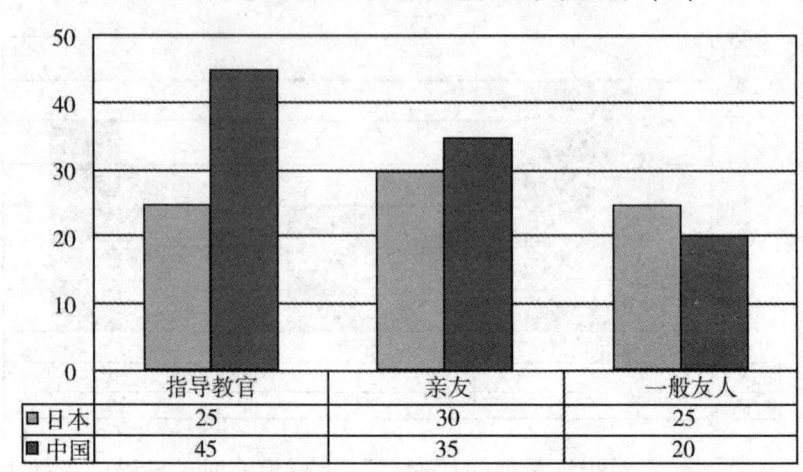

表 2-12　拒绝"建议"时委婉拒绝表现的出现频率（%）

	指导教官	亲友	一般友人
日本	25	30	25
中国	45	35	20

汉语中，对指导教师的"建议"进行拒绝时，委婉拒绝表现的出现频率最高，达到了 45%，其次是面对好友，其出现频率为 35%，出现频率最低的即是拒绝普通朋友的"建议"，出现频率只有 20%。

而日语中则是在面对好友时，这种表达方式的出现频率最高，达到 30%。面对指导教师和普通朋友时，委婉拒绝表现的出现频率相同，都是 25%，三种设定的对象之间频率差距并不大。

拒绝他人的"建议"时，中日两种语言表现出了相同倾向，委婉拒绝表现的出现频率几乎不存在很大的差别。从整体来看，虽然汉语比日语中更多地使用这种拒绝表现方式，但其实中日两种语言中其出现频率并无较大的差别。无论是在"请求""邀请""建议"中的哪种场合，无论是面对指导教师、好友还是普通朋友，两种语言中委婉拒绝表现的出现频率平均都维持在 30% 左右。

2.4　本章总结及相关考察

本章利用角色扮演法，将研究分为"请求""邀请""建议"3 个场景，并设定了指导教师、好友和普通朋友 3 种对象，即共 9 项内容。

第三部　角色扮演（Roll-Play）研究法视野下的中日拒绝表现对比研究

DCT 研究法的调查结果显示，汉语中出现的语义程序共 16 种，日语共 14 种，汉语比日语更多地使用了"称呼"和"反问信息"这两种语义程序。但本章的角色扮演研究法结果中却显示，汉语共出现了 14 种语义程序，日语共有 13 种。另外，汉语比日语更多地使用"玩笑"、"称呼"和"反问信息"这三种语义程序，而日语比汉语更多地使用了"保留"和"寒暄"这两种语义程序。相比下来，DCT 研究法中的语义程序种类更多，其中的原因在于 DCT 研究法有充足的书写时间，而实时进行的角色扮演研究法需要即兴，因此出现了语义程序的数量少的结果。

虽然两种研究方法所得到的语义程序种类数不同，但在出现频率上却没有太大的变化。角色扮演研究法证实了前文 DCT 研究法的调查结果，也明确地反映出了中日两种语言在语义程序上各自的特点。

2.4.1　拒绝表现中"高频率语义程序"的异同点

对于利益、负担、上下以及亲疏关系都不同的 3 种场合和 3 种对象，中日两种语言中都使用了"说明理由"、"道歉"、"拒绝"以及"欲言又止"这几种主要的语义程序，可以说它们在拒绝表现中起着非常重要的作用。本研究将这些出现频率较高的几种基本语义程序称为"高频率语义程序"。

为了解决拒绝表现带来的问题和摩擦，恢复人际关系，中日两种语言中都会使用各种"高频率语义程序"。其中，"说明理由"、"道歉"、"拒绝"和"欲言又止"等语义程序的作用最明显，构成了拒绝表现的基本语义程序。

由于中日两国之间社会文化规范和价值观都存在着差异，因此两种语言中的"高频率语义程序"也自然存在着各种差异。汉语中根据

不同的利益、负担度，以及不同的上下、亲疏关系，"高频率语义程序"的具体内容也会随之不同。但日语中无论在什么场合或面对什么对象，"高频率语义程序"的内容都不会发生变化，即始终都是"说明理由"、"道歉"、"拒绝"和"欲言又止"这四种。在进行拒绝表现时，中日两种语言中最重要的语义程序都是"说明理由"、"拒绝"和"欲言又止"，但汉语中的"高频率语义程序"要多一种"称呼"。调查显示，当面对指导教师时，日语中却很少会使用"老师"这种"称呼"的语义程序，但在汉语中这种语义程序的出现频率却达到了60％。

无论在任何场合，日语都倾向使用"道歉"这一语义程序，这种倾向性与利益、负担度，或对方的心理负担都无关，因此日语中"道歉"的出现频率平均达到了62％。相比之下，汉语中该语义程序的出现频率平均只有33％，尤其是在拒绝好友的"建议"时，汉语中更是完全不会使用"道歉"这种语义程序。日语中使用这种语义程序，主要是为了缓和拒绝行为引起的摩擦，达到修复人际关系的目的。不同的是，汉语中为了达到相同的目的，则会选择使用"另寻方案""下次再约""共鸣"等表达积极态度的语义程序。

另外，从"反问信息"这一语义程序上也可以看出中日两种语言之间的差异。"反问信息"是指，拒绝方在传达拒绝意图前，向对方询问事件相关的信息，以表达关心的态度。进行拒绝表现时，汉语中"反问信息"这一语义程序的出现频率达到43％，但在日语中却很少使用。因此，在汉语中"反问信息"也属于"高频率语义程序"的一种。

关于两种研究方法所得到的"高频率语义程序"，中日两种语言之间存在着各种差异。根据DCT研究法表明，中日两国语言中共同的"高频率语义程序"有以下三种："说明理由"（汉语94％，日

语90%)、"拒绝"(汉语48％，日语80%)、"道歉"(汉语46％，日语78%)，汉语除了以上三种"高频率语义程序"外，还有再加上"称呼""反问信息"等语义程序，即汉语中共五种。但如果根据角色扮演法的调查结果，"高频率语义程序"的内容就发生变化。DCT研究法中中日两种语言的"高频率语义程序"都集中在某几种表达方式上，但在角色扮演法中的"高频率语义程序"却包含更多形式。

有关日语中的"高频率语义程序"，角色扮演法的调查结果与DCT研究法相同，即都集中在"说明理由"(84％)、"拒绝"(76％)和"道歉"(62%)三种语义程序上，除此之外，日语中"欲言又止"这一语义程序也以44%的出现频率成为"高频率语义程序"之一。

而关于汉语中的"高频率语义程序"，角色扮演法的研究结果与DCT研究法的调查结果发生了一些变化，变为"说明理由"(89％)、"拒绝"(68％)、"欲言又止"(62％)这三种。根据角色扮演法的调查显示，汉语中只有在面对指导老师和普通朋友时，才会较多地使用"道歉"这种语义程序，而在面对好友时，尤其是在"建议"这种场合下，几乎完全不会使用"道歉"这一语义程序。因此，在这种场面，汉语中的"道歉"就很难成为一种"高频率语义程序"。另外，在汉语的拒绝表现中，"反问信息"以43%的出现频率成为一种新的"高频率语义程序"，以及在面对指导老师时，"称呼"这一语义程序也以60%的出现频率成为了"高频率语义程序"。

2.4.2 拒绝表现中"低频率语义程序"的异同点

在拒绝表现中，中日两种语言出现频率最高的语义程序即是"说明理由"、"道歉"、"拒绝"和"欲言又止"这4种基本的语义程序。

在本研究中，除了这些"高频率语义程序"以外，其他的语义程序则被称为拒绝表现中的"低频率语义程序"。

"低频度语义程序"的直接目的并不是为了传达拒绝意图，而是表达说话人的一种积极态度，起到缓和拒绝表现的作用。进行拒绝表现时，中日两国语言中除了使用共同的"高频率语义程序"以外，还有各种"低频率语义程序"。

中日两种语言在"低频率语义程序"的使用上也存在着各种差异。相比日语，汉语中会更多地使用"请求对方的理解"，以及表达同伙意识的"玩笑"这两种语义程序，而日语中则更多地使用"保留"和"寒暄"这两种语义程序。

进行拒绝表现时，无论在什么场合或面对什么对象，日语中都几乎不会使用"另寻方案"和"下次再约"这种"低频率语义程序"，而是较多地使用"说明理由"、"道歉"、"拒绝"和"欲言又止"等"高频率语义程序"。与日语相比，汉语中不仅"高频率语义程序"的种类较多，"低频率语义程序"的出现频率也明显高于日语。

两种不同的研究方法所得的研究结果中也可以看出"低频率语义程序"的差异。DCT研究法中，除了"说明理由""拒绝""道歉"这三种"高频率语义程序"①之外，其他的所有语义程序都属于"低频率语义程序"。结果显示，汉语中有12种"低频率语义程序"，日语中共有11种。角色扮演法中出现的语义程序的总数要低于DCT研究法，不仅如此，由于日语中的"欲言又止"以及汉语中的"欲言又止""反问信息"等语义程序新成为"高频率语义程序"，所以"低频率语义程序"的种类也出现减少的现象。根据角色扮演法的调查结果显示，汉语中的"低频率语义程序"共有8种，

---

① 在拒绝指导老师时，汉语中的"称呼"这一语义程序也成为"高频率语义程序"。

第三部 角色扮演（Roll-Play）研究法视野下的中日拒绝表现对比研究

日语中则有9种。

如上所述，DCT研究法所得的"低频率语义程序"种类要多于角色扮演法的调查结果。另外，DCT研究法视角下的汉语"低频率语义程序"的种类数量多于日本，但在角色扮演法中却显示日语中的"低频率语义程序"的种类多于汉语。

第三章 拒绝表现中语义程序
（话语量）的平均值

　　本章将通过对中日拒绝表现的语义程序（话语量）的平均值进行分析和考察，总结两国语言拒绝表现的特征。本研究将分析面对利益、负担不同的场合和社会地位、心理负担不同的对象时，语义程序（话语量）的平均值是否会有变化，如若有变化，以社会地位（上下关系）、心理因素（亲疏关系）和场面的利益、负担为变量，会给拒绝表现的话语量带来什么样的影响，然后对两国语言拒绝表现的话语量平均值进行 t 检定，从统计学的视角考证是否存在显著差异，并进一步检验 DCT 研究法所得的结果。

3.1 拒绝表现中语义程序（话语量）平均值的计算方法

　　在拒绝表现中语义程序（话语量）平均值的计算方法上，第二部分的 DCT 研究法也进行了同样的研究，具体内容请参照第二部分第三章的相应内容。

3.2 各调查项目的语义程序（话语量）的平均值

　　分析结果显示，在场面的利益、负担不同的 3 个场景中，以社会

第三部 角色扮演（Roll-Play）研究法视野下的中日拒绝表现对比研究

地位、心理负担（亲疏关系）为变量，中日两国语言的话语量平均值均发生了变化。面对指导教师时话语量的平均值最高，亲友次之，面对普通朋友时最低。

3.2.1 拒绝"请求"时的语义程序（话语量）的平均值

表3-1 拒绝"请求"时的语义程序（话语量）的平均值

对象 语义程序	指导教师		亲友		普通朋友	
	日本	中国	日本	中国	日本	中国
语义程序的最小值	2	4	1	3	1	2
语义程序的最大值	6	7	5	6	5	6
语义程序的平均值	4.0	5.2	3.05	4.5	2.95	4.25
标准差	2.00	1.22	1.62	1.10	0.99	0.72
t检验的显著差异	**		**		**	
受试者总数	20	20	20	20	20	20

**$p<0.01$

3.2.1.1 拒绝指导教师"请求"时的语义程序（话语量）的平均值

对"请求"的拒绝表现中，中日两国语言均是面对指导教师时话语量的平均值最高，汉语是5.2，日语是4.0，汉语的话语量平均值要显著高于日语。这也是本研究设定的3个场景和3个对象中，两国语言话语量平均值的最高数值。拒绝指导教师的"请求"时，两国语言话语量的最小值分别为汉语是4，日语是2，最大值分别为汉语是7，日语是6。

拒绝指导教师的"请求"时，日语除了使用"道歉""说明理由""拒绝"的基本搭配外，还使用了对违背对方"请求"起缓和作用的"欲言又止"，以此来修复双方的不平衡关系，从而导致话语量的最高平均值。汉语跟日语一样，同样使用了"道歉""说明理由""拒绝"的模式。但和日语相比，汉语中大量使用了"称呼"或"欲

言又止"等其他语义程序,所以汉语的话语量平均值要高于日语。

违背了对方意愿,有可能导致人际关系不平衡的拒绝表现中,向对方过于清楚地说明个人理由违反了日语的言语行为规则。所以在此场合下,使用"说明理由"或"拒绝"、"道歉"等3个必要的"高频率语义程序"就足以达到充分交流和沟通的效果。但在汉语中,这样做会给人诚意不足的感觉,并给人"冷漠、人情淡薄、形式主义、见外"等负面印象。因此,利益、负担越重,或对方的社会地位越高,为了给对方以良好的印象必须要使用各种各样的语义程序。因此,汉语的话语量平均值要高于日语。关于汉语的言语表现的习惯,彭(2004)称之为"关怀表现"中的"心情舒畅的表达"(让人心情变好的表达)。但在日本人看来,这种表现可能给人"强加于人、太夸张、过分亲密"的负面印象,所以日语拒绝表现较为简洁、清楚,导致语义程序的平均值低于汉语。

拒绝指导教师的"请求"时,汉语的语义程序平均值要高于日语。从 t 检验的结果来看,两者间存在显著差异。

3.2.1.2 拒绝亲友"请求"时的语义程序(话语量)的平均值

对"请求"的拒绝表现中,中日两国语言面对亲友的语义程序的平均值均低于指导教师,数值第二高。其话语量的平均值分别为汉语是4.5,日语是3.05,汉语的数值要高于日语。语义程序的最小值分别为汉语是4,日语是2,最大值分别为汉语是8,日语是6。

拒绝亲友的"请求"时,日语主要以"说明理由"、"道歉"、"拒绝"的"高频率语义程序"来进行拒绝表现。汉语是以表达自身理由的语义程序为中心,大量使用表达对对方关心的"反问信息"或"另寻方案"、"拒绝"、"道歉"等语义程序,以此达到回避拒绝言语行为带来的人际关系的危险。这也导致了汉语的话语量平均值高于日语。

拒绝亲友的"请求"时,汉语语义程序的平均值要高于日语。从

t 检验的结果来看,两者间也存在显著差异。

3.2.1.3 拒绝普通朋友"请求"时的语义程序(话语量)的平均值

在"请求"场面进行拒绝表现时,中日两国语言均是面对指导教师时话语量的平均值最高,亲友次之,面对普通朋友时最低。在拒绝普通朋友的"请求"时,话语量的平均值分别为汉语是4.25,日语是2.95,汉语的话语量平均值高于日语。语义程序的最小值分别为汉语是2,日语是1,最大值分别为汉语是6,日语是5。

面对属于"外(ソト)"的普通朋友时,日语大量使用"说明理由""道歉""拒绝"等"高频率语义程序"来进行拒绝表现,但汉语却大量使用"欲言又止""反问信息""下次再约"等"低频率语义程序"。在汉语中,因亲疏关系的不同,包括个人理由的叙述方法在内,表达说话人积极态度的"低频率语义程序"的使用上也有较大差异。而日语中,无论亲属关系怎样,均以"说明理由""道歉""拒绝"等"高频率语义程序"来进行拒绝表现。在面对亲友时,汉语大量使用表达说话人积极态度的"低频率语义程序",而面对普通朋友时,其使用频率较低。进行拒绝表现的负担度越高语义程序的平均值也越高,负担度越低语义程序的平均值也越低。

"请求"是请求者(说话人)单方受益的行为,被请求者(听者)必须要做出一定牺牲,受到一定损失。请求者(说话人)和被请求者(听者)的亲密度和地位关系不同,被请求者(听者)所感受到的负担度也存在相对性,不断地发生变化。对"请求"进行拒绝时,对指导教师或亲友的相对负担较重,但对普通朋友的负担较之相对低一些。所以在本研究中,对普通朋友"请求"的相对负担最低,拒绝表现的语义程序的平均值也最低。

在拒绝普通朋友的"请求"时,汉语的语义程序平均值要高于日语。从 t 检验的结果来看,两者间存在显著差异。

3.2.2 拒绝"邀请"时的语义程序（话语量）的平均值

在"请求""邀请""提案"3个场景中，单方面受益的"请求"的负担感最重，对"邀请"场面进行拒绝行为的负担度次之，是负担度第二高的场合。

表3-2 拒绝"邀请"时的语义程序（话语量）的平均值

对象 语义程序	指导教师 日本	指导教师 中国	亲友 日本	亲友 中国	普通朋友 日本	普通朋友 中国
语义程序的最小值	1	3	1	1	1	2
语义程序的最大值	6	8	5	6	5	6
语义程序的平均值	3.8	4.8	2.95	3.35	3.2	4.65
标准差	3.64	2.58	0.89	1.92	1.01	0.87
t检验的显著差异	**	**	…	…	**	**
受试者总数	20	20	20	20	20	20

**$p<0.01$　…ns $p>0.1$

3.2.2.1 拒绝指导教师"邀请"时的语义程序（话语量）的平均值

对指导教师的"邀请"进行拒绝言语行为的话语量中，其最小值分别为汉语是3，日语是1，最大值分别为汉语是8，日语是6。其话语量的平均值分别为汉语是4.8，日语是3.8。中日两国语言均是对指导教师时的话语量的平均值最高。

对指导教师的"邀请"进行拒绝行为时，日语依旧以拒绝表现中最重要的"说明理由""拒绝""道歉"的"高频率语义程序"为中心来进行拒绝表现，几乎不使用表达拒绝者积极态度的"共鸣""遗憾"的"低频率语义程序"，导致话语量的平均值低于汉语。

汉语和日语一样，大量使用拒绝表现中最重要的"说明理由""拒绝""道歉"的"高频率语义程序"，同时也大量使用现代汉语中占据重要位置的"称呼"的语义程序。面对社会地位高的对象，日语

第三部 角色扮演（Roll-Play）研究法视野下的中日拒绝表现对比研究

中有4个"高频率语义程序"，即"说明理由""道歉""拒绝""欲言又止"。但与之相比，汉语有6个，多了"称呼""反问信息"等两个语义程序。

"邀请"是同时能够调动对方情绪的行为。"邀请"行为一旦达成，跟"请求""提案"相比，最能满足双方的积极面子（Positive face）。因此，当拒绝对方好意的"邀请"时，最重要的就是要遵守Leech（1983）主张的"认可原则"（最大限度地赞赏、肯定对方）和"同感原则"（最大限度地让自己和对方感受同感）。对方的社会地位越高，拒绝者感到的心理负担越重。为了减轻心理负担，要运用各种语言手段来缓和拒绝行为所产生的人际关系的不平衡，从而导致话语量的平均值增高。

拒绝指导教师的"邀请"时，汉语语义程序的平均值要高于日语。从t检验的结果来看，两者间存在显著差异。

3.2.2.2 拒绝亲友"邀请"时的语义程序（话语量）的平均值

对"邀请"的拒绝行为中，中日两国语言均是面对指导教师时的话语量平均值最高，面对普通朋友时次之，面对亲友时的语义程序的平均值最低。中日语义程序的最小值均是1，最大值分别为汉语是6，日语是5，语义程序的平均值分别为汉语是3.35，日语是2.95。

日语主要是以"说明理由"和"拒绝"的语义程序为中心进行拒绝表现。"道歉"的使用频率仅为50%，缓和拒绝表现的"欲言又止"的使用频率仅为30%，这也导致语义程序的平均值不高的现象。汉语对亲友"邀请"的拒绝表现中，同样也不怎么使用"道歉"的语义程序，其使用频率仅为10%。汉语的拒绝表现主要集中在"说明理由""拒绝""欲言又止""反问信息"等4个语义程序，其他语义程序基本不使用，所以话语量的平均值也不太高。

拒绝亲友"邀请"时，汉语语义程序的平均值要高于日语，但差距并不太大。从t检验的结果来看，两者间不存在显著差异。

3.2.2.3 拒绝普通朋友"邀请"时语义程序（话语量）的平均值

对"邀请"进行的拒绝表现中，中日两国语言均是面对普通朋友时的话语量平均值要高于亲友，数值第二高。其语义程序的最小值分别为汉语是2，日语是1，最大值分别为汉语是6，日语是5，语义程序的平均值分别为汉语是4.65，日语是3.2。

对普通朋友的"邀请"进行拒绝表现时，日语不仅以"道歉""说明理由""拒绝""欲言又止"等"高频率语义程序"的构造进行话语行为，还使用了缓和拒绝表现、传达积极态度的"寒暄"等"低频率语义程序"。因此，话语量的平均值也有所增高。汉语和日语一样，不仅以"高频率语义程序"进行话语行为，同时还并用了"反问信息"等语义程序，且其使用频率要高于日语。因此导致汉语的总体语义程序的平均值要高于日语。

拒绝普通朋友"邀请"时，汉语的语义程序平均值要高于日语。从 t 检验的结果来看，两者间存在显著差异。

3.2.3 拒绝"提案"时的语义程序"话语量"的平均值

面对社会地位及亲疏关系不同的人物提出的"提案"进行拒绝言语行为时所出现的话语量的平均值如表3-3所示。

表3-3 拒绝"提案"时的语义程序（话语量）的平均值

对象 语义程序	指导教师 日本	指导教师 中国	亲友 日本	亲友 中国	普通朋友 日本	普通朋友 中国
语义程序的最小值	1	2	1	1	2	2
语义程序的最大值	5	13	5	5	6	6
语义程序的平均值	3.45	4.75	2.45	2.6	3.25	3.4
标准差	1.41	3.62	2.56	1.20	2.31	1.20
t 检验的显著差异	**		…		…	
受试者总数	20	20	20	20	20	20

$**p<0.01$ …ns $p>0.1$

3.2.3.1 拒绝指导教师"提案"时的语义程序（话语量）的平均值

对"提案"的拒绝表现中，由于中日两国语言均是对指导教师感到的心理负担最重，所以话语量的平均值也最高。其话语量的最小值分别为汉语是2，日语是1，最大值分别为汉语是13，日语是5，平均值分别为汉语是4.75，日语是3.45。

对指导教师的"提案"进行拒绝表现时，日语大量使用"说明理由""拒绝""道歉""欲言又止"等4个语义程序。而汉语不仅大量使用"说明理由""欲言又止""称呼""反问信息"等5个语义程序，还使用了"另寻方案""下次再约""共鸣"等"低频率语义程序"，且使用频率高于日语，所以汉语的话语量平均值要高于日语。

拒绝指导教师的"提案"时，汉语的语义程序平均值要高于日语。从t检验的结果来看，两者间存在显著差异。

3.2.3.2 拒绝亲友"提案"时的语义程序（话语量）的平均值

对"提案"的拒绝表现中，中日两国语言均是对指导教师的心理负担最重，话语量的平均值也最高。但由于两国语言均是对亲友的"提案"进行拒绝言语行为时几乎不存在心理负担，所以话语量的平均值也低于指导教师和普通朋友，数值最低。其话语量的最小值均为1，最大值均为5，平均值分别为汉语是2.6，日语是2.45。汉语的话语量平均值略高于日语。

对"请求"的拒绝表现中，汉语和日语均是对属于"内（ウチ）"的亲友的心理负担最重，所以在进行拒绝表现时，十分注重措辞的方式，大量使用满足对方积极面子（Positive face）的语义程序来保持人际关系的平衡。所以，当场面的利益、负担越重，对亲友的语义程序的平均值也越高。但像"邀请""提案"这样的同时满足双方积极面子（Positive face）的场合，中日两国语言在面对属于"内（ウチ）"的对象时，不太注意措辞，可以十分轻松地进行拒绝行为，从而导致面对亲友时的话语量的平均值低于指导教师或普通朋友等属于

"外（ソト）"的对象。这一结论证实了三宅（1994b）的研究结果。

从拒绝亲友的"提案"时话语量的平均值来看，汉语略高于日语，但差距不明显。t 检验的结果表明，二者间不存在显著差异。

3.2.3.3 拒绝普通朋友"提案"时的语义程序（话语量）的平均值

对普通朋友的"提案"进行拒绝行为时，中日话语量的平均值均是低于指导教师，高于亲友时的场面。其最小值均为 2，最大值均为 6，平均值分别为汉语是 3.4，日语是 3.25。

"提案"与利益、负担及紧急度高的"请求"场合不同，双方基本不存在利益、负担。相对于心理距离近的亲友而言，对普通朋友的相对负担度更高。因此，和属于"内（ウチ）"的亲友相比，对普通朋友的"提案"进行拒绝行为时十分注意措辞，大量使用表达说话人积极态度的各种"低频率语义程序"。因此话语量的平均值也变高。本研究的结果与北尾（1998）关于相对负担度的结果及三宅（1994b）的主张保持一致。

从拒绝普通朋友的"提案"时话语量的平均值来看，汉语略高于日语，但差距不明显。t 检验的结果表明，二者间不存在显著差异。

3.3 本章总结及相关考察

本章运用角色扮演（Roll－Play）的研究方法，分析出面对事物的利益、负担度不同的场面和社会地位、心理负担、亲疏关系不同的对象时语义程序（话语量）的平均值是否会有变化，如若有变化，以社会地位（上下关系）、心理因素（亲疏关系）和事物的利益、负担度为变量，语义程序（话语量）的平均值将会发生什么样的变化。然后对两国拒绝表现的话语量的平均值进行 t 检验，检验是否存在统计学上的显著差异。通过对其结果进行分析，得出以下结论。

中日两国语言均是在事物的利益、负担度越高的场合下，话语量

第三部　角色扮演（Roll-Play）研究法视野下的中日拒绝表现对比研究

的平均值越高。在请求者单方受益，且对"对方利益优先度"要求很高的"请求"行为中，话语量的平均值最高。以两国语言的话语量平均值为基准，可以说话语量的平均值越高，表达方式的郑重性越高。在利益、负担度最高的"请求"场合中，中日两国语言均是对指导教师的话语量平均值最高，对亲友时次之，对普通朋友时最低。通过大量使用各种各样的语义程序，增加平均话语量来修复人际关系的不平衡，最终达成具有郑重性和恰当性的拒绝表现。

在场面的利益、负担度相对不太重的"邀请""提案"的场合，两国语言均是对心理距离远的普通朋友的话语量平均值高于对亲友时的情况，通过大量运用各种语义程序来防止人际关系的不平衡。由于跟属于"内（ウチ）"且心理距离近的"亲友"已经建立了亲密的人际关系，所以没有必要再像面对普通朋友时那样，在措辞时十分注重表达对对方的关怀。元（1999）也指出，在拒绝言语行为中，越是面对尊重的人，越是出现语义程序多用的倾向，其话语量也变长的现象。可以说，在日韩两国语言中，语义程序的多用是表达郑重的方法（断る場面において丁寧にすべき人ほど意味公式を多用する傾向が見られ、丁寧にすべき人ほど発話文が長くなり、日韓両言語では意味公式の多用が丁寧さを表す方法である）。

由于语言构造及社会文化规范、价值观的不同，即使面对同样的场景和对象，其拒绝表现也有差异。无论面对何种场景、任何对象，汉语话语量的平均值都要高于日语，从 t 检验的结果来看，9 个项目中，有 6 个项目存在显著差异。通过角色扮演（Roll-play）研究法得到的结果与 DCT 研究法的结果基本一致，进一步检验了 DCT 研究法的有效性。

但由于角色扮演和 DCT 是不同的研究方法，所以在语义程序的平均值上仍存在几个不同点。所有由角色扮演研究法得出的语义程序的平均值均高于 DCT 研究法得出的数值。这是因为，角色扮演研究法更

贴近于真实的谈话，经常出现"欲言又止"或其他语义程序并用的现象，所以得出的结果要高于DCT研究法得出的数值。而且DCT研究法中得出的日语偏差值为0.88－1.23，汉语的偏差值为0.94－1.45，两国语言的语义程序平均值的偏差值均较小。但角色扮演研究法中得出的日语偏差值为0.89－3.64，汉语的偏差值为0.72－3.62，数值均大于DCT研究法所得到的偏差值数据。

在DCT研究法中，受试者能够一边考虑一边回答问题，所以受试者的回答可以说是针对该问题的最理想的答案。但在角色扮演研究法中，受试者必须要直接回答问题，没有仔细考虑的时间，所以均是比较个人化的答案。而这在一定程度上，更接近于现实中的言语行为，可以说其可信度极其高。

通过对两个研究法的结果进行比较，证实了中日语义程序的平均值和语义程序平均值的偏差值上均存在差异。大体来看，角色扮演研究法得出的平均值要高于DCT研究法所得到的语义程序平均值的数据。在本研究设定的9个项目中，日语有6个、汉语有7个项目的由角色扮演研究法得出的语义程序平均值都要高于DCT研究法的结果。在角色扮演研究法中，中日两国语言均使用了"欲言又止""共鸣""另寻方案""寒暄"等表示各种礼貌的语义程序，而这些语义程序在DCT研究法中基本不太使用，这也导致了角色扮演研究法得出的语义程序的平均值高于DCT研究法所得出的数据。

第四章　拒绝表现中语义程序的结构（步骤）

本章将对拒绝表现中语义程序的结构（步骤）进行考察，主要分析注重恰当性和郑重性的拒绝表现的结构，并在此基础上探寻中日两国语言的拒绝表现的规律性，最终达到揭示两国语言拒绝表现的总体结构，检验 DCT 研究法的结果。

4.1　语义程序的结构（步骤）分析方法

本研究将对角色扮演（Roll－play）研究法所得到的数据进行语义程序的具体分类，以话语量的平均值为基准，依次找出使用频率高的语义程序的话语流程，了解其结构。由于本研究的调查分析所得出的话语量的最小值为 2.45，最大值为 5.2，所以将拒绝表现从开始到结束划分为从第一话语至第三话语或第四话语、第五话语等数个区间。

4.2 各调查项目的语义程序的结构

4.2.1 拒绝"请求"的场面

4.2.1.1 拒绝指导教师的"请求"时的语义程序的结构（步骤）

按照拒绝表现中话语流程的使用率由高至低的顺序，将日语从第一话语至第四话语，汉语从第一话语至第五话语的结构进行排列。从而得到如下结构：

表 4-1 拒绝指导教师"请求"时的语义程序的结构

说话人：第1话语	➡第2话语	➡第3话语	➡第4话语	➡第5话语
日 语：欲言又止（40%）	➡道歉（45%）	➡说明理由（40%）	➡道歉（25%）	
汉 语：欲言又止（70%）	➡称呼60%）	➡说明理由（35%）	➡说明理由（65%）	➡拒绝（35%）

拒绝指导教师的"请求"时，日语以"欲言又止""道歉""说明理由""道歉"的"高频率语义程序"来进行拒绝言语行为。汉语也同样以"欲言又止"来展开拒绝表现，紧接着是"称呼""说明理由""说明理由""拒绝"的语义程序。在本次调查分析中，日语从未使用过"称呼"的语义程序，但汉语中，对指导教师的"请求"进行拒绝表现中，大量使用"称呼"的语义程序。

在拒绝表现中，"称呼"的语义程序在汉语中的作用较日语更为重要。进行日常的言语行为时，和年龄及社会地位高于自己的人物进行言语行为时，是否使用"称呼"会导致双方言语行为的礼貌程度产生巨大差别。如若不使用"称呼"这一语义程序直接展开话题，会有十分失礼的危险。

第三部 角色扮演（Roll-Play）研究法视野下的中日拒绝表现对比研究

拒绝指导教师"请求"时的语义程序结构中，中日两国语言在"道歉"的使用上显现出显著差异。在日语中，"道歉"的语义程序是拒绝表现结构的重要内容，而在汉语的语义程序结构中却没有使用"道歉"的语义程序。

中日拒绝表现结构中的另一显著差异就是汉语中的"多用辩解现象"。在日语中，无论面对何种场景、任何对象，"说明理由"这一语义程序基本只使用1次。但在汉语中却发生"多用辩解现象"，尤其是对社会地位高于自己的对象或紧急度高的"请求"场合进行拒绝行为时容易出现此现象。日语习惯于说普通而抽象的理由，而不做具体的说明，所以"说明理由"的语义程序仅被使用1次。但汉语和日语不同，经常习惯于说明具体的理由，所以"说明理由"的语义程序被使用2次以上，产生了"多用辩解现象"。在汉语中，过多的使用"说明理由"会容易给对方一种"强加于人"的印象，但使用2次"说明理由"的语义程序来说明具体的理由，能有效地预防拒绝行为所导致的人际关系不平衡的产生。因此，对指导教师的"请求"进行拒绝表现的结构中，"称呼"和适当地使用"说明理由"的语义程序占据着重要的位置。

4.2.1.2 拒绝亲友"请求"时的语义程序的结构（步骤）

按照拒绝表现中话语流程的使用率由高至低的顺序，将日语从第一话语至第三话语，汉语从第一话语至第五话语的结构进行排列。从而得到如下结构：

表4-2 拒绝亲友"请求"时的语义程序的结构（步骤）

说话人：第1话语	➡第2话语	➡第3话语	➡第4话语	➡第5话语
日 语：欲言又止（35%）	➡道歉30%）	➡说明理由（30%）		
汉 语：欲言又止（40%）	➡说明理由（40%）	➡说明理由（40%）	➡说明理由（25%）	➡另寻方案（15%）

面对亲友的"请求"进行拒绝言语行为时，日语以"欲言又止""道歉""说明理由"的"高频率语义程序"来进行拒绝表现的话语行为。而汉语的第一话语和日语一样是缓和拒绝表现的"欲言又止"的语义程序，第二话语至第四话语是连续的"说明理由"的语义程序，在第五话语时以表达说话人积极态度的"另寻方案"来结束拒绝表现。对亲友进行紧急度高的拒绝表现时，为了预防拒绝行为带来的双方人际关系的不平衡，汉语中大量使用"说明理由"的语义程序的同时，也大量使用表达拒绝者积极态度的"另寻方案"的语义程序。

"请求"将对对方带来消极含义，所以拒绝"请求"时的利益、负担度要高于拒绝"邀请"和"提案"时的情况。因此，对亲友的拒绝表现是对Goffman（1971）所提出的"关系修复行为"的要求最为严格的言语行为。日语以"欲言又止""道歉""说明理由"三个语义程序来简洁地进行Goffman（1971）提出的"关系修复行为"。而汉语中，以"多用辩解现象"为中心，并在其前后并用各种语义程序来进行"关系修复行为"。

4.2.1.3 拒绝普通朋友"请求"时的语义程序的结构（步骤）

按照拒绝表现中话语流程的使用率由高至低的顺序，将日语从第一话语至第三话语，汉语从第一话语至第四话语的结构进行排列。从而得到如下结构：

表4-3 拒绝普通朋友"请求"时的语义程序的结构（步骤）

说话人：第1话语	➡第2话语	➡第3话语	➡第4话语
日 语：欲言又止（55%）	➡说明理由（55%）	➡拒绝（25%）	
汉 语：欲言又止（40%）	➡道歉（25%）	➡说明理由（35%）	➡说明理由（30%）

拒绝普通朋友的"请求"时，日语以"欲言又止"的语义程序开始拒绝表现，紧接着是"说明理由"和"拒绝"的"高频率语义程

第三部　角色扮演（Roll-Play）研究法视野下的中日拒绝表现对比研究

序"。汉语同样以"欲言又止"的语义程序开始拒绝表现，紧接着是"道歉""说明理由""说明理由"的结构。

指导教师和关系疏远的普通朋友均属于"外（ソト）"，而亲友属于"内（ウチ）"的范畴。对"请求"的拒绝表现中，当面对指导教师和亲友时，日语往往会使用表达关心对方的"道歉"的语义程序，而当面对普通朋友时却未使用"道歉"的语义程序。汉语中，即使对象均属于"外"，当面对指导教师时未使用"道歉"的语义程序，而当面对普通朋友时却使用"道歉"的语义程序。

对心理距离较远的普通朋友的拒绝表现中，日语仅仅使用了1次"说明理由"的语义程序，而汉语中，无论面对任何对象都会发生"多用辩解现象"。这是由于汉语母语者试图通过运用各种"说明理由"的语义程序来使自身的拒绝行为变为正当化，以达到保持和对方友好关系的目的。

4.2.2　拒绝"邀请"的场面

4.2.2.1　拒绝指导教师"邀请"时的语义程序的结构（步骤）

按照拒绝表现中话语流程的使用率由高至低的顺序，将日语从第一话语至第四话语，汉语从第一话语至第五话语的结构进行排列。从而得到如下结构：

表4-4　拒绝指导教师"邀请"时的语义程序的结构（步骤）

说话人：第1话语	➡第2话语	➡第3话语	➡第4话语	➡第5话语
日　语：欲言又止（45%）	➡说明理由（40%）	➡拒绝（40%）	➡道歉（20%）	
汉　语：欲言又止（50%）	➡称呼（25%）	➡说明理由（30%）	➡拒绝（25%）	➡说明理由（15%）

针对指导教师的"邀请"，中日两国语言均是以"欲言又止"开

始进行拒绝表现，日语中紧接着是"说明理由""拒绝""道歉"的语义程序，而汉语是以"称呼""说明理由""拒绝""说明理由"的结构进行拒绝表现。

拒绝表达好意的"邀请"时，中日两国语言在拒绝表现结构上的显著差异在于汉语的"说明理由"和"称呼"的语义程序。

关于汉语中称呼问题的重要性，曹（2000：188）认为汉语中社交称谓的使用在人们日常交际活动中占着极其重要的位置。使用称谓语时所反应的，对交际对方的评价，交际双方的地位差异，和亲疏意识等价值取向，直接影响到交际活动的成败。所以要达到理想的交际效果，除了掌握社交称谓词之外，还必须要综合地把握好其他社会因素。确实，日语对所有听者均以"あのう～""すみません…"来开始谈话均不会存在礼貌降低的危险。而汉语中，尤其是对社会地位高于自己的对象，如若不使用正式的称呼，就是很失礼的说话方式。

在日语中，无论面对何种场景、任何对象，"说明理由"这一语义程序基本只使用1次。但在汉语中却发生"多用辩解现象"。在日语中，大量使用"说明理由"的语义程序不仅会给人"强词夺理"的印象，还有可能会阻碍交流的成功。而在汉语中，如果不把自己的理由表述清楚有可能对对方造成失礼，招致误解。在汉语中，过多地使用"说明理由"会容易给对方一种"强加于人"的印象，但使用2次"说明理由"的语义程序来说明详细的理由，会有效地预防拒绝行为所导致的人际关系不平衡的产生。

关于称呼问题，史（2004：159-160）认为称谓语是人际关系的一种标志，它本身就是一种文化现象。在特定场合用好适合对方身份的称呼语，显得说话人很尊重对方。本研究结果表明，在汉语文化圈内"称呼"的使用较日语更为普遍，在汉语中"称呼"的语义程序发挥着更重要的作用。

第三部 角色扮演（Roll-Play）研究法视野下的中日拒绝表现对比研究

4.2.2.2 拒绝亲友"邀请"时的语义程序的结构（步骤）

按照拒绝表现中话语流程的使用率由高至低的顺序，将日语和汉语从第一话语至第三话语的结构进行排列。从而得到如下结构：

表 4-5　拒绝亲友"邀请"时的语义程序的结构（步骤）

说话人：第 1 话语	➡第 2 话语	➡第 3 话语
日　语：欲言又止（30%）	➡说明理由（55%）	➡拒绝（35%）
汉　语：欲言又止（35%）	➡说明理由（45%）	➡说明理由（45%）

面对亲友的"邀请"时，日语以"欲言又止""说明理由""拒绝"这 3 个"高频率语义程序"来进行言语行为。而汉语以"欲言又止""说明理由""说明理由"的结构来进行拒绝表现。

在拒绝亲友的"邀请"时，汉语同样出现了"多用辩解现象"，而日语中，大多数场合均只使用 1 次"说明理由"的语义程序。在拒绝亲友的"邀请"时，汉语和日语不同，要通过对拒绝理由进行详细的说明来预防拒绝行为所导致的双方人际关系的不平衡。

本研究的调查结果和分析表明，汉语母语者的社交层接近于美国人的社交层，能够直言不讳地将自己的私人事情告诉朋友。因此，可以说汉语母语者的社交层要比日语母语者的社交层更深厚。日语中，无论面对任何场合，任何对象，基本只使用 1 次"说明理由"的语义程序，而汉语不同，均会发生"多用辩解现象"。

4.2.2.3 拒绝普通朋友"邀请"时的语义程序的结构（步骤）

按照拒绝表现中话语流程的使用率由高至低的顺序，将日语从第一话语至第三话语，汉语从第一话语至第五话语的结构进行排列。从而得到如下结构：

表4-6　拒绝普通朋友"邀请"时的语义程序的结构（步骤）

说话人：第1话语	➡第2话语	➡第3话语	➡第4话语	➡第5话语
日　语：欲言又止（35%）	➡说明理由（35%）	➡拒绝（30%）		
汉　语：欲言又止（65%）	➡说明理由（25%）	➡说明理由（65%）	➡说明理由（40%）	➡拒绝（20%）

针对普通朋友的"邀请"，日语以"欲言又止""说明理由""拒绝"这3个"高频率语义程序"来进行拒绝表现。汉语中同样以"欲言又止"的语义程序来展开拒绝表现，但紧接着就是汉语拒绝表现中典型的"多用辩解现象"，最终以"拒绝"的语义程序来结束谈话。

针对普通朋友的"邀请"，日语以几个必要的"高频率语义程序"进行拒绝言语表现。而汉语和日语不同，不太使用"高频率语义程序"，而是通过大量使用"说明理由"的语义程序来延长语义程序的构造。在进行拒绝表现时，日语一般不对个人理由进行详细说明，但汉语中，无论面对何种场景任何对象，都会清晰地表述拒绝的理由。

在应用语言学领域中，研究不同的社会级别、上下、亲疏等关系将对言语行为的措辞方略产生什么样的影响，是一个很重要的研究课题。本研究发现，因社会文化规范和价值观的不同，措辞方略的抉择也会发生不同的变化。日语是通过尊敬语、郑重语、谦逊语等语言形式的选择来决定社会力度、上下、亲疏等关系，而汉语是通过具体的言语内容来决定上下、亲疏等关系。例如，在日语中，当对方的社会地位高于自己时，必须要使用尊敬语或郑重语，即使是社会地位相同的对象，也要根据亲疏关系来决定是否使用"です、ます"体。但由于汉语的语言形式有限，没有像日语那样的敬语形式，所以很难根据语言形式来判断上下、亲疏关系。因此，可以说依赖于具体的谈话内容来表示上下、亲疏关系是现代汉语的特征之一。

4.2.3 拒绝"提案"的场面

4.2.3.1 拒绝指导教师"提案"时的语义程序的结构(步骤)

按照拒绝表现中话语流程的使用率由高至低的顺序,将日语从第一话语至第四话语,汉语从第一话语至第五话语的结构进行排列。从而得到如下结构:

表 4-7 拒绝指导教师"提案"时的语义程序的结构(步骤)

说话人:	第1话语	➡第2话语	➡第3话语	➡第4话语	➡第5话语
日 语:	欲言又止(35%)	➡道歉(40%)	➡说明理由(30%)	➡拒绝(30%)	
汉 语:	欲言又止(50%)	➡说明理由(35%)	➡说明理由(45%)	➡拒绝(35%)	➡说明理由(25%)

面对指导教师的"提案"进行拒绝言语行为时,日语以"欲言又止""道歉""说明理由""拒绝"这样的"高频率语义程序"来进行拒绝表现。汉语和日语一样,以"欲言又止"的语义程序来展开对指导教师"提案"的拒绝行为,第二话语至第三话语是"说明理由"的语义程序,第四话语是"拒绝"语义程序,最后第五话语又是"说明理由"的语义程序。

中日两国语言在拒绝表现结构(步骤)上的显著差异就是日语的"道歉"的语义程序和汉语的"多用辩解现象"。日语无论面对何种场合、任何对象,基本都会使用表达对对方关怀的"道歉"的语义程序。但汉语中,其使用频率远低于日语,而是经常出现汉语中独特的"多用辩解现象"。

由于拒绝行为是危及对方积极面子(Positive face)的高危险性言语行为,恰当地叙述理由的方式能够让说话人的拒绝行为正当化,并且具有维护对方脸面,让对方更易接受的功能。尤其是拒绝社会地位

高的对象的"请求"或"提案"时,拒绝的理由或合理的说法就显得更为重要。在日语中,大量使用"说明理由"的语义程序会增加失礼于对方的危险性。在现代汉语的拒绝表现中,"说明理由"是有效预防人际关系不平衡的语义程序。

4.2.3.2 拒绝亲友"提案"时的语义程序的结构(步骤)

按照对亲友"提案"的拒绝表现中话语流程的使用率由高至低的顺序,将日语和汉语从第一话语至第三话语的结构进行排列。从而得到如下结构:

表 4-8 拒绝亲友"提案"时的语义程序的结构(步骤)

说话人:第1话语	➡第2话语	➡第3话语
日 语:欲言又止(45%)	➡说明理由(35%)	➡拒绝(30%)
汉 语:欲言又止(30%)	➡说明理由(50%)	➡拒绝25%)

对利益、负担度最轻的亲友的"提案"进行拒绝表现时,中日两国语言的语义程序结构均是以"欲言又止"开始,紧接着是"说明理由""拒绝"的语义程序。这是在本研究的调查分析中首次出现中日两国语言的语义程序结构完全一致的情况。

4.2.3.3 拒绝普通朋友"提案"时语义程序的结构(步骤)

按照对普通朋友"提案"的拒绝表现中话语流程的使用率由高至低的顺序,将日语和汉语从第一话语至第三话语的结构进行排列。从而得到如下结构:

表 4-9 拒绝普通朋友"提案"时的语义程序的结构(步骤)

说话人:第1话语	➡第2话语	➡第3话语
日 语:欲言又止(55%)	➡拒绝(35%)	➡说明理由(30%)
汉 语:欲言又止(55%)	➡说明理由45%)	➡拒绝(40%)

对普通朋友的"提案"进行拒绝表现中,中日两国语言均是以

"欲言又止""说明理由""拒绝"这3个"高频率语义程序"进行拒绝表现，但顺序不同。汉语的语义程序结构是"欲言又止"、"说明理由"、"拒绝"，而日语是"欲言又止"、"拒绝"、"说明理由"。尽管两国语言在"说明理由"和"拒绝"上的顺序是相反的，但拒绝表现所传达的总体意思是完全一致，可以说这是两国语言最接近的语义程序结构。

4.3 本章总结及相关考察

本研究通过设定"请求""邀请""提案"等三个利益、负担度不同的场面对社会地位、亲疏关系等心理负担、距离感不同的指导教师、亲友、普通朋友等三个对象进行拒绝言语行为，找出中日两国拒绝表现中的语义程序构造，试图分析出重视礼貌、不破坏人际关系的两国拒绝表现的特征。结果表明，从拒绝表现的中心结构来看，日语形成了固定的语义程序结构，即"欲言又止""道歉""说明理由""拒绝"。但面对不同的场景和不同的对象，汉语却显现出了以"说明理由"为主的多种语义程序的结构。

由于拒绝行为违背了对方的意愿，所以一定程度上带有破坏人际关系的危险性。这种危险性，因场面的利益、负担度和对象而不同。在进行言语行为时，如何把握其状况并缓和危险性是独特的社会文化规范和价值观背后所隐藏的措辞方略在语言程序使用上的集中体现。中日两国拒绝表现的结构虽然都注重恰当性和郑重性，但仍然存在许多异同点。

汉语的拒绝表现虽然都是以"欲言又止"和"说明理由"为主，并在前后并用各种语义程序，但其中很大一部分都是比较个人化的选择，很难形成具有固定模式的拒绝表现。

在进行拒绝言语行为时，语义程序结构的选择在形成和维持良好

人际关系，达成各种目的的策略和方法中占据重要位置。无论任何场合，当面对指导教师时，日语都不使用"老师"这样的表达敬意的"称呼"。从汉语的语言文化来看，对社会地位高于自己的对象不以"称呼"的语义程序来展开言语行为，在一定程度上是缺乏敬意的言语行为，甚至在某些场合，会有失礼于人。同样，从日语的语言文化来看待汉语的"说明理由"，汉语拒绝表现的语义程序结构没有遵守Grice（1989）提出的"量的公理"和"样态公理"，是"强加于人"的拒绝表现。

从DCT研究法和角色扮演研究法所得到的关于语义程序结构的结果来看，大同小异。而这也进一步检验了DCT研究法的结果。DCT研究法中得出无论面对何种场合、任何对象，日语均以"道歉""说明理由""拒绝"的固定语义程序结构来进行拒绝行为。而汉语以"多用辩解现象"为中心，在其前后并用"道歉""说明理由""拒绝"等多种语义程序来形成其结构。

角色扮演研究法和DCT研究法的结果基本一致，日语以"高频率语义程序"的组合来进行拒绝表现，汉语以"说明理由"为中心，在其前后并用各种语义程序。DCT研究法的结果中，日语同样也只使用一次"说明理由"的语义程序，基本保持固定模式。汉语的"多用辩解现象"用于社会地位高的听者和心理距离最近的亲友，但在角色扮演研究法的结果中，除了对普通朋友的"提案"进行拒绝表现时外，其他项目中均有"多用辩解现象"。这也更加证明了"说明理由"在汉语拒绝表现中的重要性。

两个不同研究法在"欲言又止"的语义程序上也存在一定差异。DCT研究法的结果中，"欲言又止"是"低频率语义程序"，在语义程序结构中从未出现过。但在角色扮演研究法的结果中，"欲言又止"在两国语言中均是"高频率语义程序"，在拒绝语义程序结构中成为不可缺少的内容。

第三部　角色扮演（Roll-Play）研究法视野下的中日拒绝表现对比研究

元（2002）将"あのう""え～と"等欲言又止的内容视为有话语功能的表现，并将其归类于"拖延时间的表现（間をまたせる表現）"。对"请求"表达的研究中，張（1999）将其功能视为"引起注意（注意喚起）"，ポリー・ザトラウスキー（1993）将其功能归类为"引人注目（注目要求）"。在本研究中，笔者认为"あのう""え～と"等"欲言又止"的表现在拒绝表现的言语行为中具有缓和作用，所以将其归类于"欲言又止"的语义程序。角色扮演研究法更贴近于实际的谈话，在本研究过程中，"欲言又止"的语义程序显现出了其他研究法中从未显现出的重要作用。

F IRST 4
第四部

结 论

本研究的第一部，指出了本研究的理论背景、先行研究和问题点。

第二部，对调查的概要、研究方法、语义程序的内容进行了阐述，运用 DCT 研究法，从多元化的视角对中日两国语言的拒绝表现进行了对比。笔者认为，使用频率高的语义程序在拒绝表现中占据着重要位置，发挥着重要作用。因此，笔者首先尝试着找寻面对不同场合、不同对象时的高频率语义程序。紧接着考察面对利益、负担度不同的场合及社会地位、心理负担不同的对象时两国语言在进行拒绝行为时话语量是否会发生变化。如果发生变化，那么，以事物的利益、负担、紧急度及社会地位（上下关系）、心理因素（亲疏关系）为变量，考察其会产生怎样的变化。并以此为课题，比较两国语言话语量的平均值。然后进行 t 检验，考察两国语言的拒绝表现话语量之间是否存在显著差异。然后，通过分析，揭示防止人际关系产生障碍、重视恰当性和礼貌原则的拒绝表现的结构，总结出不同语言文化背景下所产出的拒绝表现的规律性。

第三部，运用角色扮演（Roll – Play）研究法，进一步检验 DCT 研究法所得到的关于拒绝表现的语义程序的使用频率、语义程序（话语量）的平均值、语义程序结构（步骤）的结果。

第四部，基于两种研究方法所得出的数据 – 对两国语言拒绝表现的语义程序的使用频率、语义程序（话语量）的平均值、语义程序结构（步骤）进行综合性总结。然后将重视礼貌原则和郑重性的拒绝表现的特征和 Grice 所提出的"协调原则"和"四个公理"、Leech 提出的"郑重性原理"、Brown and Levinson（1987）提出的礼貌性理论进行讨论，最终提出今后的研究课题。

1. 中日拒绝表现语义程序的使用频率

在 DCT 研究法视角下的拒绝表现中，日语出现 14 种语义程序，

汉语出现 16 种语义程序，而在角色扮演（Roll – Play）研究法的拒绝表现中，汉语出现 14 种语义程序，日语出现 13 种语义程序。面对利益、负担不同的 3 个场景及社会地位、心理距离感不同的 3 个对象时，两个研究方法所得出的关于中日拒绝表现在语义程序使用频率的结果如下所示：

1.1　中日拒绝表现在语义程序使用频率上的共同点

中日两国语言均是"说明理由"的使用频率最高（DCT 研究法为 90%、角色扮演研究法为 84%），是拒绝表现中不可缺少的语义程序。除"说明理由"的语义程序外，依次是"拒绝""道歉"的使用频率较高。日语中由 DCT 研究法得出的"拒绝"使用频率为 80%，由角色扮演研究法得出的使用频率为 76%，由 DCT 研究法得出的"道歉"的使用频率为 78%，由角色扮演研究法得出的使用频率为 62%。汉语也同样，由"说明理由""拒绝""道歉"等语义程序来形成拒绝表现，由 DCT 研究法得出的"拒绝"语义程序的使用频率为 48%，由角色扮演研究法得出的使用频率为 68%，由 DCT 研究法得出的"道歉"语义程序的使用频率为 46%，由角色扮演研究法得出的使用频率为 33%。而且，从 DCT 研究法得出的结果来看，中日两国语言均极少使用"欲言又止"的语义程序，但从角色扮演研究法得出的结果来看，日语中的使用频率为 44%、汉语中的使用频率为 62%。

Brown and Levinson（1987）指出，礼貌，可以通过各种各样的语言功夫（技巧、策略、方针）来缓和言语行为中可能包含的对对方的攻击性（ポライトネスとは発言が含みかねない相手への衝撃を、様々な言葉の工夫（技巧、策略、ストラテジー）を通して和らげようとすることである）。而且礼貌又可分为积极礼貌和消极礼貌，积极

礼貌又可进一步细分为 15 个项目，消极礼貌又可细分为 10 个项目[①]。

中日两国语言均高频率使用的"道歉""说明理由""拒绝""欲言又止"是严格遵守积极礼貌和消极礼貌原理的言语表现。"道歉"是遵守"抱歉"（apologize）的原理，"拒绝"是遵守"开门见山、直言不讳"（be direct）的原理，"欲言又止"是遵守"使用质疑、防范表现"（question、hedge）等消极礼貌原理的表现，"说明理由"由于遵守"给出或要求原因［Give (or ask for) reasons］"的原理，所以可以说是严格遵守积极礼貌的语义程序。

人们该如何通过语言手段的运用来达到自身目的？显然，要选择和当时面对的场景或对象的礼貌程度相符的措辞。但不同的文化和民族对于礼貌言语表达的认知既有共同点又有不同点。在拒绝表现语义程序的使用频率上，日语中"道歉""拒绝"的使用频率高于汉语，但在"说明理由"和"欲言又止"的语义程序的使用上，汉语的使用频率高于日语。

马场·卢（1992：65）的研究结果表明，日语的请求表现随着不同层次，因形态的、词汇的变化而其请求形式也会发生变化。但汉语请求表现主要被限定在词汇领域，其请求表现的形式很难变化。因此，汉语的请求表现无法像日语那样做到形式化（日本語の依頼表現は様々な段階に応じ、形態的、語彙的な手段によって、依頼表現形式を変えられるのに対し、中国語の依頼表現は、主に語彙的な手段に限られており、依頼表現形式を変えるのが大変不得手であるため、日本語の依頼表現のように形式化ができる依頼表現の手段はない）。本研究结果也和马场·卢（1992）的研究结果保持一致。日语的拒绝表现依据不同的场合和对象，其表现形式也相应变化，十分便利。而汉语的拒绝表现的主要词汇选择一旦被限定，其表现手段便无法像日语那

---

① 关于礼貌的具体细化分类的详细内容请参照本论文的先行研究部分。

样形式化。所以中日拒绝表现存在许多异同点。进行"说明理由"的表达时，面对指导教师，日语往往通过"大変申し訳ございません""申し訳ございません""本当にすみません""すみません"等各种郑重的"道歉"表现和各种副词的并用来向社会地位高或心理距离远的对象表达抱歉的心情。虽然汉语也能通过"非常对不起""真对不起""非常抱歉""很抱歉"等拒绝表现和副词的并用来表达抱歉的心情，但其程度差异难以像日语那样十分鲜明。而且在"拒绝"的语义程序中，日语能够通过"今日はちょっと・・・""今日はちょっと用事がありまして・・・""今日はちょっと用事があるので、行けないんだわ""今日は ちょっと行けないんですが・・・"等各种省略、话没说完却中途戛然而止的表达方式来进行暧昧的拒绝表现。但由于汉语没有像日语那样的文末表现的变化，必须通过"不能去""去不了"等表达方式来清晰地进行拒绝表现。

面对各种场景和对象，日语的言语表现十分丰富。所以仅仅依靠言语表现的选择就能够保证拒绝表现的郑重性。但因汉语中没有像日语那样的尊敬语或郑重语之类的语言结构，所以只能通过使用功能不同的语义程序来实现对不同场合和对象的拒绝表现。礼貌是润滑双方人际关系、增进沟通效果的必要手段。在进行拒绝表现时，日语大量使用"道歉""说明理由""拒绝""欲言又止"等语义程序，可以说这是严格遵守 Grice（1989）的"协调原则"和四个公理，以消极礼貌为中心的言语行为的特征。和日语相比，汉语的拒绝表现是严格遵守 Leech（1983）的原理，进行以积极礼貌为中心的言语行为。

1.2 中日拒绝表现在语义程序使用频率上的不同点

中日拒绝表现在语义程序的使用频率上的不同点如下所示：

在汉语中，当面对社会地位高的指导教师时大量使用"老师"之

类的"称呼"语义程序，DCT研究法和角色扮演研究法得出的使用频率均在60%左右，而日语中却从未使用过"称呼"语义程序。因此，在言语行为中，和日语相比，"称呼"的语义程序在汉语中占据着极为重要的位置。在进行拒绝表现时，日语中使用频率较高的语义程序主要集中在"道歉""说明理由""拒绝""欲言又止"这4个语义程序中，基本没有使用"低频率语义程序"。汉语除了使用频率最高的"说明理由"的语义程序外，"拒绝""道歉"的语义程序使用频率均低于日语。而汉语却常常使用表达说话人积极态度的"反问信息""下次再约""共鸣"等"低频率语义程序"来进行拒绝表现。

"另寻方案""共鸣""寒暄""称呼""玩笑""请求对方的理解""下次再约"等语义程序相当于Brown and Levinson（1987）所提出的积极礼貌的具体细化内容。"感谢""保留"等语义程序可以视为是表示消极礼貌的言语行为。中日两国语言通过使用表示积极礼貌和消极礼貌的各种语义程序对不同的场合和对象进行拒绝表现。但总体看来，和日语相比，汉语更多地使用Brown and Levinson（1987）所提出的积极礼貌的具体细化内容。

Brown and Levinson（1987）所提出的消极礼貌的具体细化内容中有nps5"表示敬意"（Give deference），积极礼貌的具体细化内容中有pps4の"运用内部集团标志"（Use in-group identity markers）。敬意表现包含着关心对方、刻意与对方保持距离等特征。

日语中存在尊敬语、郑重语、谦逊语等多种敬语体系，所以在向不同听者表达敬意时十分方便。面对社会地位高的指导教师或有一定心理距离感的普通朋友时，日语通过运用各种语言形式来表达对对方的敬意和与对方保持距离的态度。但由于汉语没有像日语那样的敬语体系，几乎无法依据上下尊卑来区别运用语言。面对不同的场合和不同的对象，日语通过"だ体""である体""です、ます体""でございます体"的使用来区别表达"下"对"上"的敬意。"上"对

"下"或心理距离较近的同伴或面对不用十分注意措辞的对象时,能够通过表示伙伴意识的"ため口"来表示亲近。但由于中日语言结构不同,虽然表达的意思基本一致,但其语言形式的郑重度有可能完全不同。本研究结果表明,日语主要靠使用敬语体系来表达对对方的各种态度,但在汉语中只能通过运用具体的语义程序来表达说话人的态度。

2. 中日拒绝表现语义程序(话语量)的平均值

面对利益、负担不同的场景及社会地位、亲疏关系不同的对象时,依据两个研究方法所得出的中日拒绝表现语义程序(话语量)平均值的结果如下所示:

2.1 中日拒绝表现语义程序(话语量)平均值的共同点

中日两国语言均是在利益、负担越重的场合下,话语量的平均值越高。在请求者单方受益,且对"对方利益优先度"要求很高的"请求"行为中,话语量的平均值最高。以两国语言的话语量平均值为基准,可以说话语量的平均值越高,表达方式的郑重性越高。

在利益、负担相对较轻的"邀请"和"提案"场合中,两国语言均以对方的社会力度、上下、亲疏等关系为变量进行拒绝言语行为。在不同场面,DCT 研究法得出的话语量平均值有明显的变化。但除了"请求"场合的话语量平均值最高外,角色扮演研究法得出的结果没有明显的变化。

两国语言均是对指导教师的话语量平均值最高,试图通过增加拒绝表现的平均话语量来减轻给予对方的不快感,最终完成重视恰当性和郑重性的拒绝表现。DCT 研究法的结果中,中日两国均是对指导教

师的话语量平均值最高、次之是亲友、再次之是普通朋友。角色扮演研究法所得出的结果中同样也是对指导教师的话语量平均值最高，但亲友和普通朋友间没有像 DCT 研究法的结果那样显现出鲜明的差异。

DCT 研究法的结果中，两国语言的语义程序平均值的偏差值未出现剧烈变化，但角色扮演研究法所得出的结果中，面对不同的场合和对象，话语量的平均值的偏差值变化较为剧烈。

2.2 中日拒绝表现语义程序（话语量）平均值的不同点

由于语言结构和社会文化规范、价值观的不同，中日两国语言在拒绝表现语义程序（话语量）平均值上的不同点如下所示：

无论面对任何场合和对象，汉语的话语量平均值都要高于日语，从 t 检验的结果来看，大多数场合中都存在显著差异。本研究所设定的 9 个项目中，DCT 及角色扮演研究法均得出有 6 个项目存在显著差异。

不同的社会、文化都有其独特的捕捉不同人际关系的方法和判断对对方郑重度的标准。虽然中日两国拒绝表现均严格遵守 Grice（1989）所提出的言语行为的一般原则，即"样态公理""量的公理"和 Leech（1983）主张的"郑重性原理"。但社会的文化规范和价值观不同，其标准也不一致。

日语主要使用该场合必要的几个"高频率语义程序"，即"道歉""说明理由""拒绝""欲言又止"，严格遵守 Grice（1989）的原理。但汉语和日语不同，其言语行为主要是严格遵守 Leech（1983）所提出的"关怀原则""宽大原则""同意原则""同感原则"。

本研究发现，Grice（1989：26－27）主张的"协调原则"（Co-operative Principle、简称为 CP）和 Leech（1983：189－191）主张的"郑重性原理"（Politeness Principle、简称为 PP）是言语行为的普遍准

则，但在拒绝表现中很难同时满足两个原理。优先遵守 Grice 的 CP 原理的拒绝表现过于直言，会有缺乏 Leech 提出的郑重性原理的危险。但优先 Leech 的 PP 原则的拒绝表现就容易变得冗长，会存在"效率"低下的危险。

日语主要使用"道歉""说明理由""拒绝""欲言又止"等拒绝表现中的"高频率语义程序"，简洁有序地将必要的信息传达给对方，并以此来严格遵守 Grice 所提出的言语行为的一般原则。

在面对社会地位高的指导教师或属于"内"的亲友时，汉语必须要对理由进行充分的说明。在这种情况下，仅仅给出必要的信息便存在理由不充分的危险，所以在汉语的拒绝表现中会有发生"多用辩解现象"。为了减少拒绝行为导致的障碍，向对方进行详细的说明是汉语中普遍认可的郑重性的表达。这种语言特性导致了汉语拒绝表现的语义程序平均值增高的结果。

交际行为是说话人和听者双方的行为，为了达成良好的沟通效果，在发话前必须要区分好双方的人际关系和构成该场景的诸多要素，话语量就是其重要要素之一。虽然 Grice 的"协调原则"和 4 个公理中有"量的公理"，但其"量的标准"不仅因对象和场合而不同，也应因社会文化规范和价值观的不同而不同。超出"量的标准"的话语量会存在"过少"或"过多"的问题，都是违反 Grice 的公理，极有可能欠缺 Leech 所提出的"礼貌"，并且由于脱离了言语行为的规范而有可能给对方产生违和感，最终无法实现在该场合下的有效沟通。

3. 中日拒绝表现中语义程序的结构（步骤）

本研究对中日拒绝语义程序的结构进行了分析与考察，调查结果发现两种语言中存在着各种异同点。

3.1 中日拒绝表现在语义程序结构上的共同点

　　中日拒绝表现都是由"高频率语义程序"和"低频率语义程序"的两种组合来完成。DCT 研究法得出，中日拒绝表现的结构都是由"道歉""说明理由""拒绝"这三种语义程序来组成，而角色扮演研究法的研究结果，则都是由"欲言又止"、"道歉"、"说明理由"和"拒绝"这四种语义程序来构成。

3.2 中日拒绝表现在语义程序结构上的不同点

　　DCT 研究法的调查结果得出，面对拒绝指导教师进行拒绝言语行为时，汉语作为第一语义程序使用"称呼"，目的是为了向指导教师表达尊敬，而在日语中则是将"道歉"作为第一语义程序。但角色扮演研究法的研究结果却发现，中日两种语言都是将"欲言又止"这一语义程序作为第一语义程序，其后，汉语中会使用"称呼"作为第二语义程序，而日语中则是选择使用"道歉"。

　　另外，在日语中，无论是在 DCT 研究法，还是角色扮演法，"说明理由"这一语义程序都只使用了 1 次。而在汉语中，DCT 研究法的调查结果表明，面对普通朋友时该语义程序的使用次数与日语中相同，即都只使用了 1 次，但面对指导教师和好友时，则会使用得较多。不同的是，角色扮演法的研究结果得出，在任何场合和对象下，汉语都会较多地使用"说明理由"这一语义程序。

　　进行拒绝言语行为时，日语主要是使用"欲言又止""道歉""说明理由""拒绝"这几种固定的表现形式，不受利益、负担、社会地位以及亲疏关系等影响。而汉语的拒绝表现，则主要以"说明理由"这一语义程序为中心，根据不同的利益、负担、社会地位以及亲疏关

系，在"说明理由"这一语义程序的前后再加上其他语义程序，这些其他语义程序的选择大部分由个人的策略而定，因此汉语中很难发现固定的拒绝表现形式。

与日语语义程序的固定结构相比，汉语在进行拒绝表现时，根据利益、负担、社会地位和心理距离的不同，结构也会相应地发生变化。面对社会地位较高、负担较重的对象时（例如指导教师），汉语主要以"称呼"、"欲言又止"以及"说明理由"作为拒绝表现结构的中心，这种表现方式虽然遵循了 Grice（1989）的"数量准则""方式准则"，以及 Leech（1983）的"得体原则"，但却很少能看到固定的表现形式。

日语的拒绝表现结构，遵循了北尾（1988）的消极礼貌原则，而与此相对，汉语的拒绝表现则是遵循了他的积极礼貌原则。也正因为此，汉语中才会较多地使用"说明理由"（属于积极礼貌）这一语义程序，而除了在利益、负担、紧急度最高的"请求"场合，几乎所有场合下，汉语都很少会使用"道歉"（属于消极礼貌）这一语义程序。

4. 今后的课题

本研究从多元语言文化的视角对中日拒绝表现中出现的语义程序的出现频率、语义程序的平均值，以及语义程序的结构进行了对比研究。虽然中日拒绝表现都很重视礼貌表达，但由于不同的社会文化规范和价值观，中日两种语言在语言表达策略上依然存在诸多异同点。

本次研究主要根据语言的传达功能对语义程序进行了分类，从而对两种语言中的拒绝表现进行了对比研究。笔者希望今后能够从以下几点出发，进行进一步深层次的研究。

4.1　实施中日拒绝表现的意识调查

笔者认为，今后应对两种研究方法所得到的拒绝表现的特征进行意识调查，并将意识调查的结果与本研究的分析结果对照结合，从而进一步研究拒绝表现的特征。另外，应将各种角度、关怀度、间接度、亲近感、距离感、礼貌性、模糊性等都考虑入内，对拒绝表现的具体内容进行进一步明确的调查。除此以外，还应调查现实中的言语行为与意识调查中的言语行为之间是否存在分歧，从而对拒绝表现进行一系列综合研究。

4.2　揭示拒绝表现中"说明理由"语义程序的策略

在日语的拒绝表现中，"说明理由"这一语义程序最能直接地反映 Grice（1989）的"数量准则"和"方式准则"，但这一语义程序却在大多数场合中只使用了一次，而在汉语中则经常出现。

根据语境的不同或说话人之间的亲疏关系的不同，拒绝策略也不同。森山（1990：66）对日语的拒绝策略进行了整理，他认为主要有以下四种：（1）直截了当型（嫌型），如：直接拒绝；（2）说谎型（嘘型），如说今天不太方便等；（3）拖延型（延期型），如我考虑一下等；（4）搪塞型（ごまかし型），如不作回答，一笑置之等。

森山提出的拒绝方略，可以说主要是由"说明理由"这一语义程序而决定。尤其是在本研究的3个场景中，虽然都已经设定了拒绝的理由，但根据对方的社会地位、亲疏关系以及利益、负担的不同，中日两国语言各采用的"理由"策略各不相同，关于这一点，笔者希望在今后的课题中能够进行具体的研究。

4.3 中日"称呼"的使用问题

日语中能够利用助词、助动词、敬语、中途结束句（言い差し）等表现形式，或利用形态、词汇等手段应对各种场合和对象，而汉语则不同，汉语属于孤立语，既没有像日语那样的多重形式的语言结构，也没有专门的敬语动词和助动词，因此在很多场合中无法灵活地应对各种言语行为。进行言语行为时，日语不会对对方使用正式的称呼，而是使用"あのう~"和"すみません"等作为会话的开始，也并不会因此而降低礼貌程度。不同的是，在汉语的很多场合中，都会使用"称呼"这一语义程序，不用说是熟人，即使是与不认识的人进行交流时也会给对方加上"称呼"。在中国，以"称呼"作为会话的开头已成为社会言语行为的规则。在现代汉语中，如何称呼对方这一问题非常重要，在会话时不称呼对方就直接开始说话更是一种极其失礼的行为。

这里的"称呼"并不只是单纯的称谓，而是根据称呼方式能够观察到称谓人（说话人）与被称谓人（听者）之间的社会地位、亲疏关系、上下关系等各种社会要素。尤其是汉语中缺乏尊敬语、礼貌语、谦逊语等敬语语言系统，因此在现代汉语中，如何称呼对方、如何称呼自己则成为一个非常重要的问题。若生、神田（2000：306）指出，在中国，可以通过打招呼就能提高礼貌程度，通过称呼对方的名字就能够礼貌地进行寒暄（中国では呼びかけをすることで丁寧度を付加することができ、相手の名前を呼ぶことによって、丁寧な挨拶になる）。在现代汉语的交流中，"称呼"所占的位置可以说是非常重要。

马、常（1998：29）将汉语中的称谓分为亲属称谓和社会称谓两个领域。由于在日常的言语行为中，相比有亲属关系的人，我们更多的是与那些没有亲属关系的人进行交流，因此社会称谓比亲属称谓使

用得更广泛、也更普遍。关于现代汉语中称谓问题的重要性，卢（2001：63-66）指出，汉语称谓语言非常丰富，它能直接表达交际双方的关系。在汉语交际中，称谓语占有重要地位。恰到好处的称呼不仅能够表达对他人的亲切感，更能直接表达说话者的意图（中国語における呼称の形は様々であり、呼称は話し手と聞き手の双方の関係を直接表すことができるため、中国語における言語行動の中で呼称問題は大変重要な位置を占めている。適切な呼称の使用は、相手に親近感を表す表現になるだけではなく、更に発話者の意図をはっきり表すことができる）。本研究的结果也表明，相比日语，汉语更能灵活地使用"称呼"这一语义程序，在言语行为中发挥着重要的作用。

吉见、马场、周（1992）分别从亲属、职场、第二人称代词以及日语的"さん"这4个部分对中日两种语言中的称呼问题进行了研究。虽然围绕中日"称呼"问题，学术界已经展开各种研究，但其实在当今的相关研究中仍然存在着很多尚未阐明的问题点。在现有的研究中，能够从中日比较的视角出发对其进行研究的更是少之又少。今后，笔者希望能够从中日对比研究的视角出发，对"称呼"问题进行进一步深层次的研究。

FIRST 5
第五部

国际合作、商务文化及跨文化教育的冲突与交融

第一章 国际大科学研发协同中的文化冲突与合作模式创新研究

1.1 引言

　　国际大科学计划的兴起能够在很大程度上为各个国家提供更好的经济、技术等方面的支持，促进经济技术的不断发展，形成一个良好的技术研发合作体系。文化冲突是指不同组织形式的文化在互动过程中由于某种抵触或对立状态所感受到的一种压力或者冲突，其具体表现在语言沟通、工作习惯、价值观、审美观、处事哲学的相互矛盾和冲突，从而降低国际合作的效率，影响国际间的相互合作与协同创新开发，文化冲突本身对于创新研究具有很强的影响作用。参与国际大科学计划中的国家、研发机构或者科学家个人之间，存在着文化差异和不同程度的文化冲突，因此，文化交流和跨文化是增进多国之间相互了解尊重的重要途径，是构建国际大科学长期合作的信用基础。在国际大科学研发协同的时代格局下，要实现各个技术、经济以及人才领域之间的深度合作，就必须赢得具有文化互信的基础支持，这样才能更好地开展国家间、区域性合作提供更好的合作模式。文化冲突问题的重视与解决以及相关合作模式的不断创新是能够使各国之间、技

术研发机构之间，建立互帮互助的友好关系，增强同舟共济的信念，最终实现共同发展的目标。

1.2 文献综述

国际大科学的概念研究中，从现代的科学观念来看，Katz 和 Martin（2012）所著的《什么是研究合作》阐释了研究合作的现代涵义，认为研究者基于共同生产科学知识的目的，从而在一起开展研究工作，这个就是现代观点中的"研究合作"。根据"合作"的涵义，国际科学合作是指多个国家、地区的科研人员或者是科研组织。Frame 和 Carpenter（2013）在研究中指出，当一篇论文中出现的署名，其作者来自两个或以上国家或地区的，就可以认为这是一种国际科学合作关系。Turner（2014）认为一些可行的技术、基础设施和分析解决方案进行了认定，其中包括借鉴和应用参考模型及在研究背景与不同学科间的解决方案转换。CODATA（2014）认为工作组应与国际科学计划和其他合作伙伴一同促进机制的完善，讨论、宣传、共享和采用适当的解决方案。刘云（2013）等认为指出文化冲突可体现在语言、文化背景等方面的差异上，这种差异会导致结果的不同，其结果甚至南辕北辙。沟通方面的障碍表现在文化模式和沟通方式的差异上，这种差异会妨碍沟通交流。王元地（2013）则指出合作双方在管理风格的差异也会导致文化冲突的产生，因此，企业必须建立灵活的管理机制，否则，在管理上会招致失败。总结上述内容，尽管国际合作文化冲突研究方面取得了一系列基础性的研究成果，但对于可能出现的文化冲突导致协同效率受到影响的研究，却极为鲜见，本研究重点通过对国际大科学研发协同中出现的文化冲突可能会对国际合作产生的影响进行论述，深入分析其研发模式，并进一步提出相关对策与建议。

第五部　国际合作、商务文化及跨文化教育的冲突与交融

1.3　国际大科学研发协同中的文化冲突与国际合作

1.3.1　大科学研发的国际合作趋势

随着现代科学技术的不断发展，世界经济发展已经快速呈现出一体化的趋势，科技全球化的要求越来越明显。国际大科学的研发是全球各国之间的共识，各国的发展不一，其研发往往不能满足资源、人才以及经济等方面的需求，因此需全球各国之间共同维护与开发。随着科学技术不断发展，开始向深度及广度深化，并日益复杂。因此，现代科学研究已经进入到正式的国际化时代。因而国际性发展从深层次的角度已经展现为科学主体的核心化发展，且为最重要趋势之一。

1.3.2　国际大科学研发协同中的文化冲突与融合

1.3.2.1　协同研发中的文化差异与文化融合

国际大科学研发是基于不同国家和地区在不同文化背景下，从事基础性研究的科学研究者进行联合协同研究，但在此过程中势必会存在多元文化间的文化差异现象以及不同文化间的融合。科学研究者可能来自于不同地区或国家，因此在文化习惯上各不相同，这样对于他们的心理、思维模式都会产生差异。而在此基础之上出现的不同特质的文化通过相互间接触、交流沟通进而相互吸收、渗透，学习融为一体。

1.3.2.2　国际协同中的信息沟通与成果交流

国际协同中的信息沟通与成果交流对于国际大科学的发展与研究有十分重要的意义。信息的及时沟通可促使不同地区的科学家能够进一步确认信息的及时性与发展性。而对于成果的及时交流则在一定程度上可使科学家彼此之间相互了解研究进展，从而进一步加强成果的第二次研发与探讨，使得学术成就最大化。

1.4 以文化冲突的国际大科学协同研发模式作为基础的分析

1.4.1 典型的大科学研发国际合作模式

1.4.1.1 互换型合作模式

这个合作模式的重点在于信息、资源、技术等方面的互换，这是一种互动关系。这种合作关系常见于不同国家、地区的科研机构、大学等主体之间的信息资源交换等，一般把这些互换型合作，称之为互换型合作模式。

1.4.1.2 互补型合作模式

这种合作的重点则体现在各取所长。各个地区、国家等大学、科研结构等，它们所拥有的资源并不是均衡的，往往是各有所长，这些企业通过合作，进行技术、资源上的互补，把这种基于共同的科研目的技术、资源等方面的合作模式称之为互补型合作模式。

1.4.1.3 分布式合作模式

这种合作模式属于常见的模式，其重点在于"分布"二字。不同的国家、地区的企业、大学及科研单位分工协作，完成科研中的各个部分，合理利用自己的人力、物力和财力，分工合作，把这种模式称之为分布式合作模式。

1.4.1.4 矩阵式合作模式

这种模式是将资源、技术整体协调组织起来的模式，每个机构、组织和个人都有其优势和劣势，只有通过矩阵式合作模式，才能将其有效的资源和能力协调统一起来，共同协力完成同一个科研目的。

1.4.1.5 虚拟合作模式

随着 ICT 技术的突飞猛进，网上虚拟合作模式开始进入人们的眼

球。各个不同主题之间通过在网络上进行资源交换、互通,实现科研目的,将这种合作称之为虚拟合作模式。

1.4.2 基于文化冲突的大科学研发国际合作模式创新分析

基于文化冲突的大科学研发国际协同,呈现出无法回避的全新挑战,因此,在新形势下大科学的国际合作模式创新尤为重要。

1.4.2.1 科学研发项目的差异将决定国际合作模式的多样性

世界上很难存在一个完美的模式,这些模式都存在一些问题。但其中必定存在一个最佳模式,对于不同地区有不同的最优模式。互换型合作模式一般是趋于低成本的经费、技术等资源较为不足的国家或地区使用的。选择的依据主要体现在大科学研发项目方面的差异性,根据其具体的特殊性选择合适的国际科研合作模式。

1.4.2.2 国际合作的虚拟模式

从整个全球的科技发展来看,网络是现今发展的重要方向和主要趋势,因此,虚拟合作也是科研合作模式的主流。以往,不同地区、国家会受到时空的限制,而使得资源不能有效利用。网络打破了时空限制可以快速、便捷地实现零距离交流。从而实现资源的有效流通,从而加快科技研究的速度,实现科技发展的突破。

1.4.3 国际合作模式的有效性与选择

1.4.3.1 国际合作模式的最终效应

国际科技合作不是一个简单的一次性工程,它是一个系统化工程,其中涉及许多环节和多个主体,它将不同的差异通过一种有机的方式组合集中在一处。在这个模式中不同国家、地区之间的科技、资源、人力、物力都必须是有机调配、协调合作的,否则,将会出现各种各样的问题。开展国际科技合作涉及的文化冲突处理问题,采用的相对性模式即互补模式的同时,还需要进行文化方面的相互了解,进而求

同存异，然后根据具体情况，研究国际科技合作中的相关模式，并进行科学的可行性分析。

1.4.3.2 国际合作模式的选择

选择合作模式，必须根据自己国家、地区的具体情况来分析，选择合作模式时，首先要考虑不同国情以及地区的实际情况，其次，就是必须深刻了解不同合作模式优点以及缺点。互换型的合作模式，因其低成本，容易实现，比较受到非洲等较为落后的国家和地区使用。而互补型合作模式的成本相对较高，由于互补型合作模式是一种互补的合作模式，因此，它十分适合于一强一弱的模式，因此，对于发展中国家以及发达国家来说，是十分合适的。这样，对于资源、技术的互补十分有利，发展中国家可以在这个合作模式中学习先进的技术，而发达国家也可以获得自己想要的资源，可谓"互利互惠"。

分布式合作模式与矩阵式合作模式对于比较落后的国家来说，是比较少见的合作模式，它们一般适用于大型的科学研究，此外，一些比较前沿的研究领域也是这种模式的常见领域，对于落后的国家、地区来说，更是只能望洋兴叹。虚拟合作模式作为一种比较热门的合作模式，其模式的实现是基于网络设施的建设，如果网络设施不够完善，将不利于其发展。然而，对于有些国家或地区来说，这些设施的缺乏也是其技术落后的体现。因此，这种合作模式常出现在发达国家之间。虚拟合作模式作为一种新型的合作模式，是现代科学技术发展的重要趋势，它既是手段，又是结果，在不断的发展、实践中，不断实现完善，以此推动科学技术的快速发展。

第五部　国际合作、商务文化及跨文化教育的冲突与交融

1.5　对策建议

1.5.1　建立各国间的教育协同交流合作模式

科技与文化交流的实施是需要建立在教育交流的基础之上的，教育方式与程度代表了一个国家人民的综合素质水平，只有建立较为完善的教育制度培养现代新型人才，才能使各国之间进行更深层次的文化理解与交流，因此要完善国家的人文教育交流机制，并且两者之间形成固定的合作平台，相互沟通相互学习了解。同时还需要大力开展外语教学，便于各国人民之间无障碍的直接交流，促进各种族之间的文化交流与理解。

1.5.2　完善国际科技合作管理体制

国际间的合作以及技术研发是建立有利于双方之间更深层次的了解与合作，是现代化科技研发与文化深度交流的重要组成部分，能够推动文化、科技的交流与发展，因此需要建立合理的管理体制，从根本上进行规范化。

1.5.3　建立民间外交促进科技文化交流的合作模式

如今的外交发展不仅仅局限于国家高层次之间的稳步交流，民间团体之间也有自己人文交流的方式方法，这样更有利于加强两国人民之间的交流，夯实社会发展的基础。民间外交是作为独立于国际交流的另一种交流补充形式，更容易实行与发展。要以国内发展事实为依据，把最完整、最真实以及蓬勃发展的全新气象，多元化、多层次地展现给各个国家。

第二章　非智力因素在跨文化交际中的作用

　　非智力因素是近年来教育界和心理学界热议的一个话题，主要指人的智力因素之外的那些参与学生学习活动并产生影响的个性心理的因素，如兴趣、情感、意志和性格等。根据马斯洛需求层次理论，人的需求从低到高可以分为五个层次，即生理上的需求，安全上的需求，情感和归属的需求，尊重的需求，自我实现的需求。从这个需求理论上看，人的发展应该是知情意行的全面发展，而其中起作用的除了智力因素外，非智力因素也对其起着十分关键的作用。因此，在人的发展中，要重视智力因素和非智力因素的和谐发展，使其共同推动人的全面发展。而跨文化交际是人的高级发展要求，同样需要非智力因素的支持。

2.1　跨文化是一个复杂的交际过程

　　跨文化交际是两种或两种以上的不同文化背景环境下的交际，具有区别于其他交际活动的特点：

2.1.1 具有复杂性

跨文化交际的复杂性首先表现在语言障碍、文化差异、思维方式差异等各个方面,这些方面的差异性决定了跨文化交际需要交际者具有一定的跨文化交际素养,在交际前需要做好交际准备。跨文化交际的复杂性还表现在交际双方的心理因素上。由于跨文化交际一般是不同的两个或两个以上的国家的人构成交际的主体,双方在交际之前可能就明确区别了亲近关系,这种关系很可能影响交际的质量。例如,在国际学术研讨会上,针对一个学术问题,学者可能更趋向于支持本国学者的观点。在国际环境会议上,交际者会更倾向于趋从对本国利益有益的观点,而不是最客观的观点。这些因素使跨文化交际存在许多不确定性,减弱了跨文化交际的意义。交际内容的多样性也是跨文化交际复杂性的表现之一。跨文化交际不只是两种文化之间的表象碰撞,也包括不同国家自然科学、社会人文科学及各种情感的碰撞,根据交际者的交际要求,所关注的重点也有所不同。

2.1.2 文化差异

由于地域与习俗的差异,两种文化之间在价值观、认知观等方面往往具有不同的特质,在交际中难免形成交流障碍,这就要求交际者拥有很强的文化包容心理,对不同的文化与交际对方采取宽容的态度,促进交际的成效。同时,文化交际的过程也要坚持兼收并蓄和取其精华、去其糟粕的批判原则。虽然在双方的交流中要宽容对待认知等方面的差异,但不代表要对其全盘吸收,每种文化都有其长短,要采取辨证的眼光看待本族文化与对方文化,经过详细比较分析,吸纳其值得借鉴的地方。强大的文化包容心理要求交际者具有广阔的胸襟和有关对方文化的深入了解。由于差异性可能是两种文化的常态表现,包容是进行交际的前提和基础,只有具有广阔的胸襟才能包容对方,才

能更好地促进交际的发展。当然，对对方文化的深入了解也是交际者所必须具备的文化素养。若没有对对方文化的深入了解，很可能无法理解交际对方的一些行为及语言表达，很难对其所表达的观点有客观的认识。因此，了解是包容的必要条件，也是促进交际向着交际目的发展的关键因素。

2.1.3 跨文化交际是人的高层次发展需要

跨文化交际是全球化背景下对人提出的更高层次的要求，也是人高层次发展的需要。随着经济全球化和跨国文化不断的融合，社会对人才的要求更具全面性，在了解本土文化的同时，还要了解世界各国文化的发展状况，从而促进国际间的交流与协作，增进了解，消除隔阂，建立共同发展的目标与愿景。随着交际的深入，交际者的这种高层次需要也会随之提高，涉及的领域也越来越广，从开始的被动了解到与对方的辨证讨论，在许多观点上都会产生新的看法，对交际的质量要求也越来越高。

2.2 非智力因素在跨文化交际中的具体作用

从上述内容可以得知，跨文化交际是一个具有复杂性和长期性的过程，需要各种发展要素的积极配合，而非智力因素对完成交际过程、达到交际目的起着十分关键的作用，主要表现在情感特质、交际动机和个人品质三方面。

2.2.1 情感特质

情感特质是指在跨文化交际中所形成的各种情感体验和影响交际过程的情绪、观念等。影响跨文化交际的情感特质主要有民族情绪和崇洋媚外两种。民族情绪是在跨文化交际中经常存在的一个问题，具

体表现为仇视和蔑视对方文化、本民族文化优越感。由于历史问题及文化传承等方面的原因，世界各国的文化发展具有不平衡性。一般来说，落后的国家对其传统文化常常采取保护态度，为防止文化侵略，甚至采取文化封闭的措施。而发达国家则希望将其文化传播于世界各国，从文化上扩大自己的国际影响力。此外，一些国家在历史上曾有从属关系，其文化也受其影响较深，如美国曾是英法的殖民地，其最初文化也是英法文化的移植。日本和朝鲜在明代以前一直是中国的属国，所用文字和文化理念都源于中国。这种影响在当今的文化交际中很容易造成文化优越感，从而蔑视对方的文化。崇洋媚外也是跨文化交际中常常出现的一个问题，由于对交际国的文化过于推崇，极易在交际中使双方文化不能建立起平等的关系，从而使自己的文化在交际之初就处于劣势。如新中国建国初期对苏联文化过度推崇，将其发展模式完全照搬于中国，忽视了我国文化经济发展的特点，最终导致改革失败。从以上观之，在跨文化交际中，首先要保持理性情感的发展，既不能片面否定他国文化，也不能因一时的喜好，对其大力推崇，打破文化对位中的平等关系。其次，要注意发现消除不良情绪对交际造成的消极影响。总之，在交际中，要保持客观的态度看待双方文化，分层次、分角度地看待优劣得失。

2.2.2 交际动机

交际动机是涉及交际行为的发端、方向、强度和持续性的因素。跨文化交际不同于人们的日常交际，它是一种更高层次的交际，是人们通过激励而产生的一种文化内在驱动力，不同的交际动机对跨文化交际的内容和质量都会有所影响。跨文化交际动机主要对交际质量、交际内容和方式产生影响。一般来说，自我内在驱动会增进跨文化交际的质量，它包括自我发展需要、自我价值的体现、自我实现的需要等。自我发展需要主要是为了提高自身的业务水平、工资待遇等而进

行的努力,诸如国外交流学习、跨国学术研讨等。自我价值的体现主要是指希望发挥自己的能力,体现自己在集体中的作用,如作为代表参加国家大赛,自我实现的需要主要是发挥自己最大的潜能,体现自己的价值,得到内心的满足,例如从辩论中展现自己的才能。从整体来说,无论是自我发展的需要还是自我价值的体现,抑或是自我实现的需要都对跨文化交际起着促进作用,构成了交际发展的内在驱动力。对于交际者来说,由于具有明确的发展目标和交际方向,因此在交际中也会有针对的进行交流、学习,有利于自身的发展。另外,有的交际者是以被动的形态从事交际活动,像一些单位强制性派出的学习者和交流者,这些交际者缺乏内在驱动力,其交际动机也只是为了交差。这种背景下的交际活动一般缺乏明确的方向,经常表现为漫无目的的畅聊,容易产生应付情绪。而且这种被动的交际者往往缺乏足够的交际准备,因而在交际中常常表现为信心不足、表达不畅。因此,在跨文化交际中,要促进交际者积极动机的发展,抑制消极动机的发展,帮助交际者树立远大的目标和志向,使其深入了解跨文化交际的意义及对其自身的影响。此外,还要注意交际者交际前的准备工作的完成情况。

2.2.3 个人品质

个人品质也会影响交际的效果,主要表现在个人意志、兴趣及性格等方面。意志是非智力因素的一个重要方面,主要体现在个体自觉地确定目的,并根据目的支配、调节行动,克服困难,实现预定目的的心理过程。意志包括感性意志和理性意志两个方面,感性意志相较理性意志存在更多的不稳定因素,以感性意志占主导地位的人很容易放弃自己的交际目标,在交际受挫时,会更倾向于选择回避和自我保护的态度,使得交际在一定意义上终止。以理性意志占主导地位的人意志坚定,遇到交际难题时常常迎难而上,最终实现自己的交际目标。

第五部　国际合作、商务文化及跨文化教育的冲突与交融

性格是指表现在人对现实的态度和相应的行为方式中的比较稳定的、具有核心意义的个性心理特征，它对交际过程的影响主要表现在交际效果和方式上。性格活泼开朗的人往往更能适应不同的文化环境，从而促进交际的效果，他们更倾向于言语交际和感性交际。而性格沉稳内敛的人往往需要一定的时间才能在异域文化中建立起自己的交际圈，从而延长交际目标的实现期限，他们则倾向于理性交际和书面交际。此外，兴趣也是个人品质的表现形式之一，一般兴趣不同的人，即使是属于同一专业领域的交际者，所重视的交际内容也会有所不同。交际者总是在交际中体现着自己的兴趣倾向性，交际双方若是在兴趣爱好上具有共同性，那么他们则较容易建立起融洽的交际氛围，也更容易突破文化壁垒，完成交际目标。总之，非智力因素在跨文化交际中有着极其重要的作用，要求交际者根据自身的发展要求及内在素养进行不断自我调节，使自身非智力因素符合跨文化交际过程的发展规律，从而较好地实现交际目标。

近些年来随着我国国际化发展速度的加快，在经济和文化全球化发展的浪潮中，可以与各国进行交流与沟通的跨文化综合型人才的培养，已然成为当前我国对人才培养所提出的新要求。从我国以应用语言学理论为基础所进行的跨文化交际能力和技能的培养现状来看，如何将应用语言学的理论与跨文化交际的实际应用有效结合起来，如何保障学生文化交际能力的培养与日益频繁的跨文化国际交流需要相互对应等，在当前应用语言学教育尚不够完善的前提下，还需要以执行效果和以人为本的培养方针为趋向进行重新定位和改革。

2.3　基于跨文化交际需要应用能力培养中存在的问题

随着跨文化交际需要的不断提升，当前诸如英语、法语、德语、韩语、日语以及其他类型的小语种作为第二语言的方式在我国近年来

的发展过程中，被广泛认识，作为大学独立科目的学习方式等在我国已然找到生存和发展的土壤。以日语为例，日语在近些年被中国广泛重视，成为与韩语齐头的热门外语学习语言，在当前我国与日本交流频次不断提升的前提下，跨文化交际中日语的地位也日渐提升，但是在跨文化交际的实际应用需要的影响下，日语作为应用语言的运用仍存在很多问题。首先，日语的当前教学基本以理论学习为主，比较注重基本语言知识和运用的学习，日语作为跨文化交际中的应用型语言，在我国应试教育的背景中，学校和学生均对考试的最终分值过度重视，而其作为应用性语言的价值和应用性所在却往往被忽略，这也就导致此类语言在应用的过程中，由于其背后的文化知识学习被孤立，跨文化交际中所引发的理解偏差和语言运用规则使用不当等问题。当然，在实际应用中，因长期硬性地进行语法、单词等的语言记忆，在交流少、学习兴趣被压抑的前提下，导致学生日语知识结构不完善、知识面过于狭窄等，此种学习方式下日语在跨文化交际中更无法得到良好的运用。其次，诸如重视日语的课堂培训及教学而忽略课外实践的现象也屡见不鲜。由于日语作为应用语言学，多以学科理论的形式在大学中得以推广，而具体课外作为第二语言的学习则多以日语专业学科、各类机构培训的方式而存在，在课外教学延展被忽视的前提下，学生只能在日语学习课堂上进行交际能力和语言能力的锻炼。而日语教学过程中教师作为主导的模式一直未被打破，尽管一些高校尝试引入各项改革来激发学生学习的自主性，但是从根本而言，由于学生对日语缺乏最为基本的了解，在学习中对于学习目标也缺乏直观的、客观的认知。因此，长期处于传统"满堂灌"学习模式下的学生，使用日语等应用语言理论进行跨文化交流的意象和能力等方面与教师的预期目标之间可能会存在很大的差距。

2.4 影响应用语言跨文化交际能力培养的因素

2.4.1 培养模式定位不当，教师主观因素融入过多

教师在应用语言跨文化交际能力的培养过程中，无论从课堂内容的设计角度，还是从对学生的引导及对学生兴趣的培养等角度来看，教师的主观能力性对培养模式和方法的确定均有直接的影响。尽管教师以跨文化交际和应用语言学的实践应用为教学课堂设计的基础，但是实际教学模式定位的不当，直接限制了教师和学生双方的思维，教师的照本宣科或者会进行一些情景环境的虚拟来作为课堂教学内容的丰富化措施，学生在此种培养模式的引导下，多会将关注力度放在如何使用、如何了解语言应用背后的文化，对词句的运用忌讳和基本原则等进行识记，而对于应用语言学在跨文化交际中所需要的各项能力尤其是综合素养的提升等却容易产生忽略。不得不说，这与作为引导人主体的教师本身主观因素融入过多，"想当然认为""觉得可能""应该如此讲解"等思想变化有直接的关系。

2.4.2 培养方法较为单一，理论与实际结合度不强

培养方式的单一化与以人为本的渐进式教学模式之间所存在的差异较大。前者多从课堂教学方式和方法角度来要求课堂讲解的顺畅性和教学内容执行的目的性，而后者则需要从学生的实际需要角度出发，调查学生的兴趣、爱好，明确应用语言学实际应用中覆盖的范围及应用的方法，从而将理论和实际情况联系起来进行系统的讲解和练习。显然，在培养方法较为单一的模式下，此种实际和理论结合的教学方式多限制在课堂上，而虚拟的培养模式下无论是课本中还是借助互联网所搜索到的多种案例，均缺乏及时性，应用语言学在跨文化交际的

要求下必然是与时俱进，并具有及时性的活动过程，此类照本宣科和模仿已经发生过的事件的操作方式，尽管在操作方面可以让学生提前感知应用环境，但对学生敢于张口交流、建立交流自信心，克服羞涩心态等方面而言，却缺乏将其融入课堂设计的基本考量。当前学生的实际应用同样也缺乏一个较为稳定的可以在日常课下练习的基本环境，一些高校会设置英语角、举办校间第二外语应用大赛等，但从长久的培养角度来看，关于理论和实践的融合要求的应用而言，还需要不断的完善和改进。

2.4.3 培养创意意识不足，文化与语言的融入较少

当前西方文化强势的传播，在经济推动下文化发展所产生的价值认同和心理认同很容易导致国人对其他国家语言及文化出现盲目的崇拜。中西文化本身所存在的差异表现在价值观念、思维方式等多个领域。教师本身在进行应用语言理论跨文化交际讲解前，其本身应该对需要讲解的内容有充分的了解。但是事实上，教师对学生进行应用语言跨文化交际能力培养的方式和方法多局限于语言学习和应用本身，对学生知识自我学习能力、交际能力、专业能力、学习态度及综合素养的培养方面却缺乏创新度，尤其在语言和文化相互融入的培养方式构建方面，更是容易拘泥于课堂教学内容中。就日语学习而言，日语与中文的区分点如何，在同样的语言环境下两者的差异，日语的美妙之处在哪里，日语的应用性和可操作性如何，日本丰富的民情民俗如何等，此类问题如果在教学中无法被体现，那么学生视野未被打开的前提下，对于语言应用及其背后文化背景等方面的认知则必然贫乏。

2.5 应用语言学跨文化交际培养模式的改革策略

2.5.1 应用语言学培养模式的再定位

应用语言培养模式的再定位是进行应用语言跨文化交际培养模式改革的基础。培养模式的再定位主要包括三方面。首先是对教师自身定位的调整，其次是对学生认知度和学习要求的定位，第三是对培养模式的定位。对教师自身定位的调整直接关系到课堂教学内容的设计，正如应用语言跨文化交际需要综合性语言知识、文化知识、语言专业知识、社会知识、个人态度、交际能力、学习能力、社会能力、交际态度以及与跨文化交流密切相关的综合素养、个人素质等方面进行统一的指导和人才的综合培养，教师本身必须意识到此类培养要求，并与自身目前的教学方式及方法进行对比找出自身的不足，并不断地对现有教学模式进行补充和完善。对学生学习方式的再次定位必然建立在对学生认知度和学习要求以及学习兴趣等的深入了解的基础上。目前学生在应用语言学跨文化交际的学习模式下无法切实使用理论和课上所学知识的主要原因在于学生对应用语言学的价值和意义、跨文化交际应用语言学习与自身的关联度等方面的认知度不强。学生在无法了解及认识到应用语言在跨文化交际中运用时的乐趣时，主观能动性的发挥以及积极主动学习兴趣的发挥均会受限。培养模式的定位方面则以教师对自身培养方式的审视、对学生了解的不断深入为改革基础，正如中日、中西方在风俗习惯、宗教信仰、思维方法、价值观念等方面存在较大的偏差，日本的大男子主义观念，明显的家族观念等。因此在实际学习的过程中，需要从差别性角度入手，对学生本体进行渗透式、层次性的教学。

2.5.2 应用语言学渗透式培养方式的有效融入

不同语言和文化的培养应该按照知识传授的要求和内容进行分层式的培养，由于跨文化交际能力意识的培养按照人类生理结构和理解能力进行划分，可分为四种层次。如学生通过教科书、日常接触、互联网、教师课上讲授等对应用语言学在跨文化交际要求下的表现有基本的认识。但一般来说，初学者的第一反应主要认为此类文化本身新奇、不容易理解。第二个层次则是随着对应用语言学学习的不断深入，可以对于母语具有明显区别的一些文化特征和使用方式等有所识别。但是不能接受、排斥的心态也往往充斥在此期间。继前文所分析的日语学习，日语作为亚洲语言其发音特点以平直为主，并没有英语那么大的升降变化，在学习时教师可以以中国绕口令为日语练习方式，绕口令本身可纠正学生的发音不清楚的问题，而绕口令的引入同样可以降低学生的排斥心态。第三个层次中学生主要在理性的分析后，初步掌握了学习方式和对应用语言学的要求、跨文化交际的实际需要及规则等方面有所识记，也许可能存在不能完全理解，但是可以以背诵的方式进行尝试理解，并能在一定角度形成初步判断。第四个层次则是学生在深入体验和理性辨析之后，可以站在被交流者的角度和立场来理解语言应用背后的文化、情感等，进而完成交流中身份、情感的转化。

2.5.3 应用语言学跨文化交际渗透式培养模式的构建

2.5.3.1 渗透式培养模式的课堂改革

注重跨文化交际语境的复杂性和多元性的前提下，以应用语言学在跨文化交际中应用能力的全面培养作为渗透式培养模式课堂改革的目标，其最好的方式则是引导学生沉浸在跨文化交际所需要的应用语言学文化的氛围中。以日语为例，作为应用型语言其教材难免具有较

强的、较为生硬的书面用语，其实用性较低，在一定程度上对学生的兴趣诱导同样不具备促进性。面对这种情况，在实际教学中可以引入影视教学法、歌曲学习法、漫画学习法等教学法。众所周知，日本的漫画在学生群体中广为流传，因此，运用日语漫画及动画来作为文化了解和娱乐身心的教学方式，更利于学生的自然学习。应用语言的使用不应该仅限于课堂讲解，就模拟真实语境进行跨文化交际场景设置而言，教师可以在课堂上为学生创造此类环境，也可以要求学生在日常电子邮件、网络聊天的过程中模拟交际双方进行练习。

2.5.3.2 渗透式培养模式的课堂外活动延展

鉴于培养学生跨文化交际能力和综合素养的需要，除课上进行视野拓展和思维培养以外，在培养学生对外部世界自主发现能力方面，以及进行情感和行为训练的培养方面，还可以通过对国外旅游照片、手工艺品、城市概貌、照片等的主题式报告会或者展览会的开展来促进学生对应用语言学应用环境的了解和探索。此外，诸如电视节目、体育新闻、电影片段、文化话题等所包含的大量信息的提取和时间创新活动，也可以在教师的引导下在进行课堂外的活动延伸。比如角色扮演、辩论会、画面配音视频制作、与国外一些高校建立友好关系，鼓励学生使用Facebook和Skype等网上视频聊天工具与国外学生在线交流等。在个人经历、文化探讨等过程中课堂中所缺乏的材料和内容自然会在对比中被挖掘出来，这对学生进行自我学习和自我探索能力的提升，可以起到极大的推动作用。

本文以目前外语教学中存在的各种问题作为切入点，对当前外语教学模式、培养方式等提出了几点建议，旨在今后的外语教学中扭转以往错误的定位教学意识，逐渐变为重视培养应用交际能力的渗透式良性教学培养模式，为促进外语教学发展和改革模式做出应有的贡献。

第三章　中日商务文化的思维模式差异研究

商务文化是引领商务人员前进的旗帜。商务文化，尤其是跨国际商务文化，是近几年来经济文化领域中热点研究问题的一个重要组成部分。正因如此，对中日商务文化的思维模式进行深度研究，不仅关系着两国文化自身价值的再现，同时也关系到两国今后的经济合作与发展。本文通过商务文化的四个层面，对此次差异进行研究，以更好地为从事中日商贸文化研究和其他相关项目的人员服务。

3.1　商务文化

商务文化是指各国、各民族的传统文化为了适应商品经济发展这一历史条件，在商贸活动进程中发展、演化并传承下来的文化，也是人类在商业领域中创造的物质财富和精神财富的总和。

商务文化一般可划分为四大层次：商务物质文化、商务制度文化、商务行为文化和商务精神文化。各个层次之间彼此关联、彼此制约、彼此影响，形成一个有机的统一体，继续丰富和拓展商务文化的内涵和外延。

商务文化是一种带有商业特色的文化存在形式，它也是文化在商

务活动中所体现的观念、方式和结果的表征。

3.2 思维模式

思维模式又称思维方式。所谓思维方式是指人们利用头脑，对周边客观事物进行概括和间接反应，从而进行思维推导的方式。受各种观念和意识形态等影响，不同国籍、不同文化背景的人对所处世界都持有不同的看法。

3.3 文化与思维模式的关系

思维模式与文化有着密不可分的联系。在历史发展进程中，各种文化与文明交汇演变，形成一个独具特色的文化传统。这种文化传统代表了拥有悠久历史的思想文化，同时也是观念和意识形态的总体表征。它制约并又集中体现在思维模式之中。因此，受思维模式的影响，文化亦存在相应的差异。

另一方面，文化又促进了思维模式的形成与发展，文化对人的影响具有潜移默化和深远持久的特点。正是在某种特定的文化背景下，人们才逐渐建立起形形色色的思维模式。因此，不同文化背景熏陶下的人们看待事物的角度也大相径庭。

3.4 中日商务物质文化的差异

商务物质文化是指在商务领域中所呈现出物质形态的文化的总和。主要包含商业建筑、技术设备、商品及包装、广告以及物质条件等文化内容。其中，商务物质文化是商务文化的根基。

3.4.1 建筑

中国商业建筑设计的显著特点是"商业人文主义"精神，即商业空间环境恰当地融合于周边的居民生活环境中，强调生活情调。但由于处于经济发展期，受"浮躁风"影响，政府商业地产政策变动大。开发商急于收回资金而盲目开工，工程进展过快，建筑质量难以保证。而且相关专业配合性差，不少设计方案往往不一而终。

日本的商业建筑比较注重和周边环境的协调性、地域文化和行业文化的结合性以及内部空间的美感。不仅有良好的政策环境、精心设计的图纸，各相关专业更是响应建筑的要求，在满足其基本功能的基础上，与建筑协调而又完美地结合。

3.4.2 商品

由于技术相对落后、缺乏核心技术，同时人口众多，在劳动力上占有很大的优势。因此中国国内企业多处于第一、第二末端生产链。凭借着低廉的劳动力，生产出大批"中国制造"产品。但部分产品牺牲质量进行低价竞争，导致市场对整个产业质量失望与不满。另外，在中国，"售后"是一个新兴的概念，在产品的保修期内易缺失售后服务。这都是中国产品声誉不好的主要原因。

日本的产品以轻、小、精而著称，其高品质及先进技术得到了全世界的好评。首先，日本拥有许多先进的科技，这为制造精细产品奠定了坚实的基础，同时日本人十分注重细节，这为产品质量提供了保证。其次，受岛国的自然环境影响，生产材料紧缺，不得不考虑制作轻小的产品，以缓解资源危机。最后，日本重视生产现场。开发设计部门和生产现场都是紧密相连的，便于现场的意见和提案能很快地反映到开发设计部门。

3.4.3 包装物及广告

中国多选择纸、木等天然材料和陶器与玻璃制品制作各种包装物，同时也广泛运用塑料、金属、复合材料等现代包装材料体现时尚性。日本产品包装均以环保、易于回收再利用的材料为首选，加之日本国内与包装相关的材料工业、加工工艺及其系统发展得相当完备，造就了有日本特色的包装形象。

中国的广告通常融入"传统""家""回忆"等元素，引起人们的共鸣，以增强广告宣传的效果。而日本人更重视自然之美，并且日本人好奇心较强，更喜欢"新""美"的东西。此外，中国的广告较为注重画面的整体效果，日本广告更加注重细节方面。

3.5 中日商务制度文化的差异

商务制度文化是指在商务流通领域中，为了完成商贸活动而形成的管理形式和方法的载体，也是建立在价值观基础上而制定出的一系列规则和制度。主要包括管理经营规章制度、政策、法令以及公共关系准则等文化内涵。

3.5.1 中国

合同劳动制。依据中国现行《劳动法》有关规定，从业人员必须与企业签订劳动合同，以此来确立双方之间的关系，明确各自的权、责、利。依据合同，职员必须按照规定完成工作任务，履行相关义务；企业也必须支付相应的劳动报酬，并让员工享受其应有的权利。双方一旦发生争议，可通过法律途径寻求法律援助。

分配制度。为了发展社会主义市场经济、适应现阶段生产力发展水平，中国现行的分配制度是以按劳分配为主体、多种分配方式并存

的分配制度。这种分配制度以劳动为尺度，基本是多劳多得，少劳少得，不劳不得的状况。

绩效考核管理制度。从学科定义上来看，绩效是某一团体在一定的资源、条件和环境下，完成任务的出色程度，是对目标实现程度以及达成效率的衡量与反馈。绩效考核管理制度是企业人力资源管理制度的核心。主要是为了科学公正地进行绩效管理规范，提高员工工作积极性和工作效率，最终完成工作目标、提高企业市场竞争力。

3.5.2 日本

终身雇佣制。它是日本企业人力资源管理制度的中心。关于终身雇佣制，日本学者野村正实将其总结为：第一方面，企业采用应届毕业生，并保障他在本企业工作直到退休，即企业对雇员在本企业的所谓终身保障；第二方面，应届毕业生一毕业就进入某企业工作，一直到退休为止，即雇员终身在同一企业工作的意识。简言之，来自各高中大学应届毕业的求职者，一经企业正式录用，除非出于劳动者自身的责任，企业主避免解雇员工，直到员工退休可一直供职。所谓终身雇佣制，并不是法律或成文规定意义上的制度，只是企业间的一种雇佣习惯或惯例。

年功序列制。即按照工龄和年龄来决定企业员工在职位上的地位与工资。在企业工作的时间越长，地位越高，享受的待遇也便越高。因此，对于员工个人来说，忠心于企业，把企业利益放在首位，其实是与企业之间的一种约定行为。

企业内工会制度。是指按照企业来组织工会的制度。企业工会双方就生产经营中遇到的各种问题，依照日本有关法律法规，围绕劳动生产率、利润、物价及国家宏观经济状况等要素，进行协商谈判，并在企业范围内自主决定。

"禀议制度"是指，在企业经营过程中由下向上提出建议，然后

做出决定的管理方式。这种决策要经过各个环节、各级相关人员的讨论、确认、批准后，予以提案者实施方案。在决策时可以确保方案顺利通过，提高员工对企业的关心度。但在决策环节易耗费时间。这便是在商务谈判中，中国人经常抱怨对方不温不火地讨论合同相关内容，而延误了中方项目实施进程的原因。

此外还有工作轮换制，定期招聘制，定期提薪制等。

3.6　中日商务行为文化的差异

商务行为文化是指在各行各业、各个商业领域中，体现出不同行为的文化的总和。包括受本国民族文化制约，同时又受外来文化影响的商务思维模式、情感模式、行为模式等。

3.6.1　问候

在中国，见面时最基本的礼节为"握手"。在狩猎时期，人们手上拿着石块或棍棒用以抵御危险。路上遇见同类时，为了表明手中未藏武器，大家放下所持物、摊开手掌，让对方抚摸掌心。这就是"握手"的来源。握手时应注意力度，过轻显得轻薄，过重则失礼数；手中若持有东西，要放下持有物后再握手；和多个人握手时还应注意握手顺序。

日本人见面时一般要行鞠躬礼。鞠躬礼源于中国先秦时代，两人相见，弯腰曲身待之，是为鞠躬礼。礼节性最高的为90度的鞠躬，表示特别的感谢和道歉；45度的鞠躬，一般用于初次见面，也应用于饭店或商场等服务员对顾客的欢迎；30度的鞠躬，一般用于见面打招呼的时候；15度的鞠躬，一般用于公司接待顾客，意指"欢迎光临"。鞠躬时，男士双手自然垂下、贴腿，女士则用左手压住右手放在小腹前。

3.6.2 着装

日本人在交际应酬时对穿着打扮的要求十分严格，尤其是商务场合必须穿西式服装。另一方面，在中国企业工作的职员，一般只要求穿商务套装。甚至有的公司对着装无此类讲究，员工工作期间可以穿着随意。

中国女性上班时一般素面朝天，不过近几年情况稍微有所改变，画淡妆的职业女性越来越多。而日本女性不论是约会还是上班，外出时都会精心化妆一番。有时由于时间紧迫，越来越多的女性选择在电车上化妆。

3.6.3 加班

在中国，大部分企业员工都享受着"朝九晚五"的待遇。早上九点准时上班，下午5点准时下班。若是临近下班时间员工还剩有手头工作，量多的将在明天做；量少的延迟几分钟，完成工作再离开。除非是商务活动繁多的旺季、年终，企业通常不加班，即使加班也是带薪加班。

日本企业员工拼命加班世界闻名。甚至有的人把"残業"（加班）看成日本文化的一种。虽然日本企业工作时间也是"朝九晚五"，但更多时候，只要上司和大部分员工没有下班，就很少有员工提前离开。对他们来说，加班本身就是工作的一部分。

3.6.4 谈判

东亚各国沟通方式都含蓄婉约。但日本是亚洲诸国中用词最模糊不清的一个。比如日方代表连连点头说"是"，其实是表明他们在认真听协议。另外，中国人谈判希望从整体上把握，符合基本原则即可签约，之后再详谈小条目。同时给人一种强烈的时间紧迫感，步步逼

近谈判对方,使其让步;日本人则花很长时间,不紧不慢地逐条讨论下分项目,不到最后决不签约。日本人习惯事先调查好各方面的资料,做好全面而又充分的准备工作,甚至还讨论各种应急方案。

3.7 中日商务精神文化的差异

商务精神文化即商业的心理状态文化,是指在长期的商贸活动中形成并指导商贸人员的思想观念和价值体系等。通常包括商务活动中所体现的观念文化体系,如商务理念、商业伦理、商务心理等。

3.7.1 个人主义和集团主义

中国人也有集团意识,但这种意识局限于家庭。离开家庭,便是注重个人利益的个人主义者。大部分中国企业员工认为,在公司上班仅仅是谋生的一种手段。个人能力得到提高,便可更换工作地点进入下一阶段的磨练,因此重视眼前的短期利益即可。这便是中国企业员工"热衷"于跳槽的原因所在。

同时中国也是一个极其爱"面子"的民族。不管在什么场合下,都不希望别人和自己撕破脸皮,崇尚"万事好商量"。因此在中国企业里,很少出现上司当着众员工的面批评某一员工的现象。

日本则十分注重培养员工的"集团意识"。日本人将企业当作自己的家,把"同僚"纳入"家族"的范围。因此,日本人常以"我家"来称自己的工作单位,而以"你家"、"府上"来称对方的工作单位。日本人把公司或企业叫作"会社","会社"这个日语词原意就具有"大家赖以生存的集团"的意思。为了维护自己集团的利益,全体员工同心协力、勤奋工作。

在日本企业,上司训斥下属是一件习以为常的事。因为企业是家,上司是父母,下属是孩子。孩子犯了错,父母就可以理所应当地训斥

孩子。也没有员工会因此而怨恨上司，产生不愉快心情，影响自己的工作。

3.7.2 等级观念

受孔孟儒家思想的感染，中国也讲究尊卑等级，但1949年新中国成立后，等级意识逐渐淡出人们的视线。现在的等级观念是建立在尊重的基础之上的人人平等。在职场上，上司是上司，各司其职，等级分明；在职场外，上司也可以是亲密无间的朋友。当然，也有不少中国人对上下级的态度截然两样。但那些对上级百般讨好、阿谀奉承者，在思想上并不一定要卑躬屈膝。这和等级意识完全是两码事。

日本是一个等级观念森严的国家，所有人际关系都是建立在等级制度的基础上的。不管他们在集团中是否具有支配权，一切要以年龄、社会地位等为基准行事。比较明显的一个体现就是敬语的使用。可以说，日本是敬语使用最频繁的一个国度。在商务日语中，正确使用敬语很受关注和重视。因此，也有日本人称，不会使用敬语便无法在职场上立足，日本人的一切行为必须根植于等级意识。

3.7.3 "间"意识

中国的自古以来的人际距离以"防""礼""度"为特点。一般人会主动留意"间"距离的问题，然而，人口众多的客观条件限制使中国人经常处于拥挤状态。当个人空间被无意侵犯后，中国人倾向于采取"忍"的应对方式。"和而不同"的思想使得中国人在交往过程中调节着这些差异。职场也同样，需配合对方的习惯做出适当的调整。

日本人在人际交往的过程中十分注重保持一定的距离。"间"渗透在日本的各个角落，并处处影响着日本人的思维方式和行为方式。这是因为日本人做事喜欢留有一定的余地，力图达到"以心传心"的交流境界。故而日本著名教授滨口惠俊曾提出：欧美国家社会的基础

第五部　国际合作、商务文化及跨文化教育的冲突与交融

是个人主义，而日本是"间人主义"。

3.8　中日思维模式差异分析

通过上文，本人认为，中日思维模式差异主要有以下四点：

3.8.1　个人主义和集团主义

日本学者浜口（1982）认为，交情关系规定了日本社会的人际关系，并将注重交情、互相信赖、互相依存的价值观冠之以伙伴主义。可以说，这种伙伴主义形成了日本的集体主义，作为一种社会规范扎根于日本社会，体现出集体主义志向。日本人的集团意识是在"封闭性地域共同体"的基础上发展起来的。基于强烈的生活需要共同走向，以共同归宿为感情基础而形成的集体意识，就是社会学中所谓的"共同体的集体意识"。相对中国而言，日本人的集体主义是基于地缘而非血缘的结合。

简言之，中国国土面积大，人口众多。在长达数千年的历史长河中，大大小小的诸侯国战争不断。在这种分分合合、经常受到外族和外敌侵扰的环境中，人们不得不极力保全自己的利益和安全。长期以来，便形成维护血缘家族和个人利益意识比较强烈的群体。

而日本则是一个位于远东的四周临海的岛国，地理位置相对独立，岛上的人民过着不受外敌侵略和统治的生活。并且日本是一个"同质单一民族"，使用统一的语言。在这样的生活环境中，日本人更容易形成相同的价值观，培养集团意识。

3.8.2　等级意识

从历史上看，日本和中国一样，受到儒家思想的影响，等级意识深入人心。此意识大致经过两个阶段：一是随着社会分工的发展而自

然发生。早期农耕时代，依靠的不是技术，而是请教年老有经验者传授知识，因此尊崇年龄的风气促使身份等级意识形成；二是随着封建王朝的建立和王权的加强，等级作为一种重要的统治工具而被制度化。然而，中国等级制度地位被巩固的时候，日本还处于国家机构发展不充分、政治权力对社会影响有限的阶段。所以等级身份的维持，主要依靠宗教和社会的力量。新中国成立后，身份等级作为一种制度被废除；而在日本，等级意识作为历史流传下来的社会观念继续留存在日本人潜意识中。

所谓的"等级"其实是一种上下排序，即"序列"。每一个集团内的人际关系都由纵、横两个方面构成一个关系网络。其中，"纵"是上下关系，"横"是同级关系。

中国更重视横的关系。人际关系像一张跨越集团的网，每个人都是网上的结点。（如图1）谁的这张网大，谁就有更大的安全感。而日本被称为"纵式社会"。人际关系更像一个长链条，每个人都是链条上的一个环结。从一个环结出发，只有上下两个结点与其它结点相连接。（如图2）一个人的安全感主要是靠加强这两头的连接取得的。对上要尊崇、服从的同时得到庇护；对下保护、支配，得到尊崇。只有弄清了自己在集团中的位置，才能决定自己的行为。

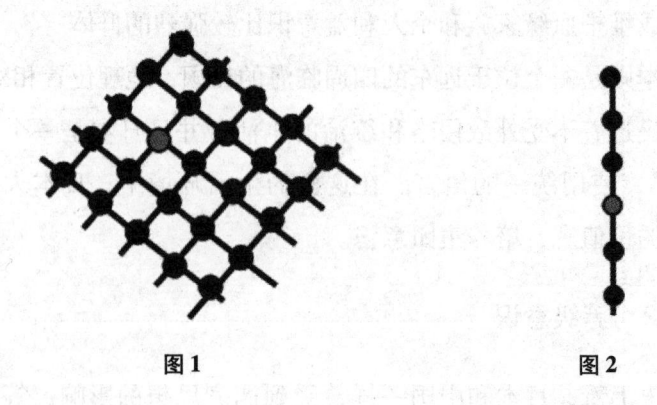

图1

图2

3.8.3 内外意识

中国的"内外"是根据"血缘"关系的亲近来判断的,而日本的"内外"是根据实际生活中的关系来判断的。

中国是一个与众接壤国有着密切联系的大陆国,同时又是一个多民族国家,为了促进本国文化与外来文化的交流与融合,中国人民费尽心机接纳外来事物。因此,大部分的中国人认为,"内"只包括家人、同族以及亲友。在农村,地缘和血缘关系重合,同族意识强烈。对于不同血缘集团的人们通常采取冷漠或排他的态度。而在城市,人口流动频繁,亲戚们不住在同一个地方,同族意识稀薄。除了家族企业,在其他企业里,很难通过组织来形成"内外"意识。因此,对于中国人来说,公司、学校等不是一个严格意义上的集团。在职场上,相对于"内外"意识,更注重"礼节"。

因日本内部的岛与岛、岛内山川之间的自然隔断等原因,形成了许多互不往来的群落。另外,江户时代诸藩国各自为政,老死不相往来。这些因素使得日本人的"内外"意识逐渐形成。德川幕府统治时期,全面实行闭关锁国政策,使得这种意识发展到与国际交流的隔断,"内外"意识加深。如今,在职场上,所属不同集团的公司是"外",和这些公司员工交往时要意识到"间"的问题。为了自己集团的利益,即使自己心有不悦,也不能流露于表,必须要对其彬彬有礼、谦逊不恭。这种礼貌反而是一种疏远和冷漠。另外,日本人对"自己人"的标准也很严,必须血统上、法律上、能力上都是日本人。日本人的"岛国根性"可见一斑。内外有别,内外有序。即使做到神似日本人,他们也会把你当作外人看待,这就是潜藏在日本人思想深层处的"内外意识"。

3.8.4 整体主义与注重细节

首先，中日审美意识不同。中国先祖在广袤的大陆繁衍，拥有巍峨的山脉和磅礴的河流，自然景观庞大瑰丽，逐渐地产生"以大为美"的审美意识。大和民族则在东洋一隅的列岛生息，低矮的山岭绵延，短浅的河流纵横，自然景观小巧纤丽。审美观自然"以小为美"。

另外，在以"儒学"为主的中国哲学体系中，"整体主义"是其一个重要特点。从理学的"天人合一"和道家的"道生一，一生二，二生三，三生万物"中皆可见一斑。"整体主义"把万事万物视为一个有机的、不可分割的统一体，进行直观归纳、进行综合地把握，而不是通过微观分析这种逻辑方式来思考世界。反映到职场上，企业习惯统筹全局，从整体入手，由面到点。易于把握事情的整体进展，从而做好长远的打算。

日本哲学分为两个部分。一是从古代中国引入的佛学；另一个是近代从西方引入的辩证哲学。标志着日本进入近代社会的明治维新，使得日本发生了翻天覆地的变化。日本人的价值观体系也极受当时的影响。近代日本如饥似渴地受西洋思想，同时也继承了西方哲学分析的思维方式。从小入手，由点到面，条理性很强。整个公司从谈判签约到生产制造，再到销售经营，处处体现着细节。

3.9 结语

正如前文所述，中日两国虽一衣带水，但由于所处地理环境和历史文化等原因，商务文化上产生了较大的思维差异。当今部分国家和地区政治局势紧张，加速了国际资本的重置。同时，中日两国政治形势也不容乐观，势必给两国经济贸易发展带来新的挑战。这些跨文化差异因素恰恰解释了商贸冲突产生的合理性与必然性。

因此，要顺利地促进中日两国跨文化商务活动的往来，就要清楚地认识到：跨文化带来的思维模式差异的根本原因在于文化的差异，而非利益的抗衡，也决定了其解决方式应为相互理解，而非彼此博弈。

大致可采取以下几种做法。

3.9.1 培养跨文化商务意识

积极学习日本文化，比如政治、经济、历史等，在进行商务文化渗透的同时进行知识渗透。此外，必须掌握相通的基本常识。包括面试、着装、商务礼仪等方面的共性。只有在了解共性的基础上，才能更好地了解中日商务文化的差异。

3.9.2 开展相关研究，并加以创新实践

尽可能多地和日本建立商贸关系，进行商务活动往来。在此基础上，深入了解对方文化背景和历史因素，针对两国商务文化的异同点展开相关领域的研究，并将研究成果在实践中加以运用。

3.9.3 模拟环境

在掌握一定数据和成果之后，进行中日商贸环境的模拟试验，以促进从事相关领域人员尽快熟练地掌握实际商贸往来中所需的要领，减少因误解而产生的分歧和不必要的摩擦。

3.9.4 创造第三种文化

无论双方处于什么样的文化背景，最终的目的都是为了达到双赢。因此在尊重和理解双方各自商务文化的基础之上，将两种文化加以融合，创造出拥有两国共识的"第三种文化"，以寻求文化共存。

只要我们充分认识中日商务文化存在的差异，就可以使这些差异对商务活动的影响朝有利的方向发展，促进中日经贸顺利进行。

第四章 全球化经济视野下的商务日语人才培养模式探究

4.1 研究背景

随着全球化经济的推进，我国与世界其他国家的经济往来日益密切，对于各方面人才的需求与日俱增。近几年来，日本企业以我国为市场不断拓宽其领域，且在日本当地也大量录用中国员工，因此各大高校必须培养出比以往更多的高质量日语人才才能适应这种发展趋势。

在传统的日语教育之中，高校的教育者主要将人才的培养中心放在语言教育这一方面，其具体表述是：本专业旨在培养具有扎实的日语知识和技能，掌握较宽泛的人文与社会科学以及国际商务基础理论知识，具有较强的跨文化交流能力，适应在政府机构，各类企、事业单位从事国际商务活动需要的高素质专门人才。而这样的教育理念相对而言比较传统，难以培养出创新型的日语人才，也难以激起学生学习日语的信心。同时，由于高校的教育大多在于培养学生单方面的语言能力，因此从高校走出的日语学生都只知道专业日语知识，却不能将专业知识与实际紧密相连，缺乏灵活性。

而随着经济市场的全球化，在这样的信息时代若只有专业知识而

无法灵活应用，极其容易被市场淘汰进而跟不上时代的步伐。商务日语教育的课程体系也应逐步趋于科学、合理。课程的设置除了严格遵循学术规范外，还兼顾了社会、经济的发展，人才市场的需求等因素。

4.2 商务日语新历程

4.2.1 改旧为新，创造学习新环境

现今的日语教育系统本身的封闭性、保守性导致了在日语教学实施过程中的局限性。教育内容的变化幅度受制于教学大纲，而学习方法的变化又受制于教学方法和教育内容。如果教学方法是僵化的、保守的，把学生置于一种被动的地位，这样一种教学模式所培养的学生也只能是保守的，不富有主动意识和创新精神。那么该如何解决现今日语教育过于死板的问题？最好的办法就是在传统教学的基础上进行以"灵活性""开放性""启发性"为主的改革。教师在专业教学中，要有创新意识，改革教学方法，运用多种形式开展大学创新教育。在日语教学的课堂上不拘泥于课本硬知识，而是以学生自身学习为主、课堂教授为辅，着重培养学生的自主学习能力。

同时，学校对于学分的硬性规定不应过多，大学学分虽然在一方面能反映一个学生的学习能力，但在很大程度上限制了学生学习的广度与深度，当学生学习专业知识纯粹是为了应付期终考试，为了修满学分而学习，那他便失去了对学习的热情与自主学习的能力，在离开大学踏上工作岗位之后将会止步不前，很难称得上新时代的人才。因此高校对于学分的要求应适当降低，并且开设更多更细的专业课程，给予学生选择课程的充分自由性和自主性，让学生学习专业知识的动力能保持稳定，不随着时间的推移而减少。

为了能让学生对于日语学习有更好的热情，高校还可以开设更多

更具趣味性的课程。众所周知，过于刻板的知识教授会让学生产生厌烦情绪，而有效的学习则需要学生在学习时保持在一个良好的亢奋状态，因此，趣味课程的开设对于学生学习专业知识而言显得尤其重要。在日常日语教学中应该适当加入诸如日本影视鉴赏等的趣味课程，让学生在疲劳的日语专业知识学习之余不但能得到身心的放松，同时能学以致用。

4.2.2 充分利用外教资源，合理强化本地师资力量

语言教育离不开外教，可以说，一个优秀的外教老师能够带给语言专业的学生不可估量的学习激励。与外教进行面对面的交流，是感受纯正日语、提升语言交际能力的宝贵机会。外教对他本国的文化和生活习惯有比较深入的了解，对一些具体发音的把握比较灵活，而且外教能够给学习者提供一个真实的语言环境，并将他们的习俗文化渗透到学习过程之中，外教比国内教师更善于调动学习者的学习兴趣，使学习者在与外教的交流中不断练习自己的语言反应能力，从而能够说一口地道的口语。外教具有充分的语言能力优势与文化背景优势，对于学习者语言能力的提升有非常大的帮助。而高校在挑选外教时也应合理选择，一定要做到"保质"，切勿为了保证外教的数量而忽视了外教本身的素养，因为一个素质不佳的外教在一定程度上会将学生带入歧途。而除了课堂上与外教的交流学习，在节假日期间，学校也应积极组织学生跟随外教前往日本旅行学习，用旅行这一载体来传授学生专业的知识。

诚然，外教的力量在日语学习中相当重要，但本地师资在数量上的绝对优势使得我们无法忽视其对于日语人才培养的重要性，而国内的本地教师在很大程度上还存在漏洞。首先是对教育教学理论认识学习不到位，只具备粗浅的理论和经验；其次是教学方法、教学经验缺乏，需花较多的时间备课、熟悉大纲；第三是参与或独立进行商务日

语研究的能力不强；最后是对工作、学习和生活环境的适应能力不够强等。虽然他们工作表现劲头十足，但受自身能力水平限制，对实际情况缺乏深入全面的了解，往往感到难以驾驭、失落，加之自我意识矛盾，自我效能感降低、归属感缺失，有的甚至焦虑不安、无所适从，这样的老师在给学生授课时很难真正让学生了解他们所需要的专业知识。为此，高校应该加强对于日语教师的教学技能与专业水平的培养。定期组织高校日语教师进行专业知识的培训，而教师自己也应根据自身发展水平，以及与优秀教师比较存在的不足，自觉地制订适合自己发展目标和发展计划的学期计划或年计划。同时教师应该提高语言表达能力，因为语言表达能力是影响教师教学能力的重要因素，特别是对于日语专业这样的语言学而言，好的发音、好的表达能让学生学到更丰富更全面的知识，因此日语教师在备课的时候要练习自己的语言表达，配合手势等肢体语言，甚至不熟练的有必要写讲稿。在教学中可以使用一些幽默语言，因为根据研究发现，在大学教师课堂中幽默语言的使用具有积极的作用，能缓解课堂紧张气氛，融洽师生关系，引导学生的注意力和振奋学生的精神，同时好的肢体语言还能加深学生对于语言的记忆强度。

4.2.3 以多样化的形式获得学生青睐

传统的日语课堂教学在实施过程中通常会遇到老师在讲课而学生再做其他事情的问题，这样，学生需要花费更多的时间来掌握课堂知识，事倍而功半，得不偿失。日语教学与理科的学习不同，它是日常积累的成果，不可能靠短期的突击就能全面掌握，而课堂教学的漏洞又恰好暴露了学生在大部分情况下都需要短期突击学习的漏洞。

在课堂之外，高校应该开办更多有趣的活动或者鼓励学生组织社团以加强学生课外对于专业的认知并且激起其学习热情。同时，学校应加强各项商务知识竞赛的奖励措施，借由实质性的奖励使学生能够

有参加比赛的意愿，通过比赛的形式让学生在准备比赛的过程中得到锻炼并储备知识。此外，各大高校还可以与周围日语商务企业联系，在寒暑假让更多学生能够在企业中实习，在实习中锻炼其专业能力，而这样的实习不可限于大三大四的学生，最好能向大一大二学生开放，让新生在今后的学习中保持良好的活力。

4.3 从战略眼光看商务日语

4.3.1 重视语言文化的作用

随着经济全球化的发展，世界各国也随之逐渐紧密地联系在一起，变得越来越密不可分。经济是衡量一个国家综合实力最重要和最直接的指标。但如果评估一个国家综合实力，单单从经济方面入手，无疑是极为片面的，因为经济与科技息息相关，与文化亦是密不可分。而文化是一个国家和民族软实力的重要象征，也是一个民族精神与文明的载体，它的很大一部分是渗透在语言中靠着悠悠众口才得以传承的，所以语言就成为了一个国家文化不可多得的重要资源。

特别是在经济全球化的今天，世界各国不仅加强了在经济方面的往来，也更为重视文化的交流与学习。中日两国是一衣带水的邻邦，文化交流更是频繁。自从1972年两国恢复正常邦交以来，中日两国在政治、文化方面的交流不断加深，取得了令人欣慰的成果。例如，日本的"汉字经济"颇引人瞩目。日本人围绕汉字做了很多开发，仅字库设计，就推出了2973款，获得了丰厚的经济效益。可见，语言资源的开发利用，对于推动经济发展具有不可低估的作用。与此相映衬的是在我国，随之发展的商务日语的位置也越来越重要。尤其在我国东部沿海地区，日资企业数不胜数，商务日语的使用更是频繁，这无形中扩大了对商务日语人才的需求，日语有了广阔的用武之地。为了适

应新形势的要求,我们更应该挖掘深层次的内容,摒弃传统僵化的思维和盲目学习的理念,重视文化对语言的影响。

　　语言是建立在文化基础上的产物,且与文化相辅相成,所以在学习商务日语时,不能仅从语言这一浅显的层面着手,而要把它看作文化的载体。商务日语在一定程度上反映着日本民族的文化,只有结合实际充分了解了日本当地的民俗文化和风土人情,学习起来才不会显得死板、失了趣味。因此,培养学生的跨文化意识对语言学习来讲是至关重要的。任何事物的学习都是需要背景的衬托才会变得通俗易懂,如果脱离现实的背景依托单靠死记硬背语法,这样学来的语言就如同没有灵魂的躯壳。语言当是能服务于人类有生命力的东西,应该经得起实践的考验。学习商务日语这项语言最重要的莫过于增强对日本文化的理解能力,进而以这种学习方法更深入地了解日本,融入世界语言文化的大潮。

　　由于现今我国各大高校的教育大多只注重培养学生单方面的语言能力,因此从高校走出的日语学生都只是知道片面的专业日语知识,却不能将专业知识与实际紧密相连,缺乏实用性和灵活性。古人常说"学以致用",学而无用的知识本身就违背了"学"的初衷。因此,在世界经济文化激流碰撞的今天,能做到学以致用的复合型人才才能顺应时代的发展。

4.3.2　提高商务日语对外语言能力

　　当前世界,人类社会正面临着世界性和民族性的双重变奏,外语的弱势可能导致民族的弱势。一个国家在确保本国语言不受外来文化威胁的情况下也应该重视培养本国的对外语言能力。中国与日本不管从地理位置还是经济交流来看联系都比较密切,因此提高对商务日语的对外语言能力对国家的安全和发展都有着重要意义。很多发达国家都从国家安全和国家发展的战略高度明确外语的地位和价值。例如美

国在正式制定国家外语政策初始,就把外语能力视为捍卫国家安全、提升公共外交能力的必要手段。近年来,更是制定和实施了一系列与国家安全直接相关的语言项目。特别是2006年启动的"国家安全语言启动计划",从外语能力、外语人口、外语语种、外语教育、外语资源利用等各方面进行了全方位的外语规划,美国政府列出了阿拉伯语、汉语、俄语等"关键语言",并在高校设立了15个语言资源中心,围绕重要议题开展智库研究,并有计划、有步骤地培养和储备战略急需的外语人才。

与美国相比,我国的外语政策尚没有上升到国家战略层面进行顶层设计,缺乏清晰的安全目标定位。商务日语在我国的小语种中占有重要地位,但我国如今的现状却依旧是缺乏精通日语的人才,这样的现状无疑限制了我国的国际化发展。如同我国虽然大力广泛地普及英语,社会的英语水平也确实有所提升,但是却并不能有效改变我国缺乏精通外语人才的状况。因为缺乏自觉为国家服务的战略意识,所以我国日语人才的人数和质量都远远不能满足我国在国防、外交、贸易、司法、文化等领域的需要。语言能力是激发文化活力,促进认知发展,推动社会进步和经济繁荣的根本因素。学习语言只是为了自身发展这样传统的观念已经不适合继续延续下去,我们应该以长远的目光将日语人才的培养与国家的战略利益相结合,这样才能赋予日语学习者持续进步的动力。

全球化竞争不再局限于经济与科技,对外语言能力也变得愈来愈重要,语言能力问题已经得到世界的普遍重视。国外为了提高对外语言能力,纷纷颁布改革措施。就连从来不大重视外语的英国,本世纪初也出台了新的"国家语言战略"政策,推出了"为了下一代"的"国家语言标准框架",并于2012年6月宣布,所有孩子7岁起必须从推荐的7门语言中选学一门外语;日本在世纪初颁布了"培养能使用英语的日本人"的行动计划,2013年决定将小学英语开课时间由5年

级提前至 3 年级。作为日本的邻邦，要想追赶新世纪的浪潮，我们就必须迎接挑战，学会审时度势，完善增强我国的对外语言能力，提高全民对语言能力建设的认识、调整，完善语言教育政策及规划、改革和优化语言教育体系，只有这样我们才能培养出具有跨文化沟通能力的复合型高端人才。

4.3.3 明确商务日语的教学目标

对于商务日语，人们首先应当明确学习这门语言的意义。日语教育在本质上首先是人文素质教育，其次才是语言技能的习得，商务日语专业教学要坚持"以人为本"的工作方针。但从以往的实践来看，我们对商务日语工具性和技能性的强调，导致了我国在商务日语学科发展和外语人才培养方面的诸多问题。单纯的填鸭式教学培养出的人才已经无法适应时代的需要，为了适应我国面临的国际形势，商务日语的教学不能单纯依靠课堂知识的灌输，更要与实际相结合。各大高校应该根据国别、区域以及国际关系来重视规划外语学科的设置。就目前的日语教学内容来看，学生所学专业相对应的提升行业日语能力的内容还不够，这样的"哑巴日语"也造成了日语学生各方面能力失调。

语言是一项具有实际意义的技能，也是一种流动的文化。秉持"文以载道""由词通道"的教育理念，实现语言交际功能向文化功能的转变，才是语言教育改革的目标和方向。针对商务日语教学来说，在加强日语语言基础知识和基本技能训练的同时，应重视培养学生实际应用日语进行交际的能力，培养学生解决问题的能力。日语教学内容的设置上，一定要区别于日语语言文学类的教学内容，应侧重加大语言能力类教学的力度，突出日语听、说、读、写、译的训练。适当降低"学术"性知识的含量，加强实用性知识的训练和培养。充分发挥每个教师的积极性和创造性，尽最大限度挖掘和调动学生的学习潜

能，不断提高、完善商务日语专业学生的跨文化交际能力，让学生在学习中找到快乐、找到自信，为学生的就业以及今后的发展创造有利的条件。

经济与文化的发展从深层次来讲，是为了人的发展。只有在保证物质资源富足的前提下，才有建设精神文明的保障。商务日语教学不能只是一个学习语言的场所，语言是在历史长河的发展中形成的，语言是文化的载体，文化是语言的土壤。学好一门语言，不应仅局限于学习它的语音、句法等，还应该学习相关的社会历史文化知识。缺乏背景知识而造成的语言错误，常常会使对方误会而导致交际的失败。同时通过语言的教学了解文化的差异，特别是职业文化的差异将对高职学生的日语学习乃至素质提高也有积极的指导意义。教学内容应该承载文化教育，教学过程应该是一个帮助广大学子提升素质、完善自我的平台。

随着社会发展，越来越多的日资企业在我国投资设厂，这对日语专业的学生毋庸置疑是一个好机会。就业是实现一个人可持续发展的有效途径，培养能够达到预期目标的、符合社会及企业期望和需求的人才改革已经刻不容缓。高校商务日语专业的教学大纲和目标以及基本课程设置的原则是以学生未来的就业发展方向和企业所需要的知识、技能、能力等为主要依据，培养与国际接轨的、具有可持续发展能力的复合应用型日语人才。这样，我们的学生才能适应社会发展的潮流，才会被企业所认同，不被社会所淘汰，也能进一步加强我国商务日语的对外语言能力，提高我国的文化软实力。

4.4 结束语

在这个经济全球化的时代，各大高校对于商务日语人才的培养不能仅仅停留在数量的增加上，更应该注重每一个人才的质量问题，传

统的日语教学方式显然已经无法培养出大量满足企业要求的人才，而在这时，高校不可局限于传统教学，应该适时革新教学方式，能够为社会培养出更加优秀的人才，使之与国家的战略相适应。商务日语不仅是一门对外语言，更是关乎国家安全和经济发展的重要保障，它的地位正由软实力逐渐向硬实力提升。加之当今部分国家和地区政治局势紧张，我国与周边国家形势也呈现跌宕起伏之势。中日两国政治形势同样也不容乐观，这势必会给两国经济文化和贸易发展带来新的挑战。因此加强培养具有交际能力的复合型商务日语人才这一任务已经显得格外重要，提高我国商务日语对外语言能力也变得刻不容缓。

主要外文参考文献

池田理恵子,1993,「謝罪の対照研究 – 日米対照研究 – Face という視点からの一考察」,『日本語学』Vol. 12 – 11,13 – 21.

石田敏雄・高田誠,1995,『対照言語学』,おうふう.

井出祥子,1990,「待遇表現」『講座日本語と日本語教育』第12巻,148 – 173.

井出祥子・荻野綱男・川崎晶子・生田少子,1986,『日本人とアメリカ人の敬語行動 – 大学生の場合 – 』,南雲堂.

井出祥子,1992,「日本人のウチ・ソト認知とわきまえの言語使用」,『言語』Vol. 21 – 12,42 – 53.

井出祥子,1998,「文化とコミュニケーション行動—日本語はいかに日本研究化とかかわるか—」,『日本語学』Vol. 17 – 9,42 – 53.

任炫樹,2002,「断りとアイ・コンタクト」,『言葉と文化』第3号.

元智恩,1999,「日韓言語行動の対照研究 – 断り行動のモデル化をめざして – 」,筑波大学大学院地域研究研究科修士論文.

元智恩,2002,「日本語と韓国語の断り表現の構造 – 指導教官の依頼を断る場面を中心に – 」,『筑波大学言語学論叢』第21号,21 – 35,181 – 199.

元智恩，2004，「日韓の断りの言語行動の対照研究－ポライトネスの観点から－」，筑波大学博士（言語学）学位論文.

小川治子，1995，「感謝とわびの定型表現―母語話者と使用実態の調査からの分析―」，『日本語教育』第85号，日本語教育学会，38－52.

萩原稚佳子，「日本人の言い差し表現に対する察しの現れ方」，『講座日本語教育』第36分冊，早稲田大学日本語教育センター，69－85.

尾崎喜光，2006「依頼・勧めに対する断りにおける配慮の表現，」国立国語研究所報告『言語行動における「配慮」の諸相』，くろしお出版，89－114.

柏崎秀子，1993「話しかけ行動の談話分析－依頼・要求表現の実際を中心に－」，『日本語教育』第79号，日本語教育学会，53－63.

カノックワン・ラオハブラナキット，1995，「日本語における「断り」―日本語教科書と実際の会話との比較―」，『日本語教育』87号，日本語教育学会，25－39.

川村よし子，1991「日本人の言語行動の特性」，『日本語学』Vol. 10－5，51－60.

北尾謙治・北尾キャスリーン，1998，「ポライトネス－人間関係を維持するコミュニケーション手段」，『日本語学』Vol. 7－3，52－63.

邱永漢，1993，『中国人と日本人』，中央公論社.

國廣哲弥，1973，「言語の統合的モデル」，『国語学』92集，国語学会，19－32.

熊井浩子，1992，「留学生にみられる談話行動上の問題点とその背景」，『日本語学』Vol. 11－12，72－80.

熊井浩子，1993a，「外国人の待遇行動分析（1）-依頼行動を中心に-」，『静岡大学教養部研究報告』第28巻第1号，1-44.

熊井浩子，1993b，「外国人の待遇行動分析（2）-断り表現を中心に-」，『静岡大学教養部研究報告』第28巻第2号，1-40.

熊谷智子，1993，「研究対象としての謝罪-いくつかの切り口について-」，『日本語学』Vol. 12-11，4-12.

熊取谷哲夫，1993，「発話行為対象研究のための統合的アプローチ-日英語の「詫び」を例に-」『日本語教育』79号，日本語教育学会，26-40.

熊取谷哲夫，1995，「依頼の仕方-国研岡崎調査のデータから-」，『日本語学』Vol. 14-10，22-32.

倉地暁美，1990，「学習者の異文化理解についての一考察-日本語・日本事情教育の場合-」，『日本語教育』71号，日本語教育学会，158-170.

呉愛蓮・山内啓介，1988，「中国語と日本語-中日言語表現の違いについて-」，『外語研紀要』第12号，愛知大学外国語研究室，15-27.

小泉保，2001『語用論研究―理論と応用―』，研究社.

国立国語研究所編，1984，『言語行動における日独比較』，三省堂.

小塩真司，2004，『spssとAmosによる心理・調査データ解析』，東京図書.

輿水優，1977，「中国語における敬語」，『岩波講座日本語4 敬語』，岩波書店.

小林祐子，1986，「あいさつ行動の日米比較研究」，『日本語学』Vol. 5-12，65-75.

小山慶一，1983，「言いよどみ」，水谷修編『話しことばの表

現』，筑摩書房．

　崔信淑，2000，「感謝を表す表現とその心理に関する日中韓対照研究」，『言語文化学』，大阪大学言語文化学会，Vol. 9，3-18．

　笹川洋子，1994，「異文化間にみられる「丁寧さのルール」の比較」，『異文化教育』8月号，44-58．

　笹川洋子，1996，「異文化の視点からみた日本語の曖昧性-在日外国人留学生調査より-」，『日本語教育』第89号，日本語教育学会，52-63．

　ポリー・ザトラウスキー，1993，『日本語の談話の構造分析-勧誘のストラテジーの考察』，くろしお出版．

　ポリー・ザトラウスキー，1994，「インターアクションの社会言語学」，『日本語学』Vol. 13-9，40-51．

　鮫島重喜，1998，「コミュニケーションタスクにおける日本語学習者の定型表現・文末表現の習得過程-中国語話者の「依頼」「断り」「謝罪」の場合-」，『日本語教育』第98号，日本語教育学会，73-84．

　柴谷方良，1989，「日本語の語用論」，『講座日本語と日本語教育』，388-410．

　謝オン，2001，「談話のレベルからみた『依頼発話』の切り出し方-日本人大学生同士と中国人大学生同士の依頼発話から-」，『日本研究教育年報』5，東京外国語大学日本課程・留学生課共編，77-101．

　陣内正敬，2006，「ぼかし表現の二面性-近づかない配慮と近づく配慮-」，国立国語研究所報告『言語行動における「配慮」の諸相』，くろしお出版，115—131．

　杉戸清樹，1983，「待遇表現としての言語行動-「注釈」という視点」，『日本語学』Vol. 2-7，32-42．

杉戸清樹・生越直樹・佐々木倫子・早田美智子・堀江プリヤー，1992，「「誤解」のメカニズムの記述をめざして」，『日本語学』Vol. 11 – 12，44 – 53.

鈴木孝夫，1973，『ことばと文化』，岩波書店.

曹偉琴，2000，「呼称における中国の文化的価値体系 –〈老 + 姓〉を中心に –」，『中国語学』247 号，日本中国語学会，188 – 204.

高田誠，1992，「コミュニケーションの対照研究」，『日本語学』Vol. 12 – 12，44 – 53.

高田誠，1993，「語用論と言語の研究」，『日本語教育』第 79 号，11 – 25.

張　頴，2000，「依頼行動の日中対照研究」，お茶の水女子大学人間文化研究科修士論文.

生越まり子，1993，「謝罪の対照研究 – 日朝対照研究 –」，『日本語学』Vol. 12 – 11，29 – 38.

生駒知子・志村明彦，1993，「英語から日本語へのプラグマティック・トランスファー「断り」という発話行為について」，『日本語教育』79 号，日本語教育学会，41 – 52.

野村正実，1994，終身雇用 [M]，岩波書店.

野村美穂子，1992，「断りの表現 – コミュニケーションと含意 –」，『筑波大学言語学論叢』第 10・11 号，15 – 28.

野元菊雄，1983，「言語行動学入門」，『日本語学』Vol. 2 – 7，4 – 10.

橋本良明，1992a，「婉曲的コミュニケーション方略の異文化間比較 – 9 言語比較調査 –」，『東京大学社会情報研究所調査研究紀要』No1，107 – 159.

橋本良明，1992b，「間接的発話行為方略に関する異言語間比較」，『日本語学』Vol. 11 – 12，92 – 101.

主要外文参考文献

波頭亮，1994，『最後の巨大市場・中国』，PHP 研究所.

馬場俊臣・盧春蓮，1992，「日中依頼表現の比較対照」，『北海道教育大学紀要（第 1 部 A）第 43 巻第 1 号，57 – 66.

馬場俊臣・禹永愛，1994，「日中両語の断り表現をめぐって」，『北海道教育大学（第 1 部 A）第 45 巻第 1 号，43 – 54.

濱口惠俊，1982，「間の文化」と「独の文化」，知泉書館.

浜田麻里，1995，「依頼表現の対照研究 – 中国語における命令依頼の方略 – 」，『日本語学』10 月号，69 – 75.

姫野伴子，1998，「勧誘表現の位置―『使用』『しようか』『しないか』 – 」，『日本語教育』第 96 号，日本語教育学会，132 – 143.

藤森弘子，1995，「日本語学習者にみられる「弁明」意味公式の形式と使用 – 中国人・韓国人学習者の場合」，『日本語教育』第 87 号，日本語教育学会，79 – 90.

藤森弘子，1996，「関係修復の観点からみた「断り」の意味内容 – 日本語母語話者と中国人日本語学習者の比較 – 」，『大阪大学言語文化学』Vol. 5：4 – 17.

文鐘蓮，2004a，「断り表現における中日両言語の対照研究―意味公式の発現頻度を中心に―」，『人間文化論叢』第 7 巻，お茶の水女子大学大学院人間文化研究科，123 – 133.

文鐘蓮，2004b，「中国語と日本語における断り表現の対照研究―意味公式の平均値（発話量）を中心に―」，『日本中国語学会第 54 回全国大会予稿集』日本中国語学会，160 – 164.

文鐘蓮，2005，「断り表現の意味公式構造における日中対照研究」，『中国語教育』第 3 号，中国語教育学会，158 – 177.

文鐘蓮，2006，「日中両言語における断り表現の対照研究―意味公式の平均値の視点から―」，『語言学研究与応用』第 10 号，社会科学出版社，28 – 34.

文鐘蓮, 2009a,「語用論的視点から見た断り表現の構造における中日対照研究」,『中日言語文化対照研究』, 日本教育専門出版社, 45-60.

文鐘蓮, 2009b,「ポライトネスの視点から見た断り表現における中日対照研究―意味公式の分析方法を通じて―」,『日本研究化論叢』, 大連理工大学出版社.

文鐘蓮, 2009c,「異文化の視点から見た断り表現における中日対照研究-意味公式の発現頻度を中心として-」,『中国日本語教育研究会論文集』.

堀江・インカピロム・プリヤー, 1993,「謝罪の対照研究-日タイ対照研究-」,『日本語学』Vol. 12-11, 22-28.

ポリ・ザトラウスキー, 1994,「インターアクションの社会言語学」,『日本語学』Vol. 13-9, 40-48.

彭飛, 1990,『外国人を悩ませる日本人の言語習慣に関する研究』, 和泉書院.

彭飛, 2004,『日本語の「配慮表現」に関する研究 中国語との比較研究における諸問題』, 和泉書院.

牧野成一, 1983,「文化原理と言語行動」,『日本語教育』第49号, 日本語教育学会, 1-11.

水谷信子, 1991,「待遇表現指導の方法」,『日本語教育』第69号, 日本語教育学会, 24-35.

南不二男編, 1979, 講座言語3『言語と行動』, 大修館書店.

三宅和子, 1994a,「感謝の対照研究 日英対照研究-文化・社会を反映する言語行動-」,『日本語学』Vol. 13-8, 10-18.

三宅和子, 1994b,「日本人の言語行動パターン-ウチ・ソト・ヨソ意識-」,『筑波大学留学生センター日本語教育論集』第9号, 29-39.

三宅和子，1994c，「『詫び』意外で使われる詫び表現—その多様化の実態とウチ・ソト・ヨソの関係—」，『日本語教育』82号，日本語教育学会，134-146.

村井巻子，1997，『「断り」行為の日独比較-日本人とドイツ人の大学生の言語調査をもとに-』，筑波大学地域研究研究科修士論文.

毛利可信，1993，「語用論の根本問題」，『日本語教育』第79号，日本語教育学会，1-10.

森山卓郎，1990，「断りの方略」，『言語』Vol. 19-8，59-66.

森山卓郎，2003『コミュニケーション力をみがく日本語表現の戦略』日本放送出版協会柴田庄一・山口和代，2002，「日本語習得における人間関係の認知と文化的要因に関する考察-中国人及び台湾人留学生を対象として-」，『言語文化論集』第1号，名古屋大学言語文化部・国際言語文化研究科，141-158.

山口和代，1997，「コミュニケーション・スタイルと社会文化的要因-中国人及び台湾人留学生を対象として-」，『日本語教育』第93号，日本語教育学会，38-48.

横山杉子，1993，「日本語における『日本人の日本人に対する断り』と『日本人のアメリカ人に対する断り』の比較-社会言語学のレベルのフォリナートーク」，『日本語教育』第81号，141-151.

吉見孝夫・馬場俊・周蕊，1992，「中日両国語の呼称の比較-複雑さと使い分け-」，『北海道教育大学紀要（第1部A）第43巻第1号，33-42.

ラオハブラナキット、カノックワン，1995，「日本語における『断り』-日本語教科書と実際の会話との比較」，『日本語教育』第87号，日本語教育学会，25-39.

李威，1999，「日・中・韓母語話者の『断り』行為の対照研

究」,『日本語教育学会秋季大会予稿集』, 110ページ.

若生久美子・神田富美子, 2000,「中国語における依頼表現の丁寧度」,『中国語学』247 号, 日本中国語学会, 294－310.

Austin, J. L. 1962. How to do Thinks with Words. Oxford: Oxford University Press 坂本百大訳 1978『言語と行為』大修館.

Beebe, L. M. and Cummings, C. M. 1996."Natural speech act data versus written Questionnaire data: How data collection method affects speech act performance."

In J. Neu and M. Gross. Speech Across Cultures. Berlin: Mouton Beebe, L. M., Takahashi, T. and Uliss－Welts, R. 1990."Pragmatic Transfer in ESL Refusals." In Developing Communicative Competence in a Second Language. New York: Newbury House Publishers. pp. 55－73.

Brown, P. and Levinson, S. 1987. Politeness: Some universals in language. Cambridge Universty Press.

Goffman, E. 1967. Interaction Ritual. Chicago: Aldine Publishing Company Goffman, E. 1971. Relations in Public. New York: Harper& Row.

Goffman, E. 1976."Replies and Responses." Language in Society. Vol. 5. 257－313.

Cambridge University Press.

Grice, H, P. 1989. Studies in the Way of Words. Cambridge, MA.: Harvard University Press. 清塚邦彦訳, 1998『論理と会話』, 勁草書房.

Hymes, D. 1971."Competence and Performance in Linguistic Theory." In R. Huxley, E. Ingram. (Eds.) Language Acquisition: Models and Methods. London: Academic Press.

Lakoff, Robin. (1973). The Logic of Politeness; or, Minding Your P's and q's. In paper from the ninth regional meeting of the Chicago Linguistic Society (pp. 292 – 305).

Leech, G. N. 1983. Principles of Pragmatics. London: Longman. 池上嘉彦・河上誓作訳, 1987,『語用論』, 紀伊之国屋書店.

Rintell, E., &C. J. Mitchell (1989) Studying requests and apologies: An inquiry into method.

Cross – cultural pragmatics: Requests and apologies Norwood, NJ: Albex.

Searle, J. R. 1969. Speech Acts. Cambridge: Cambridge University Press.

坂本百大・土屋俊訳, 1986,『言語行為』, 勁草書房.

Thomas, J. A. 1995: Meaning in Interaction. An Introduction to Paragmatics.

Longman, 浅羽亮一（監修）, 田中典子・津留崎毅・鶴田庸子・成瀬真理訳, 1998,『語用論入門』研究社.

Katz J. S., Martin B. R. What is research collaboration? [J]. Research Policy. 2012 (26): 1 – 18.

Frame J. D., Carpenter M. P. International research collaboration [J]. Social Studies of Science, 1979 (9): 481 – 497.

Turner V, Gantz J F, Reinsel D et al. The digital universe of opportunities: rich data and the increasing value of the internet of things, Framingham: IDC Analyze the Future, 2014.

CODATA. Big data for international scientific programmes: Challenges and opportunities A statement of recommendations and actions. Beijing: Committee on data for science and technology, 2014.

James Lantolf. Language Emergence: Implications for Applied Linguistics – a Sociocultural Perspective [J], Applied Linguistics, 2006 (04).

Nicholas Rescher. Cognitive Harmony [M]. Pittsburgh: University of

Pittsburgh press, 2005.

H. Widdowson. On the Limitations of Linguistics Applied [J]. Applied Linguistics, 2000 (01).

『応用言語学事典』, 2003, 研究社.

主要中文参考文献

何兆熊，2000，新编语用学概要［M］，上海外语教育出版社.

金炫兑，2002，交际称谓语和委婉语［M］，台海出版社.

易洪川，1991 汉语的礼貌原则与交际文化［J］，语文建设，语文建设编辑社第 8 期.

卢万才，2001，汉语会话的亲近表现［J］，汉语学习，63 – 66.

马宏基/常庆丰，1998，称谓语［M］，新华出版社.

徐桂梅，2005，从汉日祈使表达方式的不同看礼貌的文化差异［C］，汉语研究与应用第三辑，中国社会科学出版社，153 – 162.

冉永平，2006，语用学：现象与分析［M］，北京大学出版社.

梁帅/丁堃，2011，中国国际科学合作状况分析与展望［A］，第七届中国科技政策与管理学术年会论文集［C］.

来诗卉，2012，研究型大学国际合作科技创新的研究［D］，浙江大学.

刘云等，2013，国家创新体系国际化理论与政策研究的若干思考［J］，科学学与科学技术管理（3）：61 – 67.

王元地/刘凤朝，2013，国家创新体系国际化实现模式与中国路径——基于中、德、日、韩的案例［J］，科学研究，31（1）：67 – 78.

向希尧等 2010，跨国专利合作网络中 3 种接近性的作用［J］，管

理科学 23（5）：43-52.

刘凤朝等，2012，中国专利活动国际化的渠道与模式分析［J］，研究与发展管理 24（1）：86-92.

中国科学技术信息研究所，2013，2013 年度中国科技统计结果［R］，北京：中国科学技术研究所.

刘辉，2014，国际科学基金对我国科研活动的支持作用：基于文献计量的研究［J］，科技进步与对策（2）：1-4.

孙秀霞等，2013，国际组织理论研究的合作模式探究—基于研究机构和研究者合作网络的分析［J］，情报杂志 32（1）：105-110.

陈强等，2013，主要发达国家与地区国际科技合作的做法及启示［J］，科学管理研究（06）：58-59.

陈爱璞，1996，近年来非智力因素研究综述［J］，河南社会科学（04）.

尹纪玲，2014，基于应用语言学的学生跨文化交际能力提升分析［J］，中国校外教育（01）.

陈二春/袁志明，2008，文化移情能力与跨文化意识研究［J］，四川外语学院 24（03）.

陆文静，2010，跨文化交际中的心理障碍研究［J］，黑龙江高教研究（03）.

郝志勇，2014，跨文化交际中模糊语言学应用初探［J］，经营管理者（03）.

辞源［M］，2010，北京：商务印书馆.

张亮，2002，商业建筑设计中的"商业人文主义"精神［J］，合肥工业大学学报 25（5）：782-785.

GERMAN ALFREDO BLANCO，2012，中国产品的质量与形象—影响因素分析［J］，科技向导（12）：84-85.

赵蕤，2013，从民族文化角度分析中日包装设计差异［J］，包装

工程（3）：73-77.

许峰，2007，中日广告的文化差异［D］，对外经济贸易大学.

北京市总工会劳动关系考察团，2011，关于日本工会组织及劳资关系的考察报告［J］，北京市工会干部学院学报26（1）：25-30.

杨波，2008，浅谈日本人的"集团意识"［J］，作家杂志（3）：190-191.

黄妍、桑青松，2009，中国传统文化视域中的人际空间距离［J］，安徽师范大学学报（人文社会科学版）37（1）：80-83.

尚会鹏，1996，日本人的等级意识—日本人意识"漫谈之二"［J］，当代亚太（4）：70-74.

董继平，2010，日本人际关系中的"间"—距离感［J］，首都外语论坛，409-415.

杨红/王景杰，2006，论日本人"以小为美"的审美意识与文化特性［J］，重庆大学学报（社会科学版）（5）：119-123.

董青，2009，跨文化冲突与商务日语谈判策略［J］，经济论坛（6）：80-82.

王玉，2011，论商务日语人才培养模式与目标实施［J］，日语学习与研究（6）.

陈岩，2010，商务日语教育指导理论［J］，日语暨商务日语教学研讨会［C］.

别同玉等，2005，培养学生终身学习能力［J］，成人教育（2）：34-35.

罗萃萃，2008，经济全球化意境下的商务日语教育［M］，东南大学出版社（9）.

蔡永良，2012，关于我国外语战略与外语教育的几点思考［C］，北京：北京大学出版社.

王立非，2012，商务英语跨学科研究新进展［M］，北京：对外经

济贸易大学出版社.

杨同毅,2010,高等学校人才培养质量的生态学解析［D］,上海:华中科技大学.

薛金祥,2013,生态学视域下的商务英语专业课程体系的构建［J］,黑龙江高教研究(2):163-165.

姜雨婷/林乐常,2008,关于日语复合型人才培养的思考［J］,辽宁行政学院学报(08).

秦明吾,2002,关于21世纪日语本科复合型人才的培养［J］,日语学习与研究(03).

王秀文,2007,日语教育改革与人才培养模式的构建［J］,贵州民族学院学报(01).

姚绚文,2008,高职院校商务日语专业课程整合及教学模式改革探析［J］,经济与社会发展(10).

卢江滨等,2009,中国高校国际化人才培养的践行与展望［J］,武汉大学学报(哲学社会科学版)(11).

Susan Gass & Larry Selinker,2011,第二语言习得(第三版)［M］,北京:北京大学出版社.

文钟莲,2012,论非智力因素在跨文化交际中的作用［J］,前言(19):191-192.

文钟莲,2014,跨文化交际下应用语言能力的渗透式教学培养模式及再定位［J］,青年时代(20):65-66.

文钟莲,2016,国际大科学研发协同中的文化冲突与合作模式创新研究［J］,科学管理研究第34卷(5):107-110.

文钟莲,2015,中日商务文化的思维模式差异研究［J］,沈阳工程学院学报(社会科学版)第11卷(4):524-528.

附 录

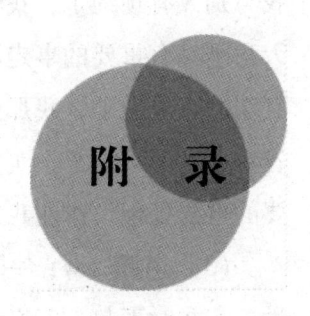

本研究在中日两国，以汉语母语话者 77 人、日语母语话者 84 人作为受试者用话语补全测试（Discourse Completion Test）研究法进行了调查。按照话语传达功能的原则，把受试者的语言表现进行了不同分类，汉语和日语各自出现了 16 和 14 个语义程序（Semantic Formulas）。

为了便于读者对本研究进一步进行多方面的了解，在附录中将提供在本次研究中出现的中日两国语义程序的具体内容，及在不同场面、对不同人物进行的拒绝表现的具体内容（部分案例）。

话语补全测试、角色扮演研究法中出现的语义程序的具体内容（汉语）

Q1. 对搬迁的"请求"进行拒绝的场面：

a. 对指导教师的"请求"进行拒绝时出现的语义程序的具体内容：

(1) 拒绝（h）—可能去不了了，不能去了，不能帮您了，真的不能去帮您搬家了，不能帮您的忙，真的不能去帮您，不行啊，恐怕

289

帮不上忙。

（2）说明理由（b）—明天我的确有很重要的事，不能推掉，但我与别人有预约了，我有更重要的事要做，我有很重要的事要做，今天我刚好有重要的事走不开，我今天有一个重要的面试，我已经定好有别的事要做了，我那天有些急事，我明天有事，必须去做，我已经答应办别的事情了，实在脱不开身，我有件急事得去做，我还有些重要的事要处理，作业我还没有完成，我有重要的功课要做。

（3）道歉（w）—实在是不好意思，对不起，真对不起，真是抱歉，实在对不起，不好意思，不好意思呀，请您原谅，请谅解。

（4）另寻方案（d）—要不我帮你找别人问一下吧，等我面试完马上过去帮您，要不我找一个朋友来帮您吧，我会尽力去帮，一旦完成我马上回来帮你，我再帮您问问别人吧？办完我赶快去行吗？我帮你找其他人帮忙行吗？我做完尽快赶过去帮你。

（5）共鸣（k）—我很想去帮你搬家，您搬家我作为您学生应该去的，其实我挺想去的。

（6）遗憾（i）—真不巧，您好不容易有事找我还去不了，真遗憾，太不凑巧了。

（7）下次再约（z）—如果您回去后有事找我，只要能做到我一定去，如果以后有其他的事情尽管找我，如果下次您有事找我一定帮您。

（8）反问信息（y）—您是19号搬家吗？是那天啊。

b. 对好友的"请求"进行拒绝时出现的语义程序的具体内容：

（1）拒绝（h）—所以不能去呀，可能去不了了，就不去了，今天我去不了了，不行呀，我这回不能帮你的忙，实在去不了，恐怕帮不了你了，去不上。

（2）说明理由（b）—明天我有事，而且很重要，那天我有重要

的事，有件非常重要的事等我去办，已经定好了去做，我急着办，没时间，我那天有点事，我要去办，我还要去办别的事情呢，可我现在有讨厌的急事必须去办，我还有些事要干，可是我实在抽不出时间，我有其他的事要做，我实在是脱不开身。

（3）道歉（w）—对不起，不好意思啊，望你谅解。

（4）另寻方案（d）—不过我会尽量去的，搬家完我请你吃饭吧，有可能提前办完的话我一定赶去，有急事打电话，忙完了我就去，要不明天搬？我叫我弟弟来帮你吧，我也会争取时间的，一旦完成我马上回来，ok？改天请你吃饭再谢罪吧，如果有时间我一定帮忙，不如你改天搬吧。

（5）共鸣（k）—很想帮你，要是别的时候我肯定帮你，我还正想去你的新家看呢。

（6）遗憾（i）—真遗憾，你怎么不早说？但真的很不凑巧，没办法啦。

（7）下次再约（z）—下回我帮你，下次一定帮忙。

（8）反问信息（y）—那个事你知道不？你那天搬家呀！

（9）玩笑（j）—我还要吃你的搬家饭呀。

（10）欲言又止（言い淀み）（m）—啊，唉，哎呀，阿呀。

（11）称呼（s）—兄弟。

（12）要求对方的理解（n）—你也知道啦，你理解一下我的处境吧。

（13）其他（x）—没问题，小事一桩，你说你挑的时间啊。

c. 对普通朋友的"请求"进行拒绝时出现的语义程序的具体内容：

（1）拒绝（h）—可能不能去帮你，不能帮你了，过不去，帮不上忙了，今天恐怕不行，不能帮你，不能帮你搬家了，不行呀。

（2）说明理由（b）——我明天有重要的事去处理，这次我有重要的事要办，我没空，那天我碰巧有事，不能耽误，因为我确实还有别的事情要办，家里有点事情，脱不开身，我得去办别的事，我那天刚好有事，可是我现在正有件重要的事去办，我的好朋友也搬家，我已经答应去帮忙了，我已经有事了，我有个很重要的约会，那天我碰巧要有事。

（3）道歉（w）——实在是不好意思，对不起，不好意思，很抱歉，真抱歉，真的对不起呀，真对不起。

（4）另寻方案（d）——这样吧我尽量赶去，办完后回来帮你搬家，看看能不能早点完事，你还是找别人吧。

（5）共鸣（k）——我也很想帮你嘛。

（6）遗憾（i）——真不凑巧呀，帮不上忙我真过意不去，你看真不巧，太不巧了。

（7）下次再约（z）——下次一定帮你，下次你有什么事我一定去，下次有事早点告诉我，我一定帮忙。

（8）要求对方的理解（y）——你要搬家呀？

（9）欲言又止（言い淀み）（m）——哎呀。

Q2. 对送别会的"邀请"进行拒绝的场面：

a. 对指导教师的"邀请"进行拒绝时出现的语义程序的具体内容：

（1）拒绝（h）——我不能参加这次联欢会，实在去不了，我不能去，恐怕不能去了，恐怕要辜负老师的这片心意了，也只能让这次机会擦肩而过了，不能去了，所以我不能参加，我还是不去了吧。

（2）说明理由（b）——那天我不太方便，由于有点私人原因，我恰巧有事，我那边还不得不去，那天家里有事，我有重要的事，但是我实在是有事，脱不开身，但由于一些我自身难以启齿的原因，可是

今天约了别人，我那天有点重要的事必须处理，因为我前几天与一个朋友约好那天去办一件重要的事情，我已经答应他了，不能失约，可是我最近就要考一个试，我还有挺多没有准备的，因为我要和别的同学一起出去搞社会实践活动。

（3）道歉（w）—真得很抱歉，很抱歉，不好意思，实在对不起，对不起，请你原谅，实在不好意思，请老师见谅。

（4）另寻方案（d）—晚些时候我会去的。

（5）共鸣（k）—能和那么多老师和朋友在一起真好，其实我非常想去参加先辈的欢送会，我非常想和你们交流，我也很想去，我很希望有机会参加这样的场合，真是太好了，可以见那么多先辈真是太荣幸了，我非常想去，这的确是一次难得的机会。

（6）感谢（t）—谢谢您，谢谢给我这次机会与众位老师及朋友见面，感谢您的邀请，谢谢您的好意，谢谢您给我这样一个难得的机会，感谢对我的得体。

（7）遗憾（i）—太遗憾了，失去一次这么好的机会太可惜了，真是不巧极了，很遗憾，先辈们要走真有些舍不得。

（8）下次再约（z）—下次有机会再参加吧。

（9）寒暄（a）—请代我向前辈致意，改日我再登门拜访各位老师吧，希望你能代我向他们问好。

（10）要求对方的理解（y）—去参加欢送会？

（11）欲言又止（言い淀み）（m）—哎呀，啊。

（12）称呼（s）—老师。

（13）其他（x）—我也不知道怎么办才好。

b. 对好友的"邀请"进行拒绝时出现的语义程序的具体内容：

（1）拒绝（h）—还是你自己去吧，就不去参加了，不行呀，不能去了，还是不去了，不想参加了，不想去。

(2) 说明理由（b） —我最近实在囊中羞涩啊，最近我手头有点紧，我今天有事，个人财政不景气，没钱，只是最近的经济状况不允许，可是不瞒你说，我最近手头太紧去了也没什么意思，可是最近要赤字了，我那天刚好还有点事，最近穷得叮当响，哪有钱参加啊。

(3) 道歉（w） —实在对不起，对不起，请你谅解，抱歉，不好意思。

(4) 另寻方案（d） —下次有了钱我请你，你去帮我掩饰掩饰吧，下次有机会陪你出去玩。

(5) 共鸣（k） —我倒很愿意去，我真的很想去，其实我挺想去的，我很喜欢和好多朋友一起交流，先辈们要走了我很想送他们，这的确是一件好事。

(6) 感谢（t） —谢谢啦，谢谢，谢了，谢谢你了。

(7) 遗憾（i） —真不凑巧，不然我一定和你一同去，没有办法呀，还是忍痛割爱吧，真是天不从人愿，不得不放弃这个机会了。

(8) 下次再约（z） —以后宽裕一些再说吧，下次有机会我一定去，等以后再有机会的吧。

(9) 寒暄（a） —你帮我向前辈们带好吧，麻烦你代我向老师问好，帮我和各位老师，朋友问一声好，玩得开心点。

(10) 玩笑（j） —你就放我一马吧，太过分了。

(11) 欲言又止（m） —哎，哎呀。

(12) 称呼（s） —兄弟，姐妹。

(13) 要求对方的理解（n） —你还不知道我？你也知道，你应该理解我吧。

c. 对普通朋友的"邀请"进行拒绝时出现的语义程序的具体内容：

(1) 拒绝（h） —不能和你一同参加，去不了，恐怕不能去了，

恐怕分不开身，不能参加了，恐怕去不了，我不去了，你们去吧，我怕我那天去不了，可能去不成了。

（2）说明理由（b）—我有事，我有点私人原因，最近时间有点紧，家里有些急事，我还有重要的事要办，我还有一些事要做，不过那天我可能有点事，我那天还有些事情需要处理，最近我实在很忙，我有一件很重要的事情要办，我今天有篇论文晚上必须完成，我还没弄完呢，恐怕没有时间，可是我那会刚好有事，可我家还有事等我去解决。

（3）道歉（w）—很不好意思，对不起，实在不好意思，不好意思，实在抱歉，不好意思。

（4）另寻方案（d）—你再去叫一些其他的人好吗？要不我帮你问一问吧，我尽量想办法。

（5）共鸣（k）—好啊，我很想去，这活动很有意义。

（6）感谢（t）—谢谢，谢谢你的邀请，要谢谢你的邀请。

（7）遗憾（i）—真不巧，真是太可惜了，先辈们要走了还真舍不得。

（8）下次再约（z）—有机会的吧，等下次有空的好吗？今后有机会再和他们联系吧。

（9）寒暄（a）—请你把我的好意带到吧，你们帮我和各位说一声吧，希望你能玩得尽兴。

（10）回避正面回答（r）—不一定能去。

Q3. 对学习会的"建议"进行拒绝的场面：

a. 对指导教师的"建议"进行拒绝时出现的语义程序的具体内容：

（1）拒绝（h）—我还是不去了，就不去了，但这个时候恐怕不行，但我就算了吧，我还是不去了。

（2）说明理由（b）—但我这个学期制定了自己的学习计划，我

想实践一下看看是否有效,可惜我对此却没有任何思路,我明天有急事,我一天事情太多,恐怕抽不出时间,可是我最近在忙着论文,我最近没有时间,因为我有了别的安排,但现在时机还未成熟,那天我还有事,早就安排好了,只是我现在学习很忙,很难有时间参加,我那天有重要的事必须处理,估计参加也起不到什么作用,我实在对学习会没兴趣,我现在实在是没有精力搞学习会,我并不觉得学习会很适合我。

(3) 道歉(w)—可以原谅我一次吗?,对不起,真抱歉,希望您能谅解。

(4) 另寻方案(d)—我希望能够提高一段时间之后再搞学习会,我给你推荐几个人吧,过一段时间我会努力去做的,建议他们参加一下吧,我们再想想有没有什么别的好建议,您看我们可拒绝以换一种方式搞这项活动呢?

(5) 共鸣(k)—参加学习会对学习确实会有帮助,这个会应该很有意义,我非常感兴趣,很想参加学习会,很想去,这个建议太好了,我知道进行学习会我会有很大的收获,我觉得您的建议真不错,学习会是件有意义的事,交流是很有必要的,这个建议对我们未来是很有帮助的。

(6) 感谢(t)—谢谢,谢谢您啊,感谢老师的建议,谢谢您对我的建议,谢谢您的关心。

(7) 遗憾(i)—很遗憾。

(8) 下次再约(z)—下学期再参加学习会,如果有机会的话下次我一定会去学习会的。

(9) 寒暄(a)—如果我遇到什么难题还希望老师能指教,我会继续努力学习的。

(10) 回避正面回答(r)—过一段时间再看看吧,我会尽力去做的。

(11) 称呼（s）—老师。

b. 对好友的"建议"进行拒绝时出现的语义程序的具体内容：

（1）拒绝（h）—还是不去了，我不参加噢，我不想去，我不去，还是算了吧，不去可否？不去了吧。

（2）说明理由（b）—我还是觉得自己学习的效果比较好，我对学习会实在不感兴趣，我真的不喜欢这类会议，我没有时间去，但是我现在抽不出时间，也没什么兴趣去，可你知道我在这方面实在是不在行，也没什么兴趣，我也不是很有兴趣，我那天刚好有点事，现在条件还不是很成熟，没劲。

（3）道歉（w）—抱歉，对不起，原谅我一次吧，实在不好意思，不好意思啦。

（4）另寻方案（d）—要不再想个别的？还是找别人吧，有没有什么别的有趣的活动？有没有什么新花样呢？我们还是搞别的东西吧。

（5）共鸣（k）—我很想参加学习会，我也知道学习会的重要性，不错啊。

（6）下次再约（z）—下次一定和你一起去，以后会参加的。

（7）寒暄（a）—不过你要是参加了我会支持你的，要是有什么精彩的内容你给我讲讲，你去参加吧，你要加油哦，我一定支持。

（8）反问信息（y）—会不会没有意思啊？学习会啊？学习会？

（9）玩笑（j）—要我参加学习会不如吃了我。

（10）回避正面回答（r）—过些天再说吧。

（11）要求对方的理解（n）—可是你也知道我是对学习会不怎么感兴趣，我是什么人你还不知道？你也很了解我这个人，我的水平你还不知道？你也知道我这个人。

（12）其他（x）—看我的吧。

c. 对普通朋友的"建议"进行拒绝时出现的语义程序的具体内容：

（1）拒绝（h）—我不太想参加，恐怕辜负你的好意了，去不了，不过我不怎么想去，我就不去了，我不想去。

（2）说明理由（b）—可我不太习惯这种活动，我有事，可是我有点事要做，实在脱不开身，最近我比较忙，对这个学习会也不太了解，我担心我现在的实力不适合搞学习会，我现在课外的事很多，我可能那天有安排，但是我目前没有时间去，我不感兴趣，最近我可能会比较忙，我对此不感兴趣，我那天还有些事情需要处理，最近事情也挺多，最近实在是太忙了，还有些别的事情，不过好像大家都不太感兴趣。

（3）道歉（w）—对不起，原谅我一次吧，实在不好意思，请你原谅。

（4）另寻方案（d）—让我再提高一段时间吧，你另找他人吧，我们再来想一想看看有没有更好的办法吧。

（5）共鸣（k）—我很想参加，一定有很多同学参加学习会吧，等有时间的时候这是个很好的事情，学习会是挺好的。

（6）感谢（t）—谢谢你的好意，我心领了，谢谢你提出的建议。

（7）下次再约（z）—下次有机会再说吧，等以后有机会的吧。

（8）寒暄（a）—不过到时候有可能需要你的帮忙，希望你能够帮忙，你要加油啊。

（9）反问信息（y）—学习会?

（10）欲言又止（m）—嗯。

（11）回避正面回答（r）—过一段时间再作决定吧，我会考虑考虑的，我会认真考虑的，考虑考虑，也许会去。

话语补全测试、角色扮演研究法中出现的语义程序的具体内容（日语）

Q1. 对搬迁的"请求"进行拒绝的场面：

a. 对指导教师的"请求"进行拒绝时出现的语义程序的具体内容：

(1) 拒绝（h）—お手伝いをすることができません、どうしても行くことができません、ちょっと無理です、伺えないんです、いや、その日は行けないんですけど、お手伝いできそうもないです、手伝うことができません、先生のお引越しの手伝いをすることができないんです、どうしても無理なのですが、今日は手伝いする時間がありません、無理なんです、今回はお断りさせてください、その日は休みたいと思います、遠慮させていただきます、どうしても行けません、その日は無理です、その日は休ませてもらいます。

(2) 说明理由（b）—その日は所用で、その日はあいにく用事があるので、その日は予定が入っているので、その日はちょうど前々から予定してあった用事があるので、どうしても行かなければならない用事がありますので、生憎その日は都合がつきません、先に先約があるので、その日は大事な私用がありまして、時間がありません、どうしてもその日は都合が悪く、家庭の都合で、その日はどうしても空けられない用事が入っていますので。

(3) 道歉（w）—誠に申し訳ないですが、ほんとにすみません、申し訳ないのですが、すいません、すみません、大変申し訳ないのですが、ほんとにすいません、ごめんなさい、ほんとにごめんなさい、どうもすみません。

(4) 另寻方案（d）—他の日にお手伝いできることがありまし

たら何でもおっしゃってください、もし他の日で何かお手伝いできることがありましたら言ってください、別の日だったら行けたのですが、その日以外でしたら大丈夫ですので、またひと手が足りない時には声をかけてください、他に何かできることがあればお手伝いしますが、その時間以外でできることがあれば申しつけください、他の人にあたってもらっていいですか。

(5) 共鸣（k）—お手伝いしたいと思うんですが、時間があればぜひお手伝いしたかったのですが、引越しの手伝いにお伺いしたいのですが。

(6) 下次再约（z）—また別の機会にお手伝いさせていただきます、また今度何かお手伝いできるようなことがありましたら言ってください、また何かある時は言ってください、また必要な時があったらぜひお手伝いさせてください、また今度何かあればその時にはお手伝いしますのでぜひ呼んでください、また別の機会に何かできれば考えております。

(7) 寒暄（a）—よろしくお願いします。

(8) 要求对方的理解（y）—引越しがあるんですか。

(9) 欲言又止（言い淀み）（m）—あのう。

b. 对好友的"请求"进行拒绝时出现的语义程序的具体内容：

(1) 拒绝（h）—その日は無理、行けないや、行けないんだ、どうしても無理なんだ、今日はできないんだ、無理なの、ちょっと無理だわ、行けないよ、いや、その日はだめ、行けそうに無いんだ、手伝えそうも無いの、手伝えないんだ、できないわ、無理っぽい、引越しの手伝いができないんだ、いけない、その日だめなんだ、その日は無理、だめなんだ、今回は勘弁してくれ。

(2) 说明理由（b）—その日は用事があって、その日は出かけ

るから、今日ほんとに用事があるから、その日はどうしても抜けられない用事があるの、その日は先約があるから、その日はどうしても行かなきゃいけない用事があるんだ、予定が入っているから、その日はちょうどしなければならない事があるから、その日は空いていないので、その日は用事がつかないから。

(3) 道歉（w）—ごめん、ごめんね、ほんとにごめんね、悪い、すまねえ、ほんとにごめん、マジごめんね、悪いけど、悪いんだけど、すまんなあ、わり〜、悪いけれども、すまんすまん、すまない、ほんとにすまん。

(4) 另寻方案（d）—でもその日以外だったら、いつでも手伝うから呼んでね、他の日やったら絶対手伝えるけん、片付が終わらなかったら声をかけてね、他の日になんか手伝うことがあったら手伝うよ、こっちから電話するよ、他のやつに頼んでよ、もし別の日で何か困ったことがあったらいつでも言ってね、別の日でも私が手伝えることあったら言って、引越しの片付けぐらいなら手伝えるかもしれない、暇だったら違う日手伝うよ、他に何かできることがあればお手伝いしますが、次の日に手伝いに行くよ、他の日じゃ無理かな、もし時間できたら行くよ、他の日なら大丈夫だけど、どう?、今度飯おごるからさ、また今度遊ぼうぜ、他の日手伝いに行くよ、そのうち埋め合わせする。

(5) 共鳴（k）—行ければ行ってあげたいんだけど、手伝いたいけど、手伝いやってあげたいんだけど、手伝う気は満々なんだけど、おれも行きたいんだけど。

(6) 下次再约（z）—また次に何かあった時は手伝うから、また今度困った時に手伝うよ、また何かあったらその時は協力するよ、また何か協力できるようなことがあればその時こそは手伝うわ、別の日に何かやることあったら呼んで、また今度何か手伝うことがあ

ったら言ってよ、なるべく行けるようにするからさ、今度何かあったら手伝うよ、別の時に助けるよ、また今度一緒にやろう。

(7) 寒暄（a）—引越し頑張ってね、よろしく、今度遊びに行くよ。

(8) 欲言又止（言い淀み）（m）—うん、あ～。

(9) 其他（x）—引越し見張りこむから。

c. 对普通朋友的"请求"进行拒绝时出现的语义程序的具体内容：

(1) 拒绝（h）—その日はどうしても無理、ちょっと手伝いには行けなさそうなんだ、てつだえないや、その日だめかも、行けないの、手伝いに行けないんだ、引越しの手伝いができなくて、どうしても行けないんだ、ちょっと無理なんだけど、今日はできないんだ、手伝えないんですけど、その日は無理、できないわ、今回はやめておくわ、無理だな、その日は行けなくなりました、無理っぽいかも、どうしても行けなくなっちゃった。

(2) 说明理由（b）—その日は用事があって、その日はちょっと空いていないから、その日は都合が悪くて、その日はどうしても抜けられない用事があるから、その日は空いていないから、その日は予定があるんだ、一人でやっておきたいことがあるから、この日やらなきゃいけないことがあるんだ、その日は用事で空いていません、行くことができないんだ、ちょっと時間がないので、忙しいから、用ができて、ちょっと外せない用事が入っちゃったんだ。

(3) 道歉（w）—ごめん、ごめんね、ほんとごめんね、ごめんなさい、すいません、悪いけど、悪いんだけど、すまないが、ほんとにすいません、悪いが。

(4) 另寻方案（d）—何か他に手伝うことがあったら手伝うけ

ど、~さんに頼んでみたら?、他の人に空いているか聞いて見ようか、他の人に当たってくれへん?、翌日にでも声をかけてね、他の人に当たってみてくれる?

(5) 遺憾（i）—残念だけど。

(6) 下次再约（z）—また何か手伝ってほしいことがあったらいつでも言ってね、また何かあったら手伝うので言ってね、またこういうことあったら頼んでくれたら絶対行くから、また何かあったらその時は協力するね、次回は手伝うよ、また用事がある時誘ってください。

(7) 寒暄（a）—よろしくお願いします。

(8) 欲言又止（言い淀み）（m）—あ~、ん~、あっ。

Q2. 对送别会的"邀请"进行拒绝的场面：

a. 对指导教师的"邀请"进行拒绝时出现的语义程序的具体内容：

(1) 拒绝（h）—行けません、送別会には遠慮させてください、今回は失礼させていただきます、お伺いできません、どうしても行けません、欠席させていただけませんか、無理です、行けません、参加できないんです、今回は自分を外してくれませんか、お断りさせてください、今回はパスさせてください、行くことができません、行けないんです、出席できそうもないです、今回は辞退させていただきます、お断りさせていただきます、今回はちょっと…、欠席致します、送別会に行けません、今日は早めに帰らせてください、今回は遠慮します、今日はやめておきます、行けずに、欠席します、出席することができません、不参加です。

(2) 说明理由（b）—金銭的に最近出費が多くて、経済的に苦しいので、用事があるので、その日はどうしても抜けられない用事

があるので、あいにく今は忙しくて、最近お金のほうが苦しくて、最近お金のほうがちょっとあれなんで、今ちょっとお金がほんとにないんですよ、経済的に余裕がないので、ちょっと外せない用事があって、その日は別の用事があるんで、生活費が足りないので、節約中なんです、最近やっとやっていける程で苦しいので、経済的な事情で、断れない先約がありまして、今ちょっと都合が悪くて、最近立て続けに帰るの遅くて親に怒られたばかりなんで、財布が寂しくて、ちょっと持ち合わせがないので、懐具合が若しくないので、今回はちょっと時期が悪いので。

(3) 道歉 (w) —すみません、申し訳ありませんが、先輩にはこちらから謝っておきます、すいません、ほんとに申し訳ありません、先輩には悪いですが、ほんとにすみません、大変申し訳ありません。

(4) 共鳴 (k) —行きたいのは山々ですが、行きたいのですが、先輩にはお世話になっているので是非出席したいのですが、私としては是非参加したいのですが、飲みたいな。

(5) 感謝 (t) —誘いは嬉しいんですが、嬉しいのですが。

(6) 遺憾 (i) —せっかくのですが、とても残念ですが、せっかくのお誘いですが、残念ですが、せっかくのお誘いを断ってしまって、せっかく誘っていただいたのに、送別会には残念ですが。

(7) 下次再约 (z) —またの機会に誘っていただければ幸いです、また次の機会に誘ってください、次回行くよ、また今度こういう機会がありましたら私のことをお誘いください。

(8) 寒暄 (a) —先輩によろしくお伝えください、どうか先輩達によろしくお伝えください、先輩にお礼の言葉だけ申し上げたいと思います、また先輩には違う日に挨拶しときます。

(9) 反问信息 (y) —送別会があるんですか。

b. 对好友的"邀请"进行拒绝时出现的语义程序的具体内容：

（1）拒绝（h）—行けないんだ、やめとくわ、どうしても行けない、無理、今回はパスだ、行きたくないんだ、ちょっと無理なんだ、無理っぽい、行けそうにないかも、参加できそうにない、出られないや、不参加です。

（2）说明理由（b）—今お金がないの、今出費が辛いから、今日はちょっとピンチだから、最近金欠でやばいから、最近お金が苦しいから、今経済的に辛いから、うち今むっちゃ金欠なの、正直言うと今すごい貧乏ながいぜ、実は最近経済的にやばくてね、お金が無理かも、ちょっと財政難だから、最近財布が苦しいから、懐が寒いから、ちょっと目的あってお金使えないんだ。

（3）道歉（w）—ごめんね、ごめん、ごめんけど、先輩にはこちらから謝っておく、悪い、悪いね、ほんとごめんね、ほんとに悪いんだけど勘弁して、すまん、わりい。

（4）另寻方案（d）—次の給料が入ったら遊ぼう。

（5）共鸣（k）—行きたいんだけど、行きたいけど、行きたいのだけれど、一緒に行きたいんだけど、行きたかったけど、行きたいのは山々なんだけど、出席したいのですが、行きたくても。

（6）感谢（t）—誘いは嬉しいけど。

（7）遗憾（i）—せっかく誘ってくれたのに、申し上げにくいのですが。

（8）下次再约（z）—また次の機会に声かけてよ、今度お金のあるときに行くわ、また今度誘ってね、今度は行くからまた誘ってね、次回は必ず行くよ。

（9）寒暄（a）—先輩によろしく、まあ気持ちだけでも伝えとってや、よろしく言っておいて、君から先輩達によろしく伝えて、

楽しんできて、よろしく、よろしく言っておいてくれない?、俺の分も騒いできてね。

(10) 玩笑（j）—おごってくれるの?
(11) 欲言又止（言い淀み）（m）—うわ、あ。
(12) 其他（x）—先輩に聞かれたらうまくごまかしといて。

c. 对普通朋友的"邀请"进行拒绝时出现的语义程序的具体内容：

(1) 拒绝（h）—行けないんだ、今回は行かないつもりです、行けそうにないんだ、欠席させてもらうよ、行けない、行けないと思う、いいわ、無理っぽい、ちょっと行けません、無理、その日はちょっと無理みたい、無理かも、送別会に行けないんだ、もしかしたら無理かも、今回は失礼させてもらうよ、今回は遠慮させてください、不参加です、今日は休むね。

(2) 说明理由（b）—最近お金がなくて、最近お金が苦しくて、ちょっと用事があるし、お金も余裕ないから、今出費が辛いから、その日は用事があるんだ、私今すっごい金欠で苦しいから、その日は用事があるからな、ちょっとその日は都合が悪くて、お金に余裕がないから、ちょっと今月はお金使いすぎて余裕がないから、バイトが入ってるから、一緒に飲む間柄でもないでしょう?、その日は空いていない、今日は抜けられない用事があるから。

(3) 道歉（w）—ごめんね、ごめんなさい、ほんとに申し訳ない、先輩にはこちらから謝っておくね、ほんとごめん、マジごめん、勝手を言ってごめんね、わりぃ。

(4) 另寻方案（d）—一応店に聞いてみるわ、他の人と交替してもらえるかもしれないから、君一人で行ったらいいじゃない?、何も僕を誘わなくても他にいるでしょう?

(5) 共鳴（k）—行きたいんだけど、行きたいけれど。

(6) 感謝（t）—誘ってくれてありがとう。

(7) 遺憾（i）—せっかく誘ってくれたのに、せっかくのお誘いだけど。

(8) 下次再约（z）—また誘ってね、今度またあったら誘ってね、次回は必ず参加するよ。

(9) 寒暄（a）—先輩によろしく伝えておいて。

(10) 欲言又止（言い淀み）（m）—あ～、あっ。

(11) 其他（x）—行ってくれればいいじゃん、俺も行けたら顔を出すからさ。

Q3. 对学习会的"建议"进行拒绝的场面：

a. 对指导教师的"建议"进行拒绝时出现的语义程序的具体内容：

(1) 拒絶（h）—行けません、他の方と一緒にやるより…、私は参加しません、行けそうもないです、行きません、参加できません、欠席させていただきたいと思います、今回は遠慮させてください、（ちょっと）無理です、今回はお断りしたいと思います、今日は帰らせていただきます、失礼させてください、とりあえず一人でやってみます、今回は遠慮いたします、今回はやめておきます。

(2) 说明理由（b）—その勉強会の内容にあまり興味をもっていないので、私には少し難しいようなので、でも最近色々やることがあって、その日は断れない用事がありまして、その日は生憎用事があるので、勉強会の内容が自分の勉強と違うので、行っても意味がない気がするので、そのところ忙しいもので、最近やらなければならない課題がありまして、そちらのほうに集中したいです、僕はそういう皆で勉強するのだめなんです、今調べ物をしていて、一人

の時間が必要ですので、一人のほうがはかどるので、その日は都合が悪いんで、今回は都合が合わないので、まず自分でまとめてみたいので、今日はちょっと体調が悪いので、個人でやる時間がほしいので、あまりその分野に関心がないので、あまりやりたくないので、今日はバイト入っていますので、あまり興味のないテーマなので、自分が参加しても皆の足を引っ張ると思うんで、今日は風邪を引いているので。

(3) 道歉（w）—すいません、すみません、申し訳ないです、ほんとにすいません、申し訳ありませんが。

(4) 共鳴（k）—勉強会いいですね、勉強会は自分の人生にプラスになるものですが、参加したいのは山々なんですが、是非行きたいですが、勉強会には興味があるのですが、大変ありがたい建議ですが。

(5) 感謝（t）—誘っていただいてありがとうございます。

(6) 遺憾（i）—せっかくのいい建議だけど、せっかくの建議ですが、せっかくのお誘いなのに、せっかく声をかけていただいたのに、せっかくのお誘いですが。

(7) 下次再约（z）—次の機会があればまた声かけてください、また暫くしたらやりたいです、是非またの機会に声かけてください、是非今度参加させていただきます、又の機会に参加します、今度お願いします、又違う内容の勉強会のときにお願いします、又教えてください。

(8) 寒暄（a）—でも質問あったら聞きにいきますね。

(9) 要求対方的理解（y）—勉強会か。

(10) 欲言又止（言い淀み）（m）—うん。

(11) 回避正面回答（r）—それについては一人でじっくり考えてみたいので。

b. 对好友的"建议"进行拒绝时出现的语义程序的具体内容：

（1）拒绝（h）—行かないよ、今回はやめておくね、やらないよ、だから今回はパスで、今回は遠慮しておく、勉強会はいいや、行きたくないんだ、いや、一人でやらせてもらうわ、行かないね、とりあえず一人でやってみる、今回は見送らせてもらうよ。

（2）说明理由（b）—あんまり興味ない内容みたい、私にちょっと難しいみたい、私あんまりやる気に乗らないから、最近忙しくて、俺のジャンルじゃないから、その分野にチンプンカンプンだもん、時間は有効に使いたいし、私それよりも興味があることがあるから、俺は一人じゃないと勉強できないタイプなんだよ、その日はサークルがあるから、ちょっと一人でやりたい気もあるから、一人で勉強したいから、勉強会とかするの好きじゃないんだよ、それよりも他の勉強をしないといけないんだ、まだ全然自分でできていないから、今日はやる気ないし、勉強したくないかも、一人でやったほうが真剣にできそうじゃない？、私行くと皆の邪魔になるから、今日バイト入っている、他の友達と勉強会する約束をしてしまっているので、今日はちょっと急いでるから先に帰らせてくれないかな、最近疲れている、今日風邪を引いているので。

（3）道歉（w）—ごめん、悪い、すまん。

（4）另寻方案（d）—テストが終わったら遊ぼうよ。

（5）共鸣（k）—面白いとは思うけど、いい建議だけど。

（6）感谢（t）—勉強会誘ってくれたのは嬉しいけど。

（7）遗憾（i）—せっかくの建議だけど、残念だけど。

（8）下次再约（z）—また何かあったら声かけてね、私もそうするから、又なんか違うのやるとき誘ってよ、又誘ってね、今度又他の勉強会があったら誘ってよ、次の時は行くから、又今度ね、今

度一緒にやろう。

(9) 寒暄（a）―何か興味深いことがあったら後で教えてよ、又後でどんな様子だったか教えてよ、頑張って。

(10) 欲言又止（言い淀み）（m）―ん～、うん。

c. 对普通朋友的"建议"进行拒绝时出现的语义程序的具体内容：

(1) 拒绝（h）―だからやらない、行かないでおくね、私はやめておく、今回はパスするから、その日はちょっとだめなんだ、行けそうもない、今回は遠慮するね、勉強会はいいや、俺はキャンセルさせてもらうわ、遠慮させてください、俺はいいや、今日は帰るね、その日は無理かも、今回はお断りする。

(2) 说明理由（b）―その勉強会あまり興味ないかも、私にとってちょっと難しいみたい、あんまり興味がないから、最近忙しいので、やる気がないよ、その日は用事があるから、他に先約があるから、予定合わせられないと思うから、ちょっとそういうの好きじゃないから、一人のほうがはかどると思う、その日は都合が悪いから、それよりも他の勉強をしないといけないんだ、今日あんまり体調良くないし、きついから部屋で寝る、勉強したくないかも、違う人とも約束してるんだ、今日はバイト休めないんだ、他の友達の勉強会に行くから。

(3) 道歉（w）―ごめんなさい、ごめんね、ほんとにごめんね、悪いけど。

(4) 另寻方案（d）―他の人を当たってください、やる気がある人を誘ってくれ。

(5) 共鸣（k）―いい考えだけど、勉強会はやってみたいけど。

(6) 感谢（t）―誘ってくれてありがとう、誘いは嬉しいけど。

（7）遗憾（i）—せっかくだけど。

（8）下次再约（z）—また何かの機会に誘ってね、もし次回何かあったらまた声かけてよ、今度又やる時誘ってね、又今度誘って、又今度一緒にやらせてね、又次の時にするわ、又今度ね、今度時間があったらやろう、又別の機会ね。

（9）欲言又止（言い淀み）(m)—あ～、うん。

话语补全测试、角色扮演研究法中出现的拒绝表现（汉语）

Q1. 对搬迁的"请求"进行拒绝的场面：
a. 对指导教师的"请求"进行的拒绝表现：

CM1：明天吗？老师，您知道，我最近要一直在准备四级考试，然后每天都在补课，我实在不行，我后天可以吗？

CF1：明天哪？对不起，老师。我明天有事，不能来。

CM2：啊，老师啊，明天啊，不好意思，明天下午家里我有点事儿，实在不好意思，过不去。

CF2：喔，老师，真对不起。明天我有事情，不能去。

CM3：啊，老师，不好意思。明天，明天有点事儿，我想去我奶家，所以过不去。

CF3：啊，老师，对不起，我有点事儿。

CF4：哎呀，老师，你要是早点儿说就好了，明天我有事儿，嗯，过不来了。

CM4：嗯，不好意思。明天有点事儿，不能去。

CM5：哎呀，您怎么不早点儿说？那个，刚才那个隔壁的那个日语王老师刚找我让我明天去帮他做点事儿，不好意思。

CF5：噢，老师，对不起。我，我明天有点别的事儿，不能来了。

CM6：那个，明天什么时候？明天下午我报了一个新东方英语

班,所以,然后呢……

CF6:哎呀,明天?明天我好像有事儿,老师,不好意思。那我帮你找找别人呢?

CM7:啊,老师,要搬新家了,太好了。就是,我母亲找我明天去买东西,车已经订好了,实在不能推托。实在不好意思。

CF7:噢,老师,不好意思,家里面有点事情,不能帮你搬家。

CM8:哎呀,真不好意思。我现在在外地呢,还一时回不来。

CF8:噢,老师,不好意思。家里有点儿事儿,今天可能不行。

CF9:啊,老师,你要搬家啊,我明天有事情,要不然我让我同学过来帮帮你吧。

CM9:哎呀,我也很想去帮您搬家,老师。但是那天我有点事儿,不能去,下次有什么事情再找我。

CM10:老师,那天我跟别的同学约好一起去看电影了,票都已经买好了,所以怎么也不能去。

CF10:嗯,老师,我也很想去,可是有点私事,实在不能去。

b. 对好友的"请求"进行的拒绝表现:

CM1:明天我真有事儿,怎么办呀?要不,我再找找其他同学吧。我帮你找人吧。

CF1:你也不早说,今天才说。明天有事儿,不能过来。

CM2:啊,明天,明天不行,明天我跟人约好了,你换一天吧,明天我去不了。

CF2:喔,我有点事儿,嗯,要不然改天行吗?非得明天搬呀?

CM3:搬家?啥时候?明天哪?明天恐怕不行。我有事儿。

CF3:你自己搬吧。我实在是有事,脱不开身。

CF4:我没空,最近实在太忙了,你再找别人吧。可以吗?

CM4:明天啊?后天吧。我后天帮你搬家。

CM5：噢，搬家？那个，那个，那个，这几天确实有事儿。

CF5：嗯，有，有事儿，明天早就和别人约好了。

CM6：嗯，你找那个王燕她们吧，明天我报班了。

CF6：什么时候啊？那天我有点事，不能去。不然我给你找一个朋友去吧，或者过两天我去帮你打扫卫生。

CM7：是这样啊，哎呀，最近没什么时间，明天有个约会，实在过不去。

CF7：噢，搬家啊？那个，最近身体不太好，有点累，可能搬不动。

CM8：哎呀，不行啊，明天我父亲要出差，我要去送他。

CF8：不好意思，因为那天有点事，怎么也没有时间，所以不能去。下次再约吧

CF9：明天我可是真有事儿啊，不过我可以晚点去帮你打扫打扫卫生，或者请你吃饭。

CM9：嗯，那天我有点事儿，必须得去学校，可能去不了，下次再帮你。不好意思。

CM10：不好意思，我有点事情，不能去。哪天再过去帮你打扫卫生吧。

CF10：哪天啊？不巧那天我有点事儿，跟朋友约好了一起去办事，不好意思啊，我再给你想想别的办法吧。

c. 对普通朋友的"请求"进行的拒绝表现：

CM1：明天？明天我还真没有空。要不，你再问问别人吧。好吗？

CF1：明天哪？哎呀，不行，明天有事儿，对不起啊。

CM2：呦，这个……，明天我自己有点私事儿，过不去啊。

CF2：噢，对不起呀，明天我有事情，嗯，要不然你再找其他

同学。

CM3：明天？具体时间呢？明天下午我恐怕过不去。要不，我帮你找找别人。

CF3：我明天有点事儿，不能去了。

CF4：明天啊？明天，哎呀，明天我有点事情，过不去了。

CM4：嗯，不好意思，我有约。

CM5：唉，搬家？是我帮你搬家，还是你帮我搬家？我这个人是最那什么的了。

CF5：噢，真不好意思，好像不能了。我这体格也搬不动什么。

CM6：嗯，明天我没时间。不好意思，不能去，下次有机会再说吧。

CF6：哎呀，不行，不行，那天，那天我有事儿，不好意思啊。

CM7：啊，是这样啊，啊，但是我有一个，有一点事儿，可能是去不了了。这样吧，你家搬完了，我去帮你收拾收拾吧。

CF7：噢，那个我正好有事，要么我帮你找找别人吧。

CM8：真是不好意思，我最近身体不太舒服。

CF8：嗯，不好意思，可能不行了，下次搬的时候再帮你搬吧。

CF9：唉，实在是不好意思。别的忙可以帮你，可是明天有事儿啊。

CM9：唉，那天我有课，可能去不了。不好意思，下次再帮你吧。

CM10：哎呀，我也很想帮你，但是那天实在是有事，我得去机场接朋友。

CF10：噢，明天啊？明天我有点事，不能去，真是对不起。

Q2. 对送别会的"邀请"进行拒绝的场面：
a. 对指导教师的"邀请"进行的拒绝表现：

CM1：明天？哎呀，明天，怎么说呢？老师，是你哪位学生？我

觉得他吧，我跟他平时见面也不太打招呼，觉得去是不是让大家都觉得很尴尬，本来是一个情绪很饱满，很激昂的，去了我怕是不是影响大家的情绪，我觉得我还是不去为好，你觉得呢？

CF1：哪个学长啊？我好像没有印象，对他没有印象。我好像跟他不熟。

CM2：噢，老师啊，这个……，明天实在是不行，明天我日程已经排满了，明天没有时间。

CF2：嗯，学长啊？噢，我觉得我跟他不算太熟吧，还是不去了，老师。

CM3：明天哪？明天我都没钱了。去不了。真是对不起。

CF3：啊，老师，对不起。我家有点事儿，恐怕去不了了。

CF4：啊，老师，你就说大四的那个同学吗？嗯，实在是对不起，明天，明天我跟别人有约了。

CM4：学长啊？嗯，估计去不了。

CM5：哎呀，真是。想去是想去，不过，不过真的是没钱，什么都干不了啊，现在尤其是月底，现在是赤字。

CF5：嗯，明天好像不行。老师，这个，这，不好意思。

CM6：噢，明天什么时候？噢，明天晚上我约了人了，嗯，所以真的是挺对不起。

CF6：免费的吗？要是免费我就去，最近比较拮据，要是花钱我看就算了吧。

CM7：学长？哪个学长？啊，出国的那个学长啊。老师，我跟那个学长不是很熟，我去了的话，场面会比较尴尬，还是不去好吧？

CF7：噢，那个，最近复习挺忙的，我就不去了。

CM8：那个学长不是，不是太熟吧？我认识吗？

CF8：嗯，老师啊，我不太喜欢那种场合，还是不想去了。

CF9：我和他不太熟，我也没有什么话跟他说，没有礼物送给他，

算了吧。

CM9：明天啊？哎呀，老师，我倒是很想参加欢送会，但是明天我有很重要的课。

CM10：嗯，我有点事儿，恐怕去不了。老师，真是不好意思。感谢您通知我。

CF10：什么时候啊？那天我正好有别的事情，不能去。不好意思。

b. 对好友的"邀请"进行的拒绝表现：

CM1：喔，我最近手头正紧呢，我最近穷得不行了。

CF1：哪个学长啊？哎呀，我跟他才见过几次面，也不熟，去干什么呀，不去。

CM2：哎，开欢送会呀？得了，我现在穷得要死，你别让我去了。

CF2：噢，不行，现在没有钱。

CM3：不去了，跟我没什么关系。

CF3：你要想让我去啊？那天我正好事儿，不能去，真是不好意思。

CF4：我现在手头多紧啊，没有钱去啊。

CM4：不去。

CM5：哪个学长？唉，得了，就他不去。

CF5：啊，不行啊，最近没有钱了，去不了了。

CM6：噢，那个，明天我爸、我妈来学校看我，不行。

CF6：不去。不想跟那种人有联络。

CM7：最近手头有点紧，你请吧。

CF7：大四啊！我跟他也不熟，也没必要去吧。

CM8：噢，不好意思。我最近手头比较紧张，最近买了不少东

西，嗯，就不去了吧。

CF8：不去，没钱。

CF9：我跟你关系好也就好了，我可不认识他，我可不好凑那个热闹。

CM9：哎呀，那天我有点私事，已经跟朋友约好一起去逛街，所以不能去。

CM10：明天啊？我学习有点忙，得准备考试。

CF10：最近我手头有点紧，你要请我就去。最近真的没有钱，所以不能去，下次有机会再说吧。

c. 对普通朋友的"邀请"进行的拒绝表现：

CM1：明天呀？明天还真有点不巧，我有点事儿，况且我跟那个人不太熟，还是不去了吧。

CF1：嗯，我不想去。跟那个学长不是很熟。不好意思。

CM2：噢，这个……，我觉得我不是很想去，这个学长我又不是很熟，明天我自己还有点事儿。

CF2：送别会啊？嗯，我跟学长也不太熟，还是算了吧。

CM3：对不起，是哪个学长？我也不太熟，我就不去了。

CF3：啊，明天不巧啊，真是对不起，我家有点事儿，恐怕去不了了。

CF4：哎呀，这个嘛，最近有点……，嗯，还是算了吧。

CM4：嗯，最近，月末没有钱了，不去了。对不起啊。

CM5：啊，又是送别会啊，没钱啊。而且还有课，真不好意思。

CF5：嗯，那学长也不太熟，我想我还是不去了。我还有别的事要做，真是不好意思。

CM6：那个学长是谁啊？我不是很熟啊。

CF6：是吗？但是我明天还真就有事儿，哎呀，是啊，哎呀，还

是不能去。

CM7：啊，实在对不起。我昨天脚扭了，不太方便。

CF7：噢，明天，我，我家有人过生日，就不去了。

CM8：嗯，对，对不起，我现在，那个，没有时间啊。

CF8：我跟他好像不是很熟，还是算了吧。下次再叫我，不好意思。

CF9：嗯，很想去，但是没有钱，所以去不了啊，不好意思。

CM9：哎呀，最近手头真是太紧了，去不了，不好意思，下次再叫我吧。

CM10：欢送会呀？噢，这两天有点忙，而且手头也紧，恐怕这次参加不了欢送会，对不起。

CF10：嗯，很想去跟大家热闹热闹，但是最近手头有点紧，没法跟父母要更多的钱，还是不去了，不好意思。

Q3. 对学习会的"建议"进行拒绝的场面：
a. 对指导教师的"建议"进行的拒绝表现：

CM1：啊，学习会啊？我觉得这是一个挺好的主意啊。但是明天？哎呀，明天我真怕我家里有什么急事，这不要过年了吗？所以家里的事情特别忙，我觉得学习会真挺好的，本来是特别想去，但是我真的怕我妈、我爸一个人在家有那么多活儿干，他们真的年纪也大了，我觉得应该帮他们干干什么。

CF1：嗯，这个……，我恐怕明天可能过不去，我有点事儿，老师。

CM2：什么时候啊？老师，不行，明天晚上我有选修课，没有时间来。

CF2：噢，老师，我明天有一个团要训练，不能去，真是对不起。

CM3：学习会啊？联欢会还行。

CF3：这样啊！明天我好像有课，要考试，所以我过不去了。下次一定参加。

CF4：嗯，什么时候？哎呀，明天不行，下午还有课呢。

CM4：啊，学习啊？运动会还行。

CM5：学习会？什么会都行，学习会千万别找我。

CF5：学习会啊？这，这个，老师，这事你还是找别的同学吧，我没有多大把握。

CM6：噢，学习会啊？我觉得我们现在同学学习都挺忙的，那个还是给同学一些自己学习的时间吧。

CF6：嗯，我总觉得这种东西太形式了吧，我觉得学习最重要的是靠自己，还是不去了吧。不好意思。

CM7：挺好啊，大家一起学习。但是我这个人比较愿意自己学习，跟其他同学一起学习效率不是很高。

CF7：这我觉得没什么必要吧，我觉得大家学习的习惯都不一样，所以没什么意思。以后有机会再说吧。

CM8：嗯，老师，我，学习，我已经参加好几个学习会了，对这个我真的不太感兴趣。

CF8：怎么学啊？自己复习还不够时间，大家一起学太累，还是算了吧，没有效率。

CF9：噢，我明天有家教要做，脱不开身。对不起，老师。

CM9：哎呀，老师，什么时候啊？那天我正好有别的课要上，不能参加，真是对不起。

CM10：我也很想跟大家一起搞一个学习会，嗯，但是最近我要参加一个资格考试，时间特别紧，下次有机会一定参加。

CF10：老师，最近我的课程特别忙，而且还有别的事儿，所以恐怕参加不上，真是不好意思，下次的学习会我一定参加。

b. 对好友的"建议"进行的拒绝表现：

CM1：我，你还不了解我吗？我对学习实在是，我在大学期间除了学习什么事儿都干，就学习不干，实在是不感兴趣，不去了。

CF1：哎呦，对那个没兴趣，不想去。

CM2：学习会这个东西有什么意思啊，你自己去吧。

CF2：噢，我天天学习还学习啊，不去。

CM3：不想去。

CF3：去啥啊，天天都学习，多没意思。

CF4：不感兴趣，你自己去吧。

CM4：我才不去呢。

CM5：学习会？你看我这样像会学习的样儿吗？

CF5：嗯，对学习好像不太有兴趣。

CM6：噢，学习？最近我学得够多的了，不想再学了。

CF6：明天？算了吧，算了吧。还是不太感兴趣。

CM7：我明天约好跟同学出去玩儿了。

CF7：学习会啊？我觉得大家一起学没什么效率吧，还是自己学比较好。

CM8：嗯，我对学习还是兴趣不是太浓。

CF8：嗯，不感兴趣。还是不去。

CF9：学习是自己的事情嘛，跟别人凑什么热闹。

CM9：学习会啊？最近太忙了，没有时间。

CM10：实在是没有时间，恐怕去不了。

CF10：什么时候啊？那个时候我要考资格考试，所以不能参加学习会，以后有机会的吧。

c. 对普通朋友的"建议"进行的拒绝表现：

CM1：学习会吗？明天有点事儿，我还是不去了吧。行吗？

CF1：嗯，恐怕不行。

CM2：噢，学习会啊？这个……，感兴趣倒是感兴趣，但是我最近实在是课程太紧了，没有时间参加。

CF2：学习会啊？噢，我有其他的事情，你们两个人去吧。

CM3：啊，对学习没什么兴趣，不去了。我问问其他人去不去吧。

CF3：那个呀？学习会我有点不太想去，你自己去吧。

CF4：嗯，明天？明天我有点事情，要不你再找别人吧。

CM4：嗯，不好意思。我不去了。

CM5：别人爱怎么学怎么学吧，别谈我，我是对学习没什么兴趣。

CF5：嗯，我不太想去。你找别人吧。

CM6：嗯，我没有什么兴趣。

CF6：班里呀？班里，哎呀，不行，明天我有比这个还要重要的事儿。

CM7：学习会啊，嗯，实在不好意思，有点事儿，不想去。

CF7：学习会啊？马上要考试了，还是自己看看书吧。

CM8：啊，对不起。我，我这两天比较忙，不去了吧。

CF8：我觉得还是浪费时间，还是算了吧。

CF9：噢，我觉得那个时间还不如我安安稳稳地坐在桌子前看看书。

CM9：学习会啊？嗯，我最近特别忙，不能去。

CM10：哎呀，这两天有很多事情要办，去不了，下次再约吧。

CF10：嗯，我还有别的事，参加不了学习会，真是不好意思。

话语补全测试、角色扮演研究法中出现的拒绝表现（日语）

Q1. 对搬迁的"请求"进行拒绝的场面：

a. 对指导教师的"请求"进行的拒绝表现：

JM1：いつですか。すみません。その日はちょっと用事が入っ

ていて、いけないんです。すみません。

JM2：すみません、その日は用事があるので、行けません。

JM3：いや、明日はちょっと用事がありまして。

JF1：明日はアルバイトの予定を入れてしまったので、すみません。

JM4：あいにく、ちょっとその日は外せない用事がありまして、すみません。

JF2：あ～、すみません。明日はちょっと用事が入っているので、申し訳ないんですけれども、また、でも、何かあったら、声、かけてください。

JF3：すみません、あのう、用事があるので、行きたいんですけれども、行けません。すみませんでした。

JM5：すみません。ちょっと忙しいんで、ごめんなさい。

JM6：や、ちょっと忙しいんで、無理です。すみません。

JF4：え～と、まだちょっと予定が分からないんで、行けたら行くんで、連絡します。

JF5：すみません。その日は用事があるので、行けないんです。すみません。

JM7：すみません。その日は用事があるんで、行けないです。

JF6：あ～、すみません。あのう、申し訳ないんですけど、その日はちょっと用事があるんで、行けないんですよ。すみません。

JM8：あ～、すみません。明日はちょっと用事があるので、申し訳ないんですけども、行けないんです。すみません。

JM9：あ～、すみません。明日、ちょっと用事があるんで、ちょっと手伝えないんですけど。すみません。

JF7：あ、明日ですか。ちょっと、明日はちょっと用事があるんで、ちょっと、明日ちょっと厳しいかなと思うんですけど。すみ

ません。

JM10：あ、すみません、今日、用事があるんで、ちょっと無理です。

JF8：すみません、予定がもう入っているので行けません。

JM11：あ、すみません、あいにくこの日はちょっと、自分、用事があるんで、あのう、ちょっと他の人にお願いします。

JF9：すみません、その日、用事があるんで行けません。

b. 对好友的"请求"进行的拒绝表现：

JM1：いや、面倒くさい。

JM2：面倒くさいから、いやだ。

JM3：いやだよ。何でお前が頼んで僕が動かなければいけないんだよ。

JF1：ごめん、無理。

JM4：ごめんね。急に言われても明日はちょっと予定が入っているんだよ。

JF2：明日するの？ あ～、手伝いには行かないけど、遊びには行くよ。

JF3：ごめんね。用事があるから、行けないんだ。

JM5：面倒だからいいや。

JM6：ちょっと忙しいから、ごめんね、無理。

JF4：ちょっとその日は無理かな。

JF5：あ～、ごめん。その日は用事あって、行けないんだ。ごめんね。

JM7：その日は用事があるから、きっと無理だね。

JF6：あ～、ごめん。その日はちょっと用事があるから、行けないんだよね。ごめん。

JM8：あ～、ごめん。その日はちょっと忙しいから、行けないわ。

JM9：あ、ごめん。明日、大事な用事があるから、行けないよ。ごめん。

JF7：あ、明日か。ちょっとね、明日はね、ちょっと用があるからね、無理さ。ごめんね。本当に。

JM10：あ、ごめん、その日、バイトがあるから無理。

JF8：バイト、入ったから無理だ。

JM11：あ、ちょっとその日は用事、入っていて行けないわ。

JF9：ごめん、用事があるから行けないさ。

c. 对普通朋友的"请求"进行的拒绝表现：

JM1：うん、あ、ちょっと、その日にならないと分からないんで、ちょっと、その日また聞いてもらえたら答えられるけど。

JM2：その日はちょっと用事があるから、ごめんね。

JM3：や、ちょっと用事が…。

JF1：用事が入っちゃっているんで、ごめんね。

JM4：ごめんね。明日はね、予定が入っているんだわ。悪いね。

JF2：あ～、そうなんだ。ちょっと私は行けないんだけど、もう一人、友達がいるんじゃ、あの子にも一応、声、かけてみるよ。

JF3：あ～、ごめんなさい。用事があって行けないんです。

JM5：ちょっと用事があるから、無理だね。

JM6：ちょっと忙しいんだ。

JF4：うん、その日は予定があるから無理だね。

JF5：すみません。ちょっと用事があって行けないんで、ごめんなさい。

JM7：ごめんなさい。その日はちょっと用事があるんで。

JF6：あ～、ごめんね。その日は、ちょっと用事があるから、行けないんだよね。

JM8：あ～、ごめんね。その日、ちょっと用事があるから、行けそうにないんだ。ごめんね。

JM9：あ～、明日、大事な用事があるから、行けないんだ。ごめんなさい。

JF7：あ～、ちょっとね。明日ね、実はね、ちょっと用があって出かけるんだよね。だから、明日じゃなかったらいいんだけど。

JM10：ごめんね、その日、忙しいよ。

JF8：あのう、あの日、用事があるから行けない。

JM11：あ～、ごめん、ちょっとこの日、用事があって行けないんだ。

JF9：ごめん、その日、用事あって行けない。

Q2. 对送别会的"邀请"进行的拒绝场面：
a. 对指导教师的"邀请"进行的拒绝表现：

JM1：ちょっと、あのう、アルバイトのほうがあって、それで行けないんです。

JM2：すみません。その日は用事があるんで、行けません。

JM3：明日は予定が入っていまして…。

JF1：申し訳ございません。明日は予定を入れてしまったので、申し訳ございません。

JM4：今月、ちょっと、財布が寂しいんです。すみません。

JF2：あ～、そうですか。結構、お世話になっている先輩なので、行きたいんですけども、ちょっと懐が寂しいので、今回はあのう、行かないようにしたいんですけれども、大丈夫でしょうか。

JF3：すみません。行きたいんですけど、行けません。すみま

せんでした。

JM5：暇、暇だったら、行ってみます。

JM6：すみません。ちょっと忙しかったりするんで、すみません。無理です。

JF4：その日はまだ予定が分からないんで、連絡します。

JF5：あのう、ちょっとその日、忙しいので行けないんです。ごめんなさい。

JM7：や～、その日はちょっとすみません。駄目ですわ。

JF6：すみません、ちょっと、今日はちょっと用事があるんで、行けないんですよ。すみません。先輩に宜しくお伝えください。

JM8：あ～、すみません。今日、ちょっと忙しくて、ちょっと行けそうにないんですよ。すみません。先輩にちょっと宜しく言っておいてください。

JM9：あ～、すみません。明日、用事があるので、ちょっと難しいと思います。

JF7：あのう、すみません。ちょっと明日は用事がありまして、ちょっと都合がつけられないんで、ちょっと出席できないんですけれども、すみません。宜しくお伝えください。

JM10：あ、すみません、その日、用事があるんで、無理です。

JF8：すみません、ちょっと用事があるので、参加できません。

JM11：あ、すみません、本当に申し訳ないんですけど、ちょっと自分、お金がちょっとなくて行けません。

JF9：すみません、お金がないんで行けません。

b. 対好友的"邀请"进行的拒绝表现：

JM1：いやだ、その面子じゃ行く気にならないんだ。

JM2：いや、行きたくないから、俺はいい。

JM3：や、お金がない。

JF1：行けない。

JM4：や、俺、今、金ないんだよ。ごめんね。

JF2：あ、そうなんだ。行きたいんだけど、お金がないんだよね。

JF3：あ～、ごめんね。お金ないから、行かない。

JM5：う～ん、まあ、ちょっと無理、かな。

JM6：ちょっと行きたくないから、やめておくわ。

JF4：う～ん、その日は用事があるから、無理。

JF5：今、お金ないから、行けない。ごめんね。

JM7：ちょっとお金がないんで、行けないな。

JF6：あ～、行きたいんだけど、ちょっとお金ないから、やめておくわ。

JM8：ごめん、マジで今月ピンチだから、行けないわ。

JM9：明日か。明日、用事があるから、ごめんね。先輩に宜しく言っておいて。

JF7：あ、明日はちょっとね、なんか今、お金ないんだよね。だから、あんまり、え～と、大丈夫かな、行かなくても。ごめんね。

JM10：ごめん、お金ないから無理。

JF8：ごめん、ちょっとお金なくて行けないや。

JM11：悪い、金ない。

JF9：ごめん、お金ないから行けないや。

c. 对普通朋友的"邀请"进行的拒绝表现：

JM1：うん、すごい行きたいんだけど、ちょっとその日は用事が入っていて、行けないんだ。

JM2：あ、ごめんね。その日はちょっと…。

JM3：無理、金がない。

JF1：よろしく伝えて。

JM4：今月さ、ちょっと、厳しいんだ。悪いね。

JF2：あ～。予定は空いているんだけど、ちょっとお金がないから、まあ、あのう、一言、挨拶だけしておいていただけると、嬉しいかな。

JF3：あ～、ちょっと今回はやめておくね。ごめんね。

JM5：や、ちょっと用事があるから、無理です。

JM6：ごめん、ちょっと無理なんだ。

JF4：その日は用事があるから、無理だな。ごめんね。

JF5：送別会? ちょっと行けない。ごめんね。行かない。

JM7：ちょっと今生活が苦しいから、行けないです。ごめんね。

JF6：あ～、今日、ちょっと用事あるから、行けないんだよね。先輩に宜しく言っておいて。

JM8：あ～、ごめんね。今日はちょっと忙しくて行けそうにないから、先輩に宜しく伝えてもらってもいいかな。

JM9：明日ね、用事があるから、ちょっと行けません。ごめんなさい。

JF7：明日、ちょっとね、なんかアルバイト入っちゃっていて、夜はちょっと都合が悪いんだよね。行けない。ごめんね。みんなに宜しく伝えておいてね。

JM10：あ～、ごめん。その日、用事があるよ。ちょっと無理だ。

JF8：ごめんね、その日、ちょっと忙しくて行けないや。

JM11：わ、いいね。本当に行きたいんだけど、どうしても経済的に苦しいので。

JF9：ごめんね、お金ないから行けないんだ。

Q3. 对学习会的"建议"进行拒绝的场面:

a. 对指导教师的"建议"进行的拒绝表现:

JM1: 勉強したいんですけど、それより自分の課題のほうをやりたいんで、

JM2: すみません、自分はちょっと他にやりたいことがあるので、今回はやめることにします。

JM3: お断りします。

JF1: 明日は予定が入っているので、申し訳ございませんが、行けないんです。

JM4: ちょっと一人でやりたいんだけど、ごめんね。

JF2: あ、勉強会ですか。え～と、ちょっとその日は確か、用事があったような気がするので、すみません。

JF3: 勉強したいんですけど、あのう、ちょっと用事があるんで、できません。すみません。

JM5: ごめんなさい。ちょっと忙しいんで。

JM6: すみません。ちょっと一人のほうが集中できるんで、やめておきます。

JF4: その日は用事があるんで、すみません。行けません。

JF5: すみません。あのう～、ちょっと自分でやりたいこともあるので、参加しません。すみません。

JM7: や～、すみません。自分、一人のほうが勉強できるんで。

JF6: 今日はちょっと大事な用事があるんで、行けないんですよ。すみません。ありがとうございます。

JM8: あ～、すみません。今日はちょっと用事があって、ちょっと行けないですね。すみません。

JM9: あ～、すみません。明日は用事があるので、ちょっと行

けそうにないんですが。

JF7：あ～、ちょっとすみません。あのう、ちょっと明日は用事があって、出席することができないんですけど。

JM10：あ～、その日、すみません、用事があるので、無理です。

JF8：すみません、ちょっと用事があるので行けません。

JM11：あ、それ、それ、ちょっと、自分、ちょっと今忙しいんで、ちょっと、残念ですが、参加できない可能性はあります。

JF9：すみません、用事あるんで行けないんです。

b. 对好友的"建议"进行的拒绝表现：

JM1：うん、俺、一人でやった方が覚えられるから。

JM2：いや、自分はいいや。

JM3：ちょっと駄目。

JF1：たぶん、頭がついていけないので、一人で勉強する。

JM4：一人で勉強しないと集中できないんで、一人でやるわ。

JF2：あ～、いいね。でも、ちょっと、別の用事が入りそうな感じなので、ちょっと、保留、保留にしておいて。

JF3：あ～、勉強はやりたくないから、いいや。ごめんね。

JM5：～できるから。

JM6：や、一人でやるから、いいや。

JF4：一人のほうが効率いいから。

JF5：あ～、あんまりそれ、興味ないから、いいや。ありがとう。

JM7：や～、ちょっとパスです。

JF6：あ～、私、う～ん、いいや。

JM8：あ～。（困った顔をする）

JM9：あ、ごめん。明日、無理だ。

JF7：あ～、ちょっとね、やることいっぱいあってね、みんなでいうか、ちょっと一人で家で集中したほうがはかどるから、いいや、ごめん。

JM10：ごめん、それ、あんま好きじゃないから、やらないわ。

JF8：ごめん、ちょっとあんまり行きたくないや。

JM11：や、行かないや。

JF9：あんま興味ないから行かないや。

c. 对普通朋友的"建议"进行的拒绝表现：

JM1：うん、それよりほかをやってみようと思う。

JM2：うん、今日は帰るよ。

JM3：や、そこまでの仲じゃないんで…。

JF1：足を引っ張っちゃうといけないので、自分で勉強します。

JM4：や～、今はちょっと行けないかも。

JF2：あ～、そんなのやるんだ。でも、ちょっと私はレポートとかがあるから、いいや。ごめんね。

JF3：あ～、ちょっと、勉強はあまり好きじゃないから。ごめんね。

JM5：や、僕はいいです。

JM6：ごめんね。ちょっと忙しいから、無理なんだ。

JF4：その日はちょっと用事があるから、無理だね。ごめんね。

JF5：あ、すみません。ちょっと用事があるので、行けません。

JM7：ちょっとその日は…、や、ごめんね。

JF6：あ～、ごめん。今日、用事あるから、また今度誘って。ありがとう。

JM8：あ～、ごめん。今日、ちょっと忙しくて行けそうにない

から、ごめんね。みんなにもあやまっておいて。

JM9：明日ね、ちょっと大事な用事があるから、ちょっと行けないんだ。ごめんなさい。

JF7：ごめんね。なんか他の科目のレポートが重なっていて、ちょっと忙しいから、明日はちょっと無理だわ。みんなに宜しくと伝えてください。

JM10：あ、その日、用事があるから、ごめん、無理だ。

JF8：ごめんね、バイト、入っているから行けない。

JM11：え～と、う～ん、ごめん、ちょっと用事あると思うから、行きません。

JF9：金バイトで忙しいので、行けないと思う。